プリント形式のリアル過去問で本番の臨場感！

東京都

東京農業大学第一高等学校中等部

2月2日午後

2025年春受験用

解答集

本書は，実物をなるべくそのままに，プリント形式で年度ごとに収録しています。
問題用紙を教科別に分けて使うことができるので，本番さながらの演習ができます。

■　収録内容

・解答集(この冊子です)

書籍ＩＤ番号，この問題集の使い方，最新年度実物データ，リアル過去問の活用，
解答例と解説，ご使用にあたってのお願い・ご注意，お問い合わせ

・2024(令和６)年度 ～ 2021(令和３)年度　学力検査問題

JN132557

○は収録あり	年度	'24	'23	'22	'21		
■ 問題(2月2日午後)		○	○	○	○		
■ 解答用紙		○	○	○	○		
■ 配点							

全教科に解説
があります

◎2月1日午後は別冊で販売中

☆問題文等の非掲載はありません

教英出版

■　書籍ＩＤ番号

入試に役立つダウンロード付録や学校情報などを随時更新して掲載しています。
教英出版ウェブサイトの「ご購入者様のページ」画面で，書籍ＩＤ番号を入力してご利用ください。

書籍ＩＤ番号　125413

（有効期限：2025年9月30日まで）

【入試に役立つダウンロード付録】
「要点のまとめ(国語／算数)」
「課題作文演習」ほか

■　この問題集の使い方

年度ごとにプリント形式で収録しています。針を外して教科ごとに分けて使用します。①片側，②中央のどちらかでとじてありますので，下図を参考に，問題用紙と解答用紙に分けて準備をしましょう（解答用紙がない場合もあります)。

針を外すときは，けがをしないように十分注意してください。また，針を外すと紛失しやすくなりますので気をつけましょう。

① 片側でとじてあるもの

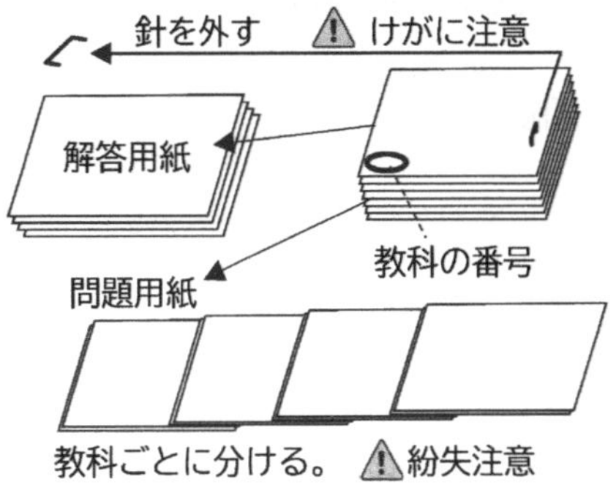

② 中央でとじてあるもの

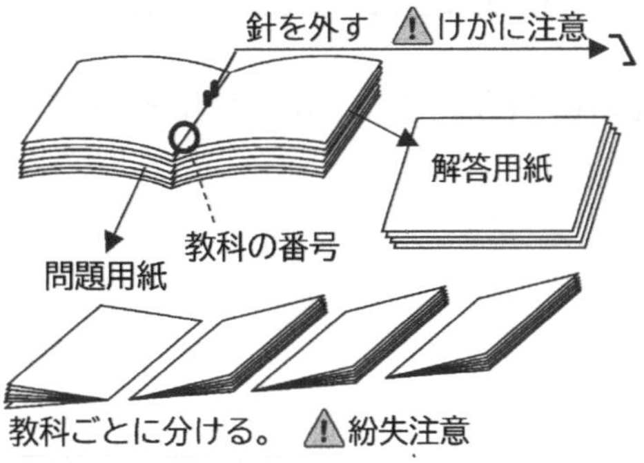

※教科数が上図と異なる場合があります。
解答用紙がない場合や，問題と一体になっている場合があります。
教科の番号は，教科ごとに分けるときの参考にしてください。

■　最新年度 実物データ

実物をなるべくそのままに編集していますが，収録の都合上，実際の試験問題とは異なる場合があります。実物のサイズ，様式は右表で確認してください。

問題用紙	Ａ４冊子(二つ折り)
解答用紙	Ｂ４片面プリント

リアル過去問の活用

～リアル過去問なら入試本番で力を発揮することができる～

本番を体験しよう！

問題用紙の形式（縦向き／横向き），問題の配置や余白など，実物に近い紙面構成なので本番の臨場感が味わえます。まずはパラパラとめくって眺めてみてください。「これが志望校の入試問題なんだ！」と思えば入試に向けて気持ちが高まることでしょう。

入試を知ろう！

同じ教科の過去数年分の問題紙面を並べて，見比べてみましょう。

①　問題の量

毎年同じ大問数か，年によって違うのか，また全体の問題量はどのくらいか知っておきましょう。どのくらいのスピードで解けば時間内に終わるのか，大問ひとつにかけられる時間を計算してみましょう。

②　出題分野

よく出題されている分野とそうでない分野を見つけましょう。同じような問題が過去にも出題されていることに気がつくはずです。

③　出題順序

得意な分野が毎年同じ大問番号で出題されていると分かれば，本番で取りこぼさないように先回りして解答することができるでしょう。

④　解答方法

記述式か選択式か（マークシートか），見ておきましょう。記述式なら，単位まで書く必要があるかどうか，文字数はどのくらいかなど，細かいところまでチェックしておきましょう。計算過程を書く必要があるかどうかも重要です。

⑤　問題の難易度

必ず正解したい基本問題，条件や指示の読み間違いといったケアレスミスに気をつけたい問題，後回しにしたほうがいい問題などをチェックしておきましょう。

問題を解こう！

志望校の入試傾向をつかんだら，問題を何度も解いていきましょう。ほかにも問題文の独特な言いまわしや，その学校独自の答え方を発見できることもあるでしょう。オリンピックや環境問題など，話題になった出来事を毎年出題する学校だと分かれば，日頃のニュースの見かたも変わってきます。

こうして志望校の入試傾向を知り対策を立てることこそが，過去問を解く最大の理由なのです。

実力を知ろう！

過去問を解くにあたって，得点はそれほど重要ではありません。大切なのは，志望校の過去問演習を通して，苦手な教科，苦手な分野を知ることです。苦手な教科，分野が分かったら，教科書や参考書に戻って重点的に学習する時間をつくりましょう。今の自分の実力を知れば，入試本番までの勉強の道すじが見えてきます。

試験に慣れよう！

入試では時間配分も重要です。本番で時間が足りなくなってあわてないように，リアル過去問で実戦演習をして，時間配分や出題パターンに慣れておきましょう。教科ごとに気持ちを切り替える練習もしておきましょう。

心を整えよう！

入試は誰でも緊張するものです。入試前日になったら，演習をやり尽くしたリアル過去問の表紙を眺めてみましょう。問題の内容を見る必要はもうありません。どんな形式だったかな？受験番号や氏名はどこに書くのかな？…ほんの少し見ておくだけでも，志望校の入試に向けて心の準備が整うことでしょう。

そして入試本番では，見慣れた問題紙面が緊張した心を落ち着かせてくれるはずです。

※まれに入試形式を変更する学校もありますが，条件はほかの受験生も同じです。心を整えてあせらずに問題に取りかかりましょう。

2024 解答例 令和6年度　東京農業大学第一高等学校中等部【2月2日午後】

《国　語》

一　①うなばら　②けいはく　③いまし　④びさい　⑤講ずる　⑥列挙　⑦内蔵　⑧歌詞

二　問一．オ　問二．イ　問三．ア　問四．ウ　問五．ア　問六．イ　問七．A．ク　B．ア　C．オ　D．カ　問八．エ　問九．ウ

三　問一．ウ　問二．オ　問三．ア　問四．これまでの話し合いの流れを無視して、同じ議論をくり返すだけになってしまうから。　問五．ア　問六．ウ　問七．イ　問八．A．エ　B．カ　C．オ　D．ウ　E．ア　問九．イ　問十．ウ，エ

《算　数》

1　(1)7　(2)3　(3)$\frac{4}{13}$，$\frac{7}{22}$，$\frac{21}{65}$　(4)2024年4月26日午後5時

2　(1)間違っていた点数…48　正しい点数…24　(2)①，③

3　(1)36：9：4　(2)B．①　C．⑧

4　(1)10　(2)22

5　(1)ア．5　イ．45　ウ．10　エ．90　オ．15　カ．135　キ．2025　ク．625　ケ．36100　(2)②　(3)③

《理　科》

1　問1．心ぼう…1　心室…1　問2．ウ　問3．側線　問4．エ　問5．(1)エ　(2)ア　問6．ア　問7．ア　問8．ウ，キ

2　問1．80　問2．イ　問3．40　問4．エ　問5．右グラフ　問6．(Ⅰ)カ　(Ⅱ)キ　(Ⅲ)ウ　(Ⅳ)ア　問7．毎秒…20
理由…図4のグラフより，Bを通過したときの速さと同じだから。
問8．右図

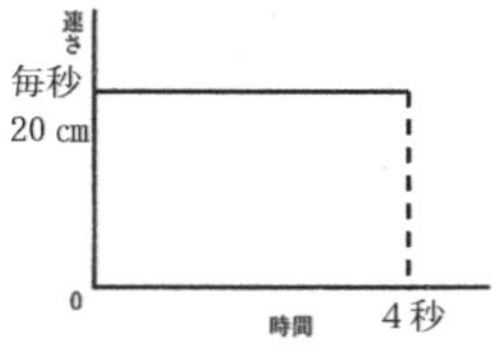

2問5のグラフ

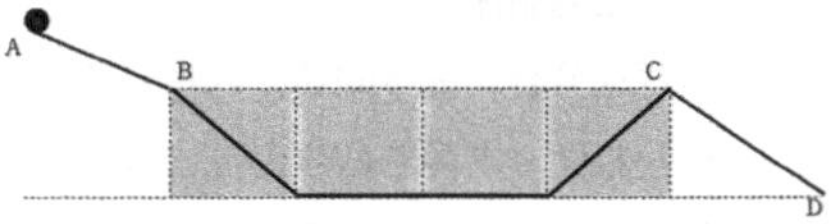

3　問1．イ　問2．A．北アメリカ〔別解〕北米　C．フィリピン海　問3．あ42　い54　問4．10時26分40秒　問5．①イ　②ア　③エ　④ウ　⑤カ　問6．(1)19　(2)104　問7．27　問8．イ

4　問1．ア，イ，エ　問2．ウ　問3．ア，エ　問4．ⓒ990　ⓓ900　ⓔ216　問5．鉄…4.2　水素…2520〔別解〕2545
問6．鉄に塩酸を加える。／アルミニウムに塩酸を加える。などから1つ
問7．(1)右グラフ　(2)5.4

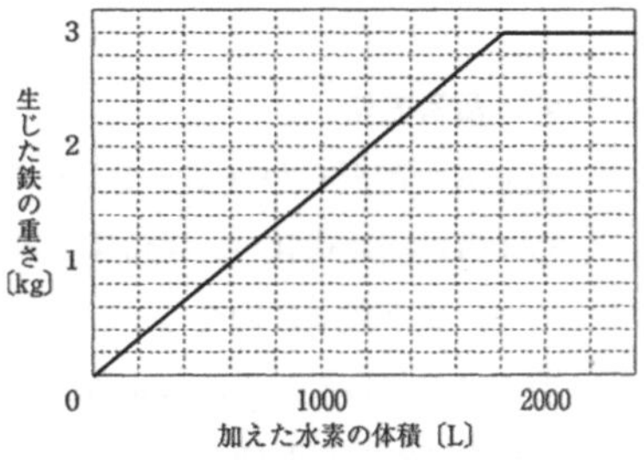

4問7(1)のグラフ

2024 解説 令和6年度 東京農業大学第一高等学校中等部【2月2日午後】

《2024　2月2日午後　国語　解説》

二 **問一**　1～2段落後に「極めて誤差の少ない正確な運行を可能にするこうした気質」「鉄道を例に挙げたが、日本全体に、どの分野にも、独特の空気とでもいうべき言語化しにくい何かがあるように思う。この『空気』は、人々が責任感を持って質の高い仕事を遂行《すいこう》したり、個人が努力して現場の課題を解決したりという大きな社会的利益をもたらすものでもある」とある。鉄道関係者の間に、強い責任感や努力を惜《お》しまない気質があることで、極めて誤差の少ない正確な運行が可能となり、1分というわずかな遅延《ちえん》が「遅《おく》れ」とされるのである。よって、オが適する。

問二　傍線部《ぼうせんぶ》2の「独特の空気」と、次の段落の「誰《だれ》もが認める『正しさ』という空気のような何か」や「ポリティカルコレクトネス」と呼ばれるものは、同じものである。傍線部2の直後の一文に、「この『空気』は、人々が責任感を持って質の高い仕事を遂行したり、個人が努力して現場の課題を解決したりという大きな社会的利益をもたらす」とあるので、アはふさわしい。一方で、こうした空気や気質は、「そこから逸脱《いつだつ》した人を叩《たた》く行為《こうい》」につながったり、「正しさ」に反する行いをした者を排除《はいじょ》したりすることにつながる。よって、ウ、エ、オもふさわしい。イは文章中に書かれていない内容なので、これが正解。

問三　ハラスメントとは、嫌《いや》がらせやいじめのこと。傍線部3の直前に「誰もが認める『正しさ』という空気のような何かがあ」り、「そこから逸脱した人を叩く行為が～目立つようになった」とある。この行為が「正しさハラスメント」である。よって、アが適する。

問四　傍線部4の「これ」が指す内容は、2段落前に書かれている、「この良心の領域(＝人間の脳の中の、良心や倫理《りんり》を司っているとされる領域)は、自分が『正しさ』に反する行いをした場合だけでなく、自分ではない誰かが『正しさ』に反する行いをした場合にも苦痛を感じさせ、それを解消しようと」する行動をとらせるということ。よって、これと同じ内容のウが適する。

問五　「正義の鉄拳《てっけん》」を揮《ふる》うとは、2段落前にあるように、「正義の味方として、みんなのルールから逸脱した誰かを見つけ、そこに制裁を加える」ことである。アの、映画の上映中に会話をするというのは、「みんなのルールから逸脱」することであり、その人に対して大きな声で注意するのは、「正義の味方として」制裁を加えることにあたる。よって、アが適する。イとオは、「みんなのルールから逸脱」する行為はあっても、制裁を加える行為が書かれていないので適さない。ウの万引きは、そもそも犯罪である。また、ウの「万引きした人が捕《つか》まっている様子を」みるために集まることや、エの「新品のマスクを渡《わた》す」ことは、正義の味方として制裁を加えることにあたらないので、ウとエも適さない。

問六　傍線部6の「特徴《とくちょう》」は、「人間が80億以上の個体集団として繁栄《はんえい》を謳歌《おうか》するまでになった」ことにつながる特徴である。後の方に、「私たちが集団を形成して分業して協力し合い、その利得を分け合うことが可能だったからこそ繁栄を享受《きょうじゅ》することができたのだとしたら」とある。よって、イが適する。

問七A　空欄《くうらん》の前後の言葉と似た表現が出てくる部分に着目する。6行後に、「高度な社会性を備えた脳」とある。
B　直前にある「みんなの協力を搾取《さくしゅ》し、それを裏切る」行動は、集団を維持《いじ》するのを邪魔《じゃま》し、集団が消滅《しょうめつ》する可能性を高める。直後の段落で、「利己的な行動」と「集団を守るための正義」は、「合理性」という観点からすると対照的なものだと述べている。　**C**　「芸能人・有名人の不倫《ふりん》」を叩けば、それに関係のある記事を載《の》せている週刊誌《しゅうかんし》が売れる。すると、週刊誌を発行する会社などは経済的利益を得られる。　**D**　たとえ「正義」に反する行為をしたとしても、その者に対して、「何の経済的利益もないのに、激しいバッシング」を続けるというのは、寛容《かんよう》さに欠ける行為である。

問八　空欄に入るものは、直前にある「裏切り者を排除し～脳に備え付けられた必要悪」であり、「集団を維持するために邪魔になる要素」を排除するのに必要な脳の機能である。裏切り者を排除するというのは、「正しさを逸脱した人物に対して制裁を加え」るということである。しかし、この「制裁を加える」ということについては、「自分の利益にはなら」ないばかりか「返り討《う》ちに遭《あ》う可能性すらある」。ここで鍵《かぎ》になるのが「快楽物質ドーパミン」である。「制裁が功を奏《そう》して、その人物が行動を改めれば～快楽物質ドーパミンが分泌され」て快楽を感じる。人間は、「正義を執行《しっこう》する快楽」があるからこそ、利益がない上にリスクをともなう行動をおこせるのである。よって、エが適する。

問九　「非合理の権化《ごんげ》のようにも見える」「集団を守るための正義」とは対照的に、「利己的な行動は、きわめて合理性の高いもの」である。しかし、前の段落にあるように、利己的な行動を取り続ける人は、「集団を維持するために邪魔になる要素」にあたり、「なるべく排除する必要がある」。そうしなければ、集団を維持することはできず、皆が生き延びることができない。つまり、皆が生き延びるために集団を維持しようとすれば、利己的な行動を取る人を排除することになり、それは同時に、合理的なものを排除し無視するということになるのである。よって、ウが適する。

三　問一　最初の段落に、「意見とは、限られた情報の下で～とりあえず切り取っておいたものだ」とあり、この後に、「受験において、入学試験の結果と内申書の点数のどちらを重視するべきか」という問題について、それぞれの主張の根拠《こんきょ》などを説明している。よって、ウが適する。

問二　文章の２段落目に「両者の言い分」が書かれている。この部分と一致《いっち》するオが適する。

問三　次の行の「不定期に現れる個々人の持つ『ひらめき』や『瞬発力《しゅんばつりょく》』」というのは、「入学試験派(一発主義)」の「学力」に対する考え方である。すると、空欄には「内申書派」の「学力」に対する考え方が入る。「内申書派」の考え方は、「学力は、時間をかけて、何度も試験をして～たくさんのデータから判断して決める方が公平だ」というものであり、「一発主義」とは逆に、繰《く》り返しや継続力《けいぞくりょく》、あるいは少し後に出てくる「粘《ねば》り強さ」を重視するものである。よって、アが適する。

問四　直前に、「記録しておく」ことを「軽視したり怠《おこた》ったりすると、次の世代になっても相変わらず～交通整理からまた始めなければならなくなるし、先人たちが到達《とうたつ》した地点からずっと戻《もど》って、前の地点からやり直しに」なるとある。つまり、以前の話し合いの内容や流れが無視されて、また同じ議論を繰り返すことになる。しっかりと記録してさえいれば必要なかったはずの話し合いに時間をかけ、同じ議論を繰り返していては、話し合いの成熟度は上がらない。

問五　少し前にあるように、議論をして「渋滞《じゅうたい》道の交通整理をすることと、いっしょに歩いてきた道と分かれ道とを確かめて、その理由を突《つ》き詰《つ》めて記録しておくこと」で、「意見の異なる相手に対する見方も気持ちも変わ」る。よって、アの「お互《たが》いの主張の同じ部分と異なる部分とが明確になる」の部分は正しい。傍線部４の直前には、「こうすると～『脳はクールに、ハートは熱く』という、いい感じのコンディションになる」とある。脳がクールになれば、感情的にならず、冷静で論理的な話し合いができると考えられる。よって、アが適する。

問六　ここでの「メマイ」とは、「『何よ！？　それ？』という宙ぶらりんの感じのこと」である。これは、具体的には、対立する考え方があることを知り、自分が偏っていると自覚したことでショックを受けた状態である。この後に書かれているように、この世の中に「中立」などというものはなく、「人間はみんな偏《かたよ》ってい」て、「中立を求めて議論するなどエネルギーの無駄《むだ》」である。そして、「議論をする目的は、全員偏っていることを前提に、どちらの偏りのほうが人の心を動かす言葉を用意できているのかを基準に、それぞれの人が品定めをするための準備作業だということになる」と述べている。そうだとすれば、「中立」などというものにこだわらず「宙ぶらりん」

の状態で、互いに双方の偏った考え方や視点で物事を考えることが大事であり、そうすることで物の見方が深まり、知性が成長する。よって、ウが適する。

問七　直後の三文の内容から読み取る。今日は、「各世代において、推定で五～六％くらいは、いわゆるＬＧＢＴＱ（多様な性のあり方）の人が含《ふく》まれることが前提となった時代」であり、このことは「大人の世界だけではなく、今や小学校の教室ですら踏《ふ》まえておかなければならない」とある。つまり、今日は性というものについても多様性の時代なのである。そんな時代に、「男気」や「男らしい」という性別による役割のカテゴライズに基づく発言をすることは、配慮《はいりょ》を欠いていると言える。よって、イが適する。

問九　傍線部５以降、筆者は繰り返し「人間はみんな偏っている」「中立なんてない」と説明していて、「中立を求めて議論するなどエネルギーの無駄だ」と述べている。そして、２段落前で、「議論をする目的は、全員偏っていることを前提に、どちらの偏りのほうが人の心を動かす言葉を用意できているのかを基準に～準備作業だということになる」と述べている。これらをふまえると、傍線部７では、人はみんな偏っていて中立なんてないのだから、議論をする上では中立などというものにこだわる必要はないということを言っている。よって、イが適する。

問十　傍線部３の３段落前に、「そこから先は～判断は変わりうる」とあるので、ウは適する。また、傍線部３を含む段落と、その直前の２段落に、「ただし議論を意味あるものにするために～話し合いの成熟度を上げることにならない」とあるので、エも適する。

《2024　２月２日午後　算数　解説》

1 (1)　与式$=9.6-(0.25+\frac{11}{4})-\frac{4}{5}\times\frac{7}{4}+\frac{9}{5}=9.6-(0.25+2.75)-\frac{7}{5}+\frac{9}{5}=9.6-3-1.4+1.8=5.2+1.8=$ **7**

(2)　与式より，$\dfrac{1}{1+\dfrac{1}{1-\dfrac{1}{\square}}}$は$1-\frac{3}{5}=\frac{2}{5}=\frac{2\div2}{5\div2}=\dfrac{1}{\frac{5}{2}}=\dfrac{1}{1+\frac{3}{2}}$だから，$\dfrac{1}{1-\frac{1}{\square}}$は$\frac{3}{2}$である。

$\dfrac{1}{1-\frac{1}{\square}}$は$\frac{3}{2}=\frac{3\div3}{2\div3}=\dfrac{1}{\frac{2}{3}}=\dfrac{1}{1-\frac{1}{3}}$だから，$\square=$ **3**

(3)　**【解き方】分母をそろえるよりも，分子をそろえた方が数が大きくならない。**

分子を21，４，７の最小公倍数の84にそろえると，$\frac{21}{65}=\frac{84}{260}$，$\frac{4}{13}=\frac{84}{273}$，$\frac{7}{22}=\frac{84}{264}$となる。

小さい順に，$\frac{84}{273}$，$\frac{84}{264}$，$\frac{84}{260}$だから，$\mathbf{\frac{4}{13}}$，$\mathbf{\frac{7}{22}}$，$\mathbf{\frac{21}{65}}$である。

(4)　**【解き方】2024年はうるう年なので，２月は29日まであることに注意する。**

2024÷24＝84余り８より，2024時間＝84日８時間である。２月29日は２月２日の29－２＝27(日後)であり，84－27－31＝26だから，2024年２月２日の84日後は，３月31日の26日後の，４月26日である。

午前９時＋８時間＝午後５時だから，求める日付と時刻は，**2024年４月26日午後５時**である。

2 (1)　平均点が３点高くなったということは，８人の合計点が３×８＝24(点)高くなったということである。

したがって，間違っていた点数は24×２＝**48**(点)，正しい点数は**24**点である。

(2)　①使用時間が30分以上の生徒は，２＋１＋０＋１＝４(人)いるから，適切である。

②15分以上20分未満の生徒は６人いて，全体に対する割合は，$\frac{6}{35}\times100=17.1\cdots\rightarrow$約17％だから，適切でない。

③10分以上15分未満の階級の度数は10人で最も大きいから，適切である。

④８分以上10分未満の生徒の人数や，15分以上18分未満の生徒の人数は読み取れないので，適切とはいいきれない。

⑤10分以上12分以下の生徒の人数は読み取れないので，適切とはいいきれない。

以上より，**①，③**を選ぶとよい。

3 (1)　**【解き方】体積が等しいので，高さの比は底面積の比の逆比に等しくなる。**

A，B，Cの底面積の比は，(1×1)：(2×2)：(3×3)＝1：4：9である。

逆比とは逆数の比であることに注意する。A，B，Cの高さの比は，$\frac{1}{1}:\frac{1}{4}:\frac{1}{9}$＝**36：9：4**

(2)　**【解き方】Bの水が入る部分，Cの水が入る部分それぞれについて，高さと容積がAの何倍かを調べる。**

まず，Aと，Bの水が入る部分を比べる。高さの比が36：9＝4：1で，Aのグラフでは高さが4マス分だから，Bの水が入る部分のグラフでは，高さは$4\times\frac{1}{4}$＝1(マス)分までである。底面積の比は1：(4－1)＝1：3だから，容積の比は，(1×4)：(3×1)＝4：3である。したがって，満水になるのにかかる時間の比も4：3である。Aのグラフでは時間が4マス分だから，Bの水が入る部分のグラフでは，時間は$4\times\frac{3}{4}$＝3(マス)分までである。よって，**①**が正しい。

次に，Aと，Cの水が入る部分を比べる。高さの比が36：4＝9：1だから，Cの水が入る部分のグラフでは，高さは$4\times\frac{1}{9}=\frac{4}{9}$(マス)分までである。底面積の比は1：(9－4)＝1：5だから，容積の比は，(1×9)：(5×1)＝9：5である。したがって，Cの水が入る部分のグラフでは，時間は$4\times\frac{5}{9}=\frac{20}{9}=2\frac{2}{9}$(マス)分までである。よって，**⑧**が正しい。

4 (1)　**【解き方】右の図Ⅰのように記号をおく。S，Tを通らないでAに行く行き方は，問題文にあるように4通りある。S，Tを通ってAに行く行き方を数える。**

S，Tを通ってAに行く行き方は，図Ⅱの6通りある。

よって，全部で，4＋6＝**10(通り)**

図Ⅰ

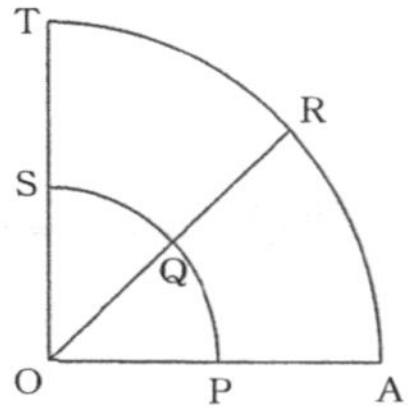

図Ⅱ

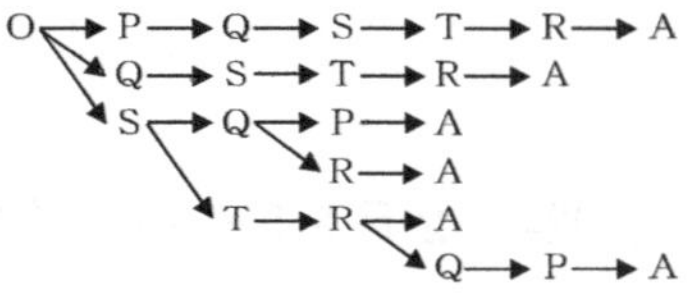

(2)　**【解き方】図Ⅲのように記号をおく。U，Vを通らないでAに行く行き方は，(1)より10通りある。U，Vを通ってAに行く行き方を数える。**

U，Vを通ってAに行く行き方は，図Ⅳの12通りある。

よって，全部で，10＋12＝**22(通り)**

図Ⅲ

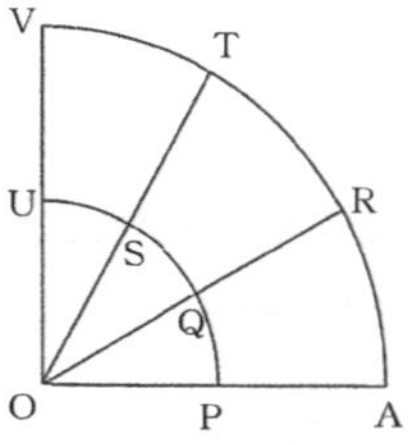

図Ⅳ

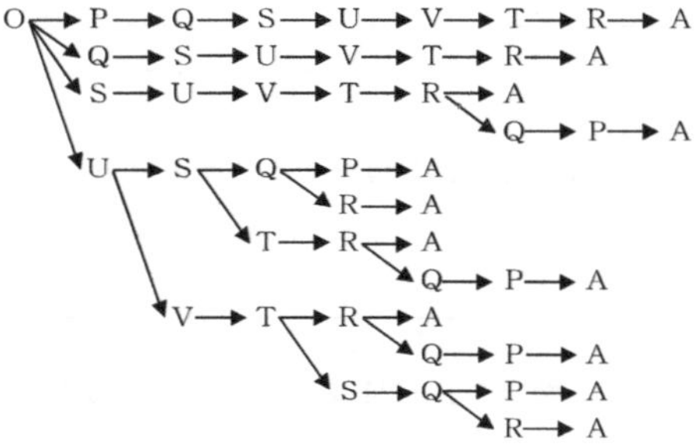

5 1の段において，1と9の平均が$\frac{1+9}{2}$＝5であり，2と8の平均が5，3と7の平均が5，4と6の平均が5だから，1の段の数の和は，ア__**5**__×9＝イ__**45**__となる。

2の段の数の平均は，$\frac{2+18}{2}$＝10だから，2の段の数の和は，ウ__**10**__×9＝エ__**90**__となる。

3の段の数の平均は，$\frac{3+27}{2}$＝15だから，3の段の数の和は，オ__**15**__×9＝カ__**135**__となる。

ここで，1の段，2の段，3の段の各段の数の和は，45，90＝45×2，135＝45×3と表せるから，Nの段の数の和は，45×Nとなる。したがって，(2)は**②**が正しい,。

1の段から9の段までの数をすべて足すと，45×1＋45×2＋45×3＋……＋45×9＝45×(1＋2＋3＋……＋9)＝45×45となるから，(3)は**③**が正しく，45×45＝キ__**2025**__となる。

1の段の奇数の和は，1×1＋1×3＋1×5＋1×7＋1×9＝(1＋3＋5＋7＋9)×1＝25×1となる。

同様に，3の段の奇数の和は，3×1＋3×3＋3×5＋3×7＋3×9＝(1＋3＋5＋7＋9)×3＝25×3

となり，Nの段の奇数の和は25×Nとなる。したがって，九九の表の中から奇数だけを取り出してすべて足すと，25×１＋25×３＋……＋25×９＝25×（１＋３＋５＋７＋９）＝25×25＝ク 625 となる。

19×19の表の１の段の数の和は，１＋２＋３＋……＋19＝$\frac{1+19}{2}$×19＝190＝１×190，２の段の数の和は，２×（１＋２＋３＋……＋19）＝２×190，３の段の数の和は３×190，……と続く。

よって，すべての数の和は，（１＋２＋３＋……＋19）×190＝190×190＝ケ 36100 となる。

《2024　２月２日午後　理科　解説》

1　**問１**　金魚やメダカなどの魚類は１つの心ぼうと１つの心室をもつ。

問２　卵からかえったばかりの子は，腹のふくろに入った栄養分を使う。

問４　しりびれの他に背びれでもオスとメスを見分けられる。背びれに切れこみがあるのがオス，切れこみがないのがメスである。

問５(1)　グラフ１の横軸《じく》は１目盛りが３分だから，およそ55分後に水中の酸素量が危険値よりも低くなるとわかる。　(2)　ア○…金魚の有無だけが異なる実験を行い，金魚を入れた実験（グラフ１の実験）では酸素量が変化し，金魚を入れなかった実験では酸素量が変化しなかった（一定であった）とき，酸素量の変化は金魚によるものであると確認できる。このように，確かめたい条件のみを変えて行う実験を対照実験という。

問６　グラフ１と２で，１Ｌあたりの水中の酸素量の危険値がどちらも０mgから６目盛りであることから，縦軸の１目盛りあたりの酸素量は同じと考えられるが，最初の１Ｌあたりの水中の酸素量が異なることに注意する。また，横軸の目盛りの単位（分と時）が異なることにも注意する。　ア○…実験１では測定開始から60分（１時間）で，１Ｌあたりの水中の酸素量はおよそ12.5目盛り分少なくなり，実験２では測定開始から１時間で，１Ｌあたりの水中の酸素量はおよそ９目盛り分少なくなっているとわかる。よって，体が軽い（実験２の）ほうが使う酸素量は少ないと考えられる。

問７　実験３によって仮説が正しいと分かり，容器Ｘを使った実験３の結果（グラフ４）では，減ってしまった酸素量が増えることがなかったから，容器Ｘは水面がせまく，水面近くで金魚が泳ぎにくい容器であったと考えられる。よって，アを選べばよい。

問８　アイ×，ウ○…１日に与《あた》える餌《えさ》の量が異なる実験４と５の結果（グラフ５と６）を比べると，与える餌の多い実験４のほうが水中の酸素量の時間当たりの減り方が大きい。　エオ×…飼育水量が1500mLの実験６で，水中の酸素量が危険値より低くならないから，正しいかわからない。　カク×，キ○…実験４～６で，水中の酸素量が危険値より低くならなかったのは実験６のみだから，実験６の条件が金魚を飼育するのに適していると考えられる。

2　**問１**　図２より，球がＢＣ間を運動するのに毎秒20㎝の速さで４秒かかったから，20×４＝80（㎝）である。

問２　図２より，時間がたっても速さは一定だから，時間と移動距離《きょり》は比例の関係になる。よって，原点を通る右上がりの直線のグラフ（イ）が適当である。

問３　球１はＡＣ間で斜面《しゃめん》に沿って１秒間で2.5㎝進んだから，落体の法則より，１秒間の４倍の４秒間で進む距離は2.5㎝の４×４＝16（倍）の40㎝である。

問４　ＣＤ間も斜面だから，球はＡＣ間と同じように運動する。つまり時間が大きくなると移動距離の増え方が大きくなるから，エのようなグラフになる。

問５　落体の法則より，球が斜面を運動する時間は物体の重さによって変化しないとわかるから，球の重さが重くなっても球がＢを通過するときの速さは同じである。よって，ＢＣ間を運動したときの時間と速さの関係も，球の重さによって変化しないから，図２と同じグラフをかけばよい。

問6　(Ⅰ)と(Ⅱ)ではＡＢ間と同じように速さが大きくなっていることから，ＡＢ間と同じかたむきの斜面になっていると考えられる。また，(Ⅲ)では速さが一定になっていることから，水平面になっていると考えられ，(Ⅳ)の斜面で球がＣと同じ高さまで運動したから，Ｃに向かってのぼる斜面になっていると考えられる。

問7　図３でＣを通過したときの速さは図３でＢを通過したときの速さに等しく，これは，図１でＢを通過したときの速さと等しい。

問8　球が最も速く運動する高さはＤと同じ高さなので，この高さを運動する距離ができるだけ長くなるようにすればよい。

3　**問2**　Ａは北アメリカプレート，Ｂは太平洋プレート，Ｃはフィリピン海プレート，Ｄはユーラシアプレートである。ＡとＤは大陸プレート，ＢとＣは海洋プレートである。

問3　㋐Ｐ波は，地点ⅡとⅢより，震源《しんげん》からの距離の差の88－56＝32(km)を，Ｐ波が到達《とうたつ》した時刻の差の51－47＝４(秒)で進むから，Ｐ波の速さは$\frac{32}{4}$＝(毎秒)８(km)である。したがって，地点ⅠとⅡの震源からの距離の差の56－16＝40(km)をＰ波が進むのにかかる時間は40÷８＝５(秒)である。よって，地点ⅠにＰ波が到達した時刻は，地点ⅡにＰ波が到達した時刻の５秒前の10時26分42秒である。　㋑地点ⅠとⅢより，地震ＸのＳ波の速さは$\frac{88-16}{62-44}$＝(毎秒)４(km)だから，地点ⅡにＳ波が到達した時刻は，地点ⅠにＳ波が到達した時刻の(56－16)÷４＝10(秒後)の10時26分54秒である。

問4　問３解説より，地震Ｘが発生した時刻は，地点ⅠにＰ波が到達した時刻の16÷８＝２(秒前)の10時26分40秒である。

問5　①②Ｔは，Ｐ波が届くまでの時間とＳ波が届くまでの時間の差である。　③④〔時間＝$\frac{\text{距離}}{\text{速さ}}$〕より，それぞれの波が届くまでの時間は$\frac{\text{D}}{\text{波の速さ}}$で求められる。　⑤$\text{T}=(\frac{1}{③}-\frac{1}{④})\times\text{D}=(\frac{④}{③\times④}-\frac{③}{③\times④})\times\text{D}=(\frac{④-③}{③\times④})\times\text{D}$となるから，⑤には④－③(Ｐ波の速さ－Ｓ波の速さ)が入る。

問6(1)　問３解説より，Ｐ波の速さは毎秒８km，Ｓ波の速さは毎秒４kmだから，$(\frac{8-4}{4\times8})\times152=\frac{1}{8}\times152=19$(秒)である。　**(2)**　$13=\frac{1}{8}\times\text{D}$が成り立つから，Ｄ＝13×８＝104(km)である。

問7　各地に緊急《きんきゅう》地震速報が届けられたのは，地震発生から24÷８＝３(秒後)である。また，震源から120kmの地点にＳ波が到達するのは，地震発生から120÷４＝30(秒後)である。よって，震源から120kmの地点では，Ｓ波が到達する30－３＝27(秒前)に緊急地震速報を受信することになる。

問8　地点Ⅰ，Ⅱ，Ⅲの震源からの距離の比は16：56：88＝２：７：11であり，地点Ⅰ，Ⅱ，Ⅲとイの間の距離(マスの数)の比は４：14：22＝２：７：11となり一致《いっち》する。なお，震央とは震源の真上の地表の点であるが，この問題では地震Ｘの震源がごく浅い(震央からの距離と震源からの距離がほぼ同じである)と考えた。

4　**問1**　ア○…鉄を含《ふく》む金属の性質である。　イ○…鉄やニッケルなどの一部の金属の性質である。　ウ×…純粋《じゅんすい》な鉄は銀白色である。なお，酸素と結びついた鉄(酸化鉄)は赤色などになる。　エ○，オ×…鉄は塩酸(酸性)に溶け，水酸化ナトリウム水溶液(アルカリ性)には溶けない。　カ×…ウ解説より，鉄はさびると赤色などになる。なお，さびて緑色のさびを生じるのは銅である。

問3　ア○…石炭を蒸し焼きにすると，石炭に含まれていた石油や天然ガスがけむりとして出てくるため，火を近づけると燃える。　エ○…コークスの主成分は木炭と同じ炭素なので，木炭と同じように炎を出さずに赤く燃える。

問4　ⓒ表１より，生じる鉄と二酸化炭素の重さは比例しているとわかるから，鉄の重さが840ｇのときの二酸化炭素の重さは$66\times\frac{840}{56}=990$(ｇ)である。　ⓓ表２より，反応する水素の体積と生じる鉄の重さは比例しているとわかるから，鉄の重さが1500ｇのときの水素の体積は$3\times\frac{1500}{5}=900$(Ｌ)である。　ⓔ表３より，生じる鉄と水の重さは比例しているとわかるから，鉄の重さが448ｇのときの水の重さは$27\times\frac{448}{56}=216$(ｇ)である。

問5　問４ⓒ解説より，排出《はいしゅつ》する二酸化炭素の重さが５kg→5000ｇとき，得られる鉄の重さは $56\times\frac{5000}{66}=\frac{140000}{33}$ $=4242.4\cdots$(ｇ)→4.2 kgである。問４ⓓ解説より，得られる鉄の重さが 4.2 kg→4200ｇのとき，必要な水素の体積は $3\times\frac{4200}{5}=2520$(Ｌ)となる。なお，得られる鉄の重さを $\frac{140000}{33}$ ｇで計算すると，必要な水素の体積は $3\times(\frac{140000}{33}\div 5)=2545.4\cdots$→2545Ｌとなる。

問７⑴　問４ⓓ解説より，生じた鉄の重さが３kg→3000ｇのとき，反応する水素の体積は $3\times\frac{3000}{5}=1800$(Ｌ)だから，加えた水素の体積が 1800Ｌになるまでは比例のグラフ(原点を通り右上がりの直線)になり，加えた水素の体積が 1800Ｌ以上では生じた鉄の重さが３kgで一定のグラフになる。　**⑵**　鉄鉱石と酸化鉄の重さの比は，100：80 ＝５：４であり，酸化鉄と鉄の重さの比は 100：(100－30)＝10：７である。よって，得られた鉄の重さが３kgのとき，鉄鉱石に含まれる酸化鉄の重さは $3\times\frac{10}{7}=\frac{30}{7}$(kg)だから，鉄鉱石の重さは $\frac{30}{7}\times\frac{5}{4}=5.37\cdots$→5.4 kgである。

東京農業大学第一高等学校中等部【第2回】

《国　語》

一 ①破顔　②勇　③整然　④不養生　⑤くじゅう　⑥はやく　⑦しんさん　⑧なご

二 問一．自由　問二．ア，ウ　問三．イ　問四．ア　問五．オ　問六．ア，ウ　問七．エ　問八．イ，エ

三 問一．イ　問二．ウ　問三．２番目…オ　４番目…エ　問四．不正認定を避けるための発言をしており、相手をだますための嘘とは定義できない　問五．イ，ウ　問六．エ，オ　問七．ア，ウ，エ　問八．オ　問九．イ

《算　数》

1 (1)6　(2)1　(3)23000

2 (1)370.08　(2)147.36　(3)111.36

3 (1)33，68　(2)A＝2　B＝5　(3)18　(4)147　(5)220　(6)4

4 E→B→A→D→F→C

5 ア．1275　イ．n＋1　ウ．7　エ．17　オ．578　カ．14，289　キ．17，238　ク．34，119　ケ．③　コ．n－m＋1　サ．1　シ．286　ス．292

《理　科》

1 問1．深成岩　問2．記号…ア　理由…等粒状組織が見られるため。　問3．ユーラシア　問4．b　問5．ウ　問6．(1)ウ　(2)2番目…ウ　7番目…ア　(3)浅い海だった　(4)エ　(5)二酸化炭素　問7．体の中と外の炭素が入れかわらなくなるから。　問8．17100

2 問1．1　問2．B　問3．イ　問4．ア　問5．エ　問6．イ　問7．3　問8．①17　②18　問9．260　問10．15.1　問11．ウ

3 問1．森林を増やす　問2．ア，エ　問3．ア，エ，オ　問4．液体にする　問5．燃料　問6．エ　問7．イ　問8．発電の際に生じた熱を利用しにくい。　問9．4941　問10．(1)28，20　(2)21

4 問1．A，E，H　問2．c，d　問3．250　問4．12.5　問5．エ　問6．(い)ミカヅキモ　(う)ゾウリムシ　問7．(あ)　問8．オ　問9．ヨウ素液　問10．エ　問11．ウ　問12．アミラーゼ　問13．ウ　問14．ウ，エ

《2023　第２回　国語　解説》

二　**問一**　同じ段落に、「そのようなことが想像される場合には、科学研究の差し止めをしなければならないかもしれない」「つまり、科学は～科学以外の論理や条件によって制限を受ける場合があるのだ」などとある。このような科学研究への制限を、科学者が自主的に加えようとしたのがアシロマ会議であり、「科学者はあくまで研究が続行できることを目指して、少しばかりの不自由を甘受《かんじゅ》しよう」とした。また、予防措置《そち》原則について説明した部分にも、実験や研究に「制限を加えるのだが、研究の自由を保証する」とある。このことから、科学研究には自由が許容されることが望ましいということがわかる。

問二　「科学の限界」については、最初の段落の「しかしながら、科学は未知の世界に挑戦《ちょうせん》するという意味で～制限を受ける場合があるのだ」の部分で説明されている。イ、エ、オはここで述べている内容と一致《いっち》する。
ア.「不確実な科学知であっても用いなければならない」が誤り。不確実な科学知しか得られない場合に、科学以外の論理を持ち込《こ》まなければならないこともあることが、科学の限界なのである。　ウ.科学の商業化の進展については本文で少し述べているが、そのことで「企業の競争が激化している」とは書かれていない。また、選択肢《せんたくし》に書かれている内容は、科学の限界とは関係のない話なので誤り。よって、アとウが正解。

問三　傍線部《ぼうせんぶ》２が指すのは、少し前の「科学者自身が自主的に科学活動に制限を加えようとした」ことや、「国際機関等の公的権力によって研究への厳しい規制や差し止めが行われる前に、科学者が先手を打って研究ができる条件を模索《もさく》した」といった内容。よって、イが適する。

問四　傍線部４の少し前で、予防措置原則について、「人の健康や環境《かんきょう》に対して悪影響《えいきょう》を与《あた》えると懸念《けねん》されるものは、たとえそれが科学的に証明されていなくとも、予防的に禁止したり制限したりすべき、という原則」だと説明している。よって、アが適する。

問五　傍線部４は、予防措置原則の立場に立った研究の進め方をたとえたものである。このような研究の進め方について、この後に、「いつでも引き返せる姿勢を堅持《けんじ》する」「あくまで懸念を払拭《ふっしょく》できるまでは小規模な実験に止めて万全を期さねばならない」「制限を加えるのだが、研究の自由を保証する」「研究の中身の公開が不可欠である」「どのような研究を行っているのか、それがどのような方向に進展するのか、そこに危険性はないか、などを客観的に判断しなければならない」などと説明されている。よって、これらと一致するオが適する。

問六　直後の段落に、科学者の「社会的責任の第一歩」が説明されている。ただし、ここだけでは判断できないので、その後の５段落の内容もふまえて判断する。　ア.本文中の「科学・技術が社会を動かしている効能とともに、それらに起因する弊害《へいがい》まで論じることにより、科学や技術の持つ二面性を深く認識し、より合理的な使い方を市民が考える手助けをすべきなのである」と一致する。　ウ.本文中の「科学をもっと身近なものとするためにも、科学者は発言すべきなのではないか」「現代は科学・技術に関わる諸問題が山積している。それらに対し、科学者の立場としてどのような方向が好ましいのかを言える存在でなければならないだろう」「少なくとも常に(科学者が)発言し続ける姿勢が必要なのではないか」などと一致する。

問七　同じ段落で触《ふ》れている、アメリカの「『憂慮《ゆうりょ》する科学者同盟』という組織」が「社会に生起する科学に関わる問題について発言」し、厳しい提案もしていることや、1970 年代まで「有力な科学者が先頭に立って核廃絶《かくはいぜつ》運動を牽引《けんいん》した」こと、つまり科学やその研究成果が社会に与える影響について発言し、社会に訴えてきたことは、傍線部６とは反対の姿勢である。傍線部６が言おうとしているのは、現代の科学者が「あまり物を言わなく」なり、「専門の研究のみに閉じこもってい」て、科学やその研究成果が社会に与える影響を訴えてこなかったということ。

よって、エが適する。

問八　イ．本文中に「科学の商業化が進展している現代においては、起業のための科学知識の私有化や特許による占有《せんゆう》が進み、むしろ公開の原則がないがしろにされつつある。少しでも長く秘匿《ひとく》して一歩先に進むことが競争に勝利するとあれば、『おそるおそる』進むことは敗北を意味するからだ」とある。ここから、競争に勝って利益を上げるためには、事業に関わる研究内容を外部にもらさないことが重要であることが読み取れる。よって、適する。

エ．本文の最後から３段落目に「現代は科学・技術に関わる諸問題が山積している」「それらを生み出してきたのは科学者であるし、その動向に関して責任の一端《いったん》を担っているのも科学者である」とある。さらに、科学の限界や予防措置原則について述べることで、科学が関係する問題は、科学者だけでは解決できないことを説明している。よって、適する。

三 **問一**　少し後に、「嘘《うそ》つきは、発言が事実と一致しないのにもかかわらず、それを承知の上で、相手にはその間違《まちが》った内容を信じさせようと発言を行います」とある。　イ．テストで満点だったということは、それ以上の点数はとれないにもかかわらず、友達に「できなかった」と答えた。これは、「できなかった」という発言が事実と一致しないのにもかかわらず、それを承知の上で、友達にその内容を信じさせようとして発言したということであり、「嘘をついた」といえる。よって、イが適する。

問二　条件(３)について説明した部分に、「嘘は、何か特定の内容が事実だと思わせる、信じさせるためにつくものです。相手がどう思おうと、何を信じようとどうでもいいと考えている人に対して、『嘘をついた』とは言いにくいでしょう」とある。つまり、空欄《くうらん》には、“Ａは、Ｂにｐが「事実だと思わせる」ためにｐと言った”という内容があてはまる。よって、ウが適する。

問三　ア、ウ、エ、オは野菜の産地偽装《ぎそう》に関する話をしているので、この中で最初にくるのは、野菜の産地偽装を例に説明することを示しているウである。オは、「嘘つき」がどのように産地偽装をしようとしているかを説明している。アは、オで出てきた「野菜」について説明を加えながら、実際には仕入れた野菜は国産品であったことを明かしている。エは、オとアを受けて、「嘘つき」も知らなかった事実をふくめて説明している。イは、ウ、オ、ア、エの内容を「このような場合」と受けてまとめたものである。よって、ウ→オ→ア→エ→イの順になる。

問四　条件(３)について説明した部分に、「嘘は、何か特定の内容が事実だと思わせる、信じさせるためにつくもの」とある。一方、大戸島さんは、「誰《だれ》かをだまそうとしている」わけではなく、「自分が事実とはみなさないことを、相手がそれによってだまされるとはまったく意図せずに」述べている。大戸島さんは、「不正認定～を避《さ》けるために、言わなければならないことを言っているだけ」なのである。

問五　空欄には「白」が入るので、イとウが適する。

問六　ここでの「異なる対応」の内容は、１つ目は「欺瞞《ぎまん》としての嘘の定義をおおまかには維持《いじ》していくというもの」で、２つ目は「欺瞞としての嘘の定義を棄《す》ててしまい、別の形で嘘を特徴《とくちょう》づける、というもの」である。エは、「定義は変更せずに形を残した上で」という部分は１つ目の対応に近いが、「大戸島の発言を悪質なものだとみなすことでだまそうとしている」の部分が、１つ目の対応にあてはまらない。オは、「定義を変えつつ」という部分は２つ目の対応と同じだが、「拡大解釈《かいしゃく》していく」の部分が、２つ目の対応にあてはまらない。よって、エとオが正解。

問七　少し前に、「『嘘だ』とは言えませんが、多くの場合人をだますために使われるのが『誤誘導』あるいは『ミスリード』です。正しいことを言っているかもしれないが、誤解させ、正しくない、正確ではないことを信じさせようとするような発言です」とある。　ア．「自社開発した商品」である以上、その商品の価格はその会社が自由に決められるものだと考えられる。したがって、「本来の売り値」より高く設定した価格をもとに、「値下げした商品」だと言って販売することは、嘘だとは言えない。しかし、「本来の売り値」というものが存在する以上、お買い得な商品だという正しくない情報を信じさせようとしていると言える。よって、適する。　イ．誰かを誤解させ、正しくないことを信じさせようとしている要素がないので、適さない。　ウ．売れ残り物件の情報自体をごまかしているわけではないので、嘘だとは言えない。しかし、架空《かくう》の劣悪《れつあく》物件と比較することで、売れ残り物件を優良物件だと誤解させようとしているので、適する。　エ．ツナ缶の原材料は主にマグロやカツオである。使用されている魚がカツオであってもツナ缶だといえるので嘘だとは言えない。しかし、商品のラベルにマグロの絵が描かれていることで、原材料がマグロだと誤解させようとしているので、適する。　オ．アメリカの国旗が大きく描かれいることを根拠に、そのＴシャツは日本製ではない(あるいはアメリカ製だ)と考える人はまずいないと考えられる。よって、誰かを誤解させ、正しくないことを信じさせようとしている要素がないので、適さない。

問八　傍線部５が直接指すのは、「特におおやけの舞台で、政治家などが誤誘導でも嘘でもなければそれでよい、といった態度を取」り、「ひたすら言質を取られないようにする、厳密に言えば『嘘ではない』かもしれない発言を繰り返す」ことである。おおやけの舞台で政治家などが発言した内容は記録が残る。こうした手法をとる目的は、オにあるように、後で自らの発言をもとに追及されないようにするためである。よって、オが適する。

《2023　第２回　算数　解説》

1　(1)　与式＝(7.44×２)×1.107÷(7.44×３)÷0.123＝(7.44×２)÷(7.44×３)×(1.107÷0.123)＝$\frac{2}{3}$×９＝**6**

(2)　与式＝$(\frac{29}{40}-\frac{4}{40}-\frac{5}{40})\times\frac{1}{3}\div(\frac{2}{15}+\frac{7}{20})\times(\frac{25}{10}+\frac{4}{10})=\frac{1}{2}\times\frac{1}{3}\div(\frac{8}{60}+\frac{21}{60})\times\frac{29}{10}=\frac{1}{6}\times\frac{60}{29}\times\frac{29}{10}=$ **1**

(3)　7.2ha＝72000 ㎡より，7.2ha の 9.2％は 72000×$\frac{9.2}{100}$＝6624(㎡)である。よって，□＝6624÷0.288＝**23000**(㎡)

2　(1)　斜線《しゃせん》部分の面積は，半径 12 ㎝の円の面積の$\frac{1}{2}$と，対角線の長さが 24 ㎝の正方形の面積の$\frac{1}{2}$の和だから，
12×12×3.14×$\frac{1}{2}$＋24×24÷２×$\frac{1}{2}$＝144×(1.57＋１)＝**370.08**(㎠)

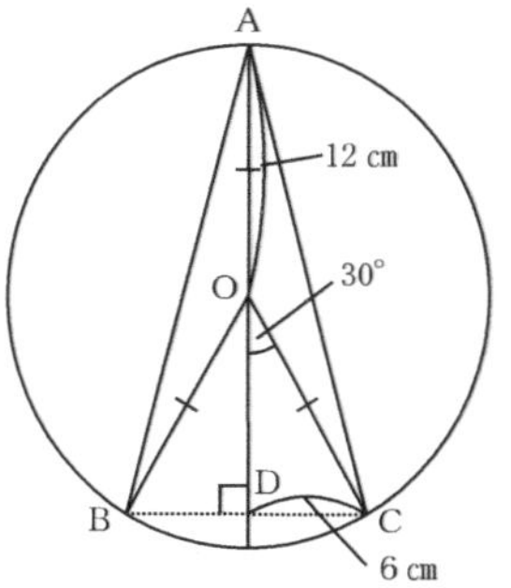

(2)　**【解き方】右図のように円の半径ＯＢ，ＯＣを引いたとき，角ＣＯＤ＝360°×$\frac{1}{12}$＝30°だから，三角形ＯＤＣは１辺の長さが 12 ㎝の正三角形を半分にした形になるので，ＤＣ＝６㎝である。よって，合同な三角形ＡＯＢと三角形ＡＯＣは底辺と高さがそれぞれ 12 ㎝，６㎝の三角形である。**
求める面積は，三角形ＡＯＢの面積，三角形ＡＯＣの面積，おうぎ形ＯＢＣの面積の和だから，12×６÷２×２＋12×12×3.14×$\frac{60°}{360°}$＝**147.36**(㎠)

(3)　**【解き方】図１で三角形ＯＥＦは１辺の長さが 12 ㎝の正三角形を半分にした形だから，ＦＯ＝12÷２＝６(㎝)より，ＧＦ＝12－６＝６(㎝)となる。**
(2)の解説をふまえる。求める面積は，図２の三角形ＦＯＢの面積，三角形ＦＯＣの面積，おうぎ形ＯＢＣの面積の和であり，辺の長さの関係は図２のようになるから，求める面積は，12×12×3.14×$\frac{60°}{360°}$＋６×６÷２×２＝**111.36**(㎠)

図１

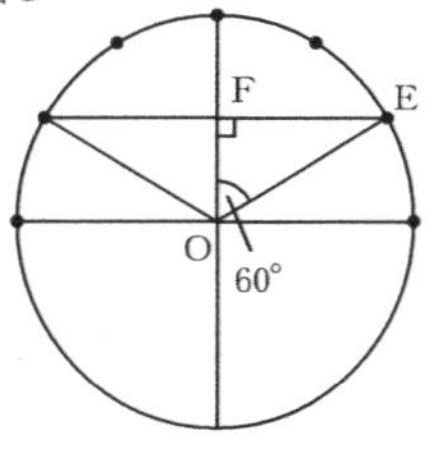

図２

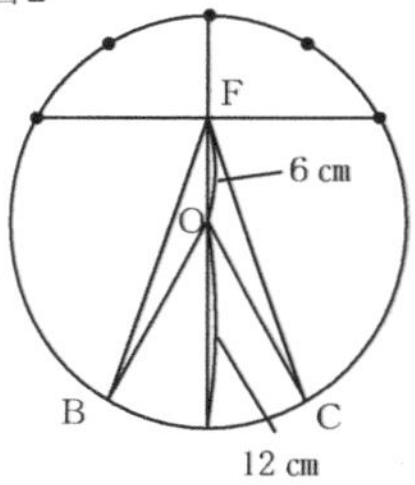

3　(1)　**【解き方】９を足すと７の倍数になるので，９－７＝２を足しても７の倍数になる。また，３を引くと５の倍数になるので，５－３＝２を足しても５の倍数になる。**
求める数は２を足すと７の倍数にも５の倍数にもなる，つまり７×５＝35 の倍数になる数である。よって，求める数は１から 100 までの数のうち，35 の倍数から２を引いた数だから **33**，**68** である。

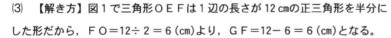

(2)　**【解き方】図２のＡ＋Ｂ＝Ｃのように，隣《とな》り合う２つの整数の和は，その２つの整数の１つ下に書かれた整数となる。このルールにあてはめると，最終的な和が 13，32，38，22 となるように式が最大４つ作ることができるので，計算しやすいように組み合わせてＡとＢを求める。**

Ａ＋Ｂ＝Ｃ，Ｂ＋Ｃ＝Ｅ，Ｂ＋Ｅ＝Ｈ，Ｂ＋Ｈ＝22 より，この式を逆にたどっていくと，

Ｂ＋(Ｂ＋Ｅ)＝22　　Ｂ×２＋(Ｂ＋Ｃ)＝22　　Ｂ×３＋(Ａ＋Ｂ)＝22　　①Ａ＋Ｂ×４＝22 となる。

また，Ｆ＋Ｇ＝32 より，(Ａ＋Ｄ)＋(Ｄ＋Ｅ)＝32　　Ａ＋(Ａ＋Ｃ)＋(Ａ＋Ｃ)＋(Ｂ＋Ｃ)＝32

Ａ×３＋(Ａ＋Ｂ)＋(Ａ＋Ｂ)＋(Ａ＋Ｂ)＋Ｂ＝32　　②Ａ×６＋Ｂ×４＝32 となる。

下線のついた式，①，②を比べると，Ａ×６とＡの差が 32 と 22 の差となっているから，Ａ×６－Ａ＝32－22

Ａ×５＝10　　Ａ＝10÷５＝**2** である。よって，①の式より，２＋Ｂ×４＝22 より，Ｂ×４＝20

Ｂ＝20÷４＝**5** である。

(3)　**【解き方】１人が１日でする仕事の量を１とすると，18 人が 24 日でする仕事の量は 18×24＝432 であり，これが全体の$\frac{8}{15}$だから，全体の仕事の量は 432÷$\frac{8}{15}$＝810 である。**

残りの仕事の量は 810－432＝378 であり，18＋３＝21(人)で行うから，求める日数は，378÷21＝**18**(日間)である。

(4)　長椅子《ながいす》１脚《きゃく》に３人ずつ座ると 42 人が座れず，同じ脚数の長椅子１脚に４人ずつ座ると，４×２－１＝７(人)が座れないことになる。よって，３人ずつ座った状態からさらに１人ずつ座ったとき，42－７＝35(人)が座れたことになるので，長椅子ははじめ 35÷１＝35(脚)あった。よって，演劇をみた保護者は３×35＋42＝**147**(人)である。

(5)　**【解き方】同じ道のりを走るのにかかる行きと帰りのガソリン代の比は，同じガソリン代で走る道のりの比と逆比になる。ガソリン 150 円分で行きは 10 ㎞，帰りは８㎞走るから，道のりの比は５：４となるので，ガソリン代の比は４：５である。**

帰りに 20 ㎞多く走った分のガソリン代は 150×$\frac{20}{8}$＝375(円)だから，観光をしたためにかかったガソリン代を除いて田中さんの家からおじいちゃんの家までの往復にかかったガソリン代は 7800－375＝7425(円)である。このうち，行きにかかったガソリン代は 7425×$\frac{4}{4+5}$＝3300(円)だから，使ったガソリンの量は 3300÷150＝22(Ｌ)とわかる。よって，田中さんの家からおじいちゃんの家までの道のりは 22×10＝**220**(㎞)である。

(6)　**【解き方】(自分を含《ふく》めた兄弟の合計人数)＝(平均)×(クラスの人数)となるので，兄弟の人数が３人または４人の生徒の自分を含めた兄弟の人数を求めた後，つるかめ算を利用する。**

自分を含めた兄弟の合計人数は 2.4×40＝96(人)である。このうち，兄弟の人数が１人，２人，５人の生徒の自分を含めた兄弟の人数の合計は，１×８＋２×16＋５×２＝50(人)だから，兄弟の人数が３人または４人の生徒の自分を含めた兄弟の人数の合計は，96－50＝46(人)である。このクラスの生徒で，兄弟の人数が３人または４人の生徒の人数は 40－(８＋16＋２)＝14(人)であり，この 14 人が自分を含めて３人兄弟だとすると，自分を含めた兄弟の合計人数は，３×14＝42(人)となり，実際より 46－42＝４(人)少ない。３人兄弟の生徒１人を４人兄弟の生徒１人におきかえると，合計人数は４－３＝１(人)増えるから，自分を含めた兄弟の人数が４人いる生徒は４÷１＝**4**(人)である。

4　**【解き方】条件を整理し，６人それぞれの仮の並び方を考える。**

Ａ→２，３，４，５番のいずれかである。　Ｂ→直後がＤでない。　Ｃ→直前がＤでない。

Ｄ→前にＢ，後ろにＣがいる。　Ｅ→直後がＢである。　Ｆ→４，５，６番目のいずれかである。

Ｂ，Ｃ，Ｄの話を整理すると，Ｂ→〇→Ｄ→〇→Ｃの順になり，〇の部分に少なくとも１人以上が入る。

また，Ｅの直後はＢだから，Ｅ→Ｂ→〇→Ｄ→〇→Ｃの順になるので，２つの〇にＡとＦがそれぞれ入る。

よって，Ｆは５番目に入り，残ったＡは３番目に入るとわかるので，走る順番は**Ｅ→Ｂ→Ａ→Ｄ→Ｆ→Ｃ**である。

5 １から50までの整数の和を２つ並べると右の筆算のようになり，51が50個並ぶ。
よって，１から50までの整数の和は51×50÷２＝**1275**となる。

```
    1＋2＋3＋……＋50
＋) 50＋49＋48＋……＋1
────────────────────
    51＋51＋51＋……＋51
```

１からｎまでの整数の和を２つ並べると，（**ｎ＋１**）をｎ個並べた和になる。4046を素因数分解すると，右の筆算のようになるから，素数の積で表すと4046＝２×**７**×**17**×**17**と表せる。4046を２つの整数の積で表すと，２と2023，７と２×17×17＝**578**，２×７＝**14**と17×17＝**289**，**17**と２×７×17＝**238**，17×２＝**34**と７×17＝**119**の５通りがある。

```
 2) 4046
 7) 2023
17)  289
      17
```

次に，前の問題の説明文から，１からｎまでの連続する整数の和の２倍は{（ｎ＋１）×ｎ}で表せる。ｎは整数であり，（ｎ＋１）はｎと連続する１大きい整数だから，ｎ×（ｎ＋１）は連続する２つの整数の積である。つまり，上の５通りの積は③２つの差が１にならないから，１からｎまでの和が2023になるような整数ｎはないとわかる。
最初の整数をｍ，最後の整数をｎとしたときのｍからｎまでの整数の個数は，（**ｎ－ｍ＋１**）個と表すことができる。
よって，２つの整数が２と2023の場合を考えると，ｎ－ｍ＋１＝２より，ｎ－ｍ＝１となる。次に，２つの整数が７と578の場合，ｎ－ｍ＋１＝７より，ｎ－ｍ＝６となるので，６＋２×ｍ＝578より，ｍ＝**286**，ｎ＝578－286＝**292**となる。

《2023　第２回　理科　解説》

1 **問１，２**　マグマが冷え固まってできた岩石を火成岩といい，火成岩はさらに深成岩と火山岩に分けられる。深成岩はマグマが地下深くでゆっくり冷え固まることで，同じくらいの大きさの粒《つぶ》が集まった等粒状《とうりゅうじょう》組織になる。なお，問２のイのようなつくりを斑状《はんじょう》組織といい，マグマが地表付近で急に冷え固まってできる火山岩に見られるつくりである。
問４　アポイ岳《だけ》はかんらん岩でできているから，図２のかんらん岩より右側の地層が，図４のＢプレートにあたると考えられる。図４のＢプレートのめくれ方から，Ｂプレートの最も地下の深い場所でできた層がＡプレートと接することになるので，ｂが正答となる。
問５　太陽系の惑星《わくせい》を太陽からの距離《きょり》が近い順に並べると，水星，金星，地球，火星，木星，土星，天王星，海王星となる。太陽の周りを一周するのにかかる時間は，太陽からの距離が近い惑星ほど短い。
問６⑴　図６では，断層の上盤《うわばん》（ここでは断層の左側）が上にずれている。このような断層は地層を横から押《お》す力がはたらくとできる。　**⑵**　れき（直径２㎜以上），砂（直径0.06㎜～２㎜），どろ（直径0.06㎜以下）は粒の大きさで区別され，粒が大きいものほど浅い海の底にしずむ。地層はふつう下にあるものほど古い時代にたい積したものだから，Ｚ（でい岩）の層ができてから，砂岩，れき岩の層ができるまでの間は深い海の底から浅い海の底になったと考えられる。また，凝灰岩《ぎょうかいがん》は火山灰が押し固められてできた岩石である。さらに，図６に見られる波のような境目を不整合面といい，地層が隆起《りゅうき》などによって地表にあらわれた証拠《しょうこ》として考えることができる。以上のように考えると，Ｚの層ができた→ウ→オ→イ→水中に入った→ウ→ア→イの順になる。　**⑶**　ハマグリの化石のように，地層がたい積した当時の環境《かんきょう》を知る手がかりとなる生物の化石を示相化石という。　**⑷**　エはあたたかくて浅い海に生息する生物である。なお，ア（古生代），イ（中生代），ウ（新生代）のように，限られた時代に生息した生物の化石は，地層がたい積した時代を知る手がかりとなる。このような化石を示準化石という。　**⑸**　ハマグリの貝がらの主成分は石灰石と同じ炭酸カルシウムだから，うすい塩酸をかけると二酸化炭素が発生する。
問８　$\frac{1}{2}$になるために必要な時間が5700年で，$\frac{1}{8}$になるにはその３倍の時間が必要だから，5700×３＝17100（年前）が正答となる。

2　問１，２　物体１㎤あたりの重さを密度という。物体を水に入れたときのようすは，水の密度との関係によって決まる。Ａのように水中で静止するのは水と密度が同じ物体，Ｂのように水に浮《う》くのは水より密度が小さい物体，Ｃのように底に沈《しず》むのは水より密度が大きい物体である。よって，Ａの１㎤あたりの重さは水と同じ１ｇであり，１㎤あたりの重さが最も小さい(密度が最も小さい)のはＢである。

問３　浮力《ふりょく》の大きさは，物体が押しのけた水の重さと同じだから，物体の水中にある体積に比例すると考えればよい。よって，物体全体が水中にあるＡとＣでは同じ大きさの浮力がはたらき，物体の一部が空気中にあるＢにはたらく浮力はＡやＣより小さい。

問４　10℃のときの液体１㎤あたりの重さは0.797ｇより大きいから，１㎤あたりの重さが0.797ｇより小さいＡとＢはどちらも浮く。

問５，６　浮き沈みの状態が変化する液体の温度は，Ａが11℃と12℃の間，Ｂが14℃と15℃の間である。よって，液体の温度を10℃からゆっくり上昇《じょうしょう》させていくと，Ａ→Ｂの順番で沈み，15℃のときには両方とも沈んだ状態である。ここからゆっくり液体の温度を下げて13℃にすると，Ｂは浮き，Ａは沈んだままである。

問７　15℃より高く17℃より低い温度では結果が同じになるということだから，15℃と17℃の間の温度である16℃のときの液体１㎤あたりの重さが0.7926ｇであることに着目し，これより１㎤あたりの重さが大きいＡ～Ｃは沈み，１㎤あたりの重さが小さいＤ(～Ｆ)は浮くと考えればよい。

問８　１㎤あたりの重さが大きいものほど沈みやすいから，このとき沈んでいる４個はＡ～Ｄである。よって，このときの液体１㎤あたりの重さは，Ｄの１㎤あたりの重さ0.7918ｇより小さく，Ｅの１㎤あたりの重さ0.7909ｇより大きいから，17℃から18℃の間である。

問９　ＥとＦの温度はともに液体の温度と同じ17℃になるので，それぞれ30－17＝13(℃)分の熱が移動したことになる。球１個を１℃上昇させるのに必要な熱量は10calだから，球２個を13℃上昇させる熱量である10×２×13＝260(cal)が移動したことになる。

問10　ＥとＦから移動した260calの熱量は，液体の温度を上昇させるだけでなく，Ａ～Ｄの４個の球の温度を上昇させるためにも使われることに注意する。液体１ｇは0.5calで１℃上昇するから，液体200ｇは0.5×200＝100(cal)で１℃上昇する。また，球１個は10calで１℃上昇するから，球４個は10×４＝40(cal)で１℃上昇する。つまり，温度計の温度を１℃上昇させるには100＋40＝140(cal)の熱量が必要である。よって，260calでは$1\times\frac{260}{140}=\frac{13}{7}$(℃)上昇するので，ＥとＦを入れる前の温度Ｘは$17-\frac{13}{7}=15.14\cdots\rightarrow 15.1$℃である。

問11　Ｙが18℃だった場合のＸを求める。問９と同様に考えると，ＥとＦから移動した熱量は10×２×12＝240(cal)であり，上昇温度は$1\times\frac{240}{140}=\frac{12}{7}$になるので，Ｘは$18-\frac{12}{7}=16.28\cdots\rightarrow 16.3$℃である。よって，Ｘが15.1℃のときの液体１㎤あたりの重さは0.7935ｇより小さいからＡ～Ｃの３個が沈んだ状態で，Ｘが16.3℃のときの液体１㎤あたりの重さは0.7918ｇより大きく0.7926ｇより小さいからＡ～Ｃの３個が沈んだ状態である。

3　問１　植物の葉に光があたると，二酸化炭素と水を材料にして，でんぷんと酸素をつくり出す光合成が行われる。

問２　イ×…酸素の発生方法である。　ウ×…二酸化炭素を石灰水に通すと白くにごる。　オ×…二酸化炭素は水に少しとけ，空気よりも重いため，水上置換《ちかん》法か下方置換法のどちらかで集める。

問４　気体は同じ重さの液体や固体と比べ，体積が非常に大きい。

問５　水素と酸素の化学反応では水が発生するだけで，地球温暖化の原因とされている二酸化炭素が発生しない。

問７　反応には水素と酸素が必要だが，酸素は空気中に必要な量が存在するため，燃料としては水素だけを補給すればよい。

問９　15℃の水300ｇを60℃にする，つまり300ｇの水の温度を45℃上昇させるのに必要な熱は１×300×45＝

13500(cal)である。エネルギー利用率が90%の場合，発生させる熱を13500÷0.9＝15000(cal)にする必要がある。112cm^{3}の水素が反応すると340calの熱が発生するから，15000calの熱を発生させるのに必要な水素は$112\times\frac{15000}{340}=$4941.1…→4941cm^{3}である。

問10(1)　8500÷5＝1700(秒)→28分20秒　　(2)　(193000×0.95)÷8500＝21.5…より，完全に充電《じゅうでん》できるのは21個である(22個目は半分ほどしか充電できない)。

4　**問1**　A×…対物レンズにほこりなどが付着するのを防ぐため，先に接眼レンズを取り付ける。　E×…対物レンズとプレパラートを近づけるときは，横から見ながら調節ねじを回す。　H×…レボルバーに取り付けてあるのは対物レンズである。レボルバーを回すと対物レンズが変わり，倍率が変わる。

問2　接眼レンズは短いものほど倍率が高く，対物レンズは長いものほど倍率が高い。

問3　10×25＝250(倍)

問4　0.05×250＝12.5(㎜)

問5　顕微鏡《けんびきょう》の視野は上下左右が反対になっているので，視野の左下にある観察物は実際には右上にある。よって，観察物を視野の中央に移動させるにはプレパラートを左下に動かす必要がある。

問6　(あ)はミジンコ，(え)はミドリムシである。

問9　ヨウ素液はでんぷんに反応して青紫《むらさき》色に変化する。写真3の色がなくなった部分ではでんぷんがなくなったことがわかる。

問10，11　結果1で，納豆菌《なっとうきん》がでんぷんを分解することがわかったのは，写真2に対し，納豆菌の有無だけが異なる培地《ばいち》を用意し，その培地ではでんぷんが分解されなかったことが確認できたためである。

問13　ウ○…①〜④の方向の平均の長さは，納豆菌が(16＋13＋14＋17)÷4＝15(㎜)，だ液が(10＋9＋11＋10)÷4＝10(㎜)である。よって，納豆菌がでんぷんを分解した部分の面積は，だ液の(15×15×3.14)÷(10×10×3.14)＝2.25(倍)である。

問14　ウ○…表2より，納豆菌とだ液の両方で，ろ紙の周囲の色がなくなった部分の大きさが25℃のときと比べて非常に小さくなっていることがわかる。　エ○…表3より，納豆菌とだ液の両方で，ガラス板よりろ紙からはなれた場所では色がなくなっていないことがわかる。これは，ガラス板が差し込《こ》まれたことで，酵素《こうそ》が寒天中を移動できなくなったためだと考えられる。

2022 解答例 令和４年度 東京農業大学第一高等学校中等部【第２回】

《国　語》

一　①形相　②提げ　③容易　④完治　⑤くせもの　⑥じきひつ　⑦ようじょう　⑧つ

二　問一．オ　問二．②　問三．オ　問四．２番目…オ　４番目…ア　問五．イ　問六．イ　問七．ア　問八．オ　問九．エ

三　問一．イ　問二．マスクをすることで、周りの人とかかわるのを拒むのは、前からあったことだから。
問三．A．ウ　B．オ　C．ア　D．イ　E．エ　問四．イ　問五．オ　問六．３　問七．エ
問八．ア　問九．ア，オ　問十．X．境界／エ

《算　数》

1　(1) $5\frac{1}{4}$　(2) $\frac{20}{21}$　(3)0.2

2　(1) I　(2)37.2　(3)平均値…12　中央値…11

3　(1)30　(2)7.2

4　(1)０…10　２…21　(2)23　(3)2019番目…２　2020番目…２　2021番目…０　2022番目…２

5　(1)ア．240　イ．105　ウ．60　(2)エ．$300-x$　オ．$120\times x$　(3)④

《理　科》

1　問１．７　問２．水素／ちっ素／ヘリウム　などから１つ　問３．0.35A　問４．エ　問５．ア
問６．3840　問７．62.5　問８．0.4　問９．ア，ウ，オ　問10．30　問11．たんすいかぶつ
問12．①20　②1920　③3.5

2　問１．ア　問２．ウ　問３．ウ　問４．(1)特定の場所を好むかもしれないから。
(2)手乗りジュウシマツ…18　手乗りではないジュウシマツ…３　(3)ウ　問５．(1)40　(2)イ　(3)ウ
問６．(1)食物連さ〔別解〕食物もう　(2)カ

3　問１．エ　問２．示相化石　問３．ア，イ，ウ　問４．正断層　問５．ア　問６．10
問７．マグニチュード　問８．(1)８　(2)400　(3)11，16，00　問９．南海トラフ
問10．マントル…ア　外かく…イ

4　問１．(1)ア，ウ，オ，キ　(2)ア，キ　問２．図２…イ　図３…エ
問３．図２…ア　図３…エ　問４．図４…３　図５…1.5　問５．イ
問６．30　問７．d→b→a→c→e　問８．右図

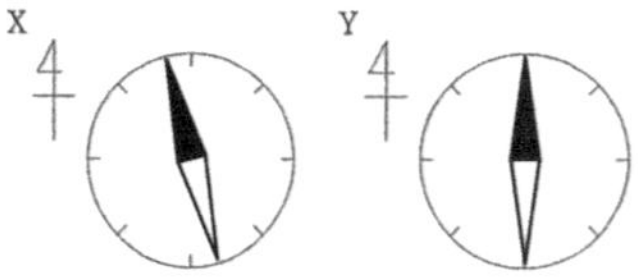

2022 解説 ＞ 東京農業大学第一高等学校中等部【第２回】

令和４年度

《2022　第２回　国語　解説》

二　**問一**　「エゴ」とは、エゴイズムの略で、利己主義(＝他人のことをかえりみないで、自分の利益や楽しみを最優先にする考え方)の意。これにあてはまるものはオである。

問二　第３段落に、「モビリティ分野は、鉄道会社、バス会社、自動車メーカーという、各社の市場競争のなかで成立してきた。現状は、各社の知恵《ちえ》比べと技術開発競争のなかで、自動車メーカーに軍配が上がったというだけのことなのかもしれない。」とある。そして、「市場競争は悪いことではない～市民にとっても良いことである。鉄道・バス会社も十分に頑張っていると思う」と認めた上で、「ただ、自動車という移動可能な居住空間が、市民すなわち市場の利己的なハートを強烈《きょうれつ》に惹《ひ》きつけただけのことである。」という筆者の考えを述べている。つまり、「公共交通は廃《すた》れ、自動車社会にシフトしていった」のは、特異なことではなく、市民の「エゴ」という単純な理由によるものだということ。このことから、第１段落で述べた「モビリティ政策を進めるうえでもっとも重要で、もっとも難しいのは市民の理解と協力だと思う」という考えに説得力を持たせている。

問三　「一人の人間が、自身の移動のために大きなスペースを占拠《せんきょ》したなら、他の人はどう思うだろうか」の答えは、「電車のなかで～二人分のスペースを占拠し、座っている人がいたなら～何と言うか」の答えと同じことではないだろうかということ。「移動」は「公共空間」のなかで成り立っているので、公共心を持って行動すべきである。つまり、モビリティを考えるうえで、モビリティは「公共空間」のなかで成り立っているサービスであるということを忘れてはいけないということを主張している。よってオが適する。

問四　ウ→オ→イ→ア→エの順番。

問五　イは、車の利用者が「移動時の満足度」を最大化すると市民全員のデメリットにつながるという具体例ではない。

問六　「『公共心』を醸成する」には、「教育」という方法がある。小学校でモビリティ政策に関する教育を受けた子供たちは、帰宅しての夕食時に、学んだことをもとに家族と会話をする。そして、「子供に諭《さと》されると、親も公共交通を利用するよう努力を始めるらしい」とある。よってイが適する。

問七　「存在を意識させることで選択《せんたく》させるという手法」「人間は、ある情報を受けることで、本人の自由意志のもとで、正しい行動をとる〝可能性〟(強要ではないことが重要)があるという」考え方に基づいたものが「ナッジ理論」の実践《じっせん》である。よってアが適する。

問八　迷惑施設の必要性は認めるが自らの居住地域には建てないでほしいといった、利己的な発想がある限り、押《お》し付けられた特定の人が不遇《ふぐう》な状況《じょうきょう》に陥《おちい》ってしまう。そうならないために、「市民に公共心を沸《わ》き立たせ」、「みなで負担を分担しようと心掛《が》けていかなければならないということ」を主張している。よってオが適する。

問九　「モビリティ社会」とは、多様な交通機関を活用することで、一人一人の移動が個人的にも社会的にも望ましいものとなった社会である。自動車を利用する人も公共交通機関を利用する人も快適であることを目指すということ。また、「持続可能な」とあるので、お互《たが》いに無理なく続けられることが大切である。よってエが適する。

三　**問一**　「まわりを『ないこと』にするというマスク」「あえてまわりの人に関心をもたないようにすること」「まわりを『ないこと』にするとは、文字どおり関係をもつこと、他人に関与《かんよ》することを拒《こば》むということだ」より、イが適する。

問二　直後の「マスクにあたるものをわたしたちはこれまでもずっとつけてきた」が理由である。その目的をふまえて説明する。

問四　マスクや鉄製のドアや学校の門扉《もんぴ》などで仕切り、中に入れないようにする「別にあるべきもの」は、「社会の暗黙《あんもく》の約束としてあるもの」だから、それは「そういうかたちでしかありえないというようなものではない」。つまり「何かしらの必然性(必ずそうなると決まっていて、それ以外はありえないという性質)があって決まっているものではない」と言える。よってイが適する。

問五　直前の「その点」とは、偽《いつわ》りの「仮面」になっている点。つまり、マスクもメイクも「仮面」である点で同じようなものだということを言っている。これは、[B] のある段落の最初で「じぶんをむきだしにしないという意味では化粧《けしょう》や衣服もマスクと本質的に変わらない」と述べたのと同じことである。マスクやメイクで「じぶん(の顔)をむきだしにしない」とは、[C] のある段落の具体例でわかるように、じぶんの「表情」を隠《かく》すこと、つまり、じぶんの本心がむきだしになるのを隠すこと。よってオが適する。

問七　具体的には「よいものとわるいもの、正しいことと正しくないこと、有益なものと有害なもの、敵と味方をしかと区別すること」つまり、「身の回りにあるものを二つの『集合』に分け優劣《ゆうれつ》をつけること」である。１～２行後に「人びとはずっとそういう共有できる秩序《ちつじょ》をつくり、修正し、維持《いじ》してきた」とあるので、傍線部５は、社会の秩序をつくり維持するために行われてきたことと言える。よってエが適する。

問八　この段落には「マスクは～人を魅《み》入らせる妖《あや》しさもある」の説明がされている。「世界がこれまでのかたどりを失ってしまうことの不安であるとともに、世界が別なふうにかたどられなおすことへの誘惑《ゆうわく》でもある」「仮面の妖しさには、そういう未だ見たことのない光景へと世界を組み換《か》える、そういう誘いがある」より、アが適する。

問九　ア．「人と人の交わりを規制する仕切り、そういう関所のようなものが社会のいたるところにある」「〈他〉との仕切りをきちんとしておかないとという強い意識がある」「混じってはならないもの、区別をあいまいにするものは、きびしく遠ざけられた」「『身の安全を確保する』という名目で、マンションのドアや学校の門扉、都市の区画などに形を変えて今も残る」などから適する。　イ．「顔をむきだしにすることのほうが、文明社会ではずっと異例だった」とあるが、「顔をむきだしにするのが世間の『普通《ふつう》』になった」「いずれマスクの装着が不要になっても」などから、「マスク文化が根付く可能性は高い」は合致《がっち》しない。　ウ．「現代の化粧といえば～『ナチュラルメイク』という～まるでメイクしていない自然のままの顔みたいに見せる」化粧法が流行ったとあるが、それが「他人をだます目的のため」とは述べられていない。　エ．「ウイルス禍《か》は～生きものとしての秩序が、これとはまったく別の野生のいのちの秩序と接触《せっしょく》したところから発生したといわれる」「野生の自然とのあいだに、『里山』など、一種の緩衝《かんしょう》地帯を設けていた」と説明されている。「人間と自然は一線を画しそれぞれ生きていたが、そうした場が失われたことで、ウイルスの流行につながった」とは述べられていない。　オ．【中略】の前段落に「人びとはずっとそういう共有できる秩序をつくり～維持してきた～そういう秩序には、人種差別や身分差別、異邦《いほう》人の排斥《はいせき》というのがついてまわった。じぶん(たち)とは違《ちが》う者の排除だ」と述べられているので適する。

問十Ｘ　人間と自然を分けていたものは「『里山』など、一種の緩衝地帯」と表現され、「それもまたマスクとおなじく境界を標《しる》す場だった」と述べられている。　エとオは逆の立場の意見である。筆者の主張する「人と人がともに生き延びるにあたっていちばん大事にしなければならないことは何かと、じっくり考える」ことは、それぞれの立場や考え方を尊重することであって、一律に「ルールにするべき」というのは本文の主張に合致していない。よってエが正解。

《2022　第２回　算数　解説》

[1] (1)　与式$=\frac{28}{5}\div(\frac{3}{5}\times\frac{14}{9}-\frac{2}{5})-5\frac{1}{4}=\frac{28}{5}\div(\frac{14}{15}-\frac{6}{15})-5\frac{1}{4}=\frac{28}{5}\times\frac{15}{8}-5\frac{1}{4}=\frac{21}{2}-5\frac{1}{4}=10\frac{2}{4}-5\frac{1}{4}=5\frac{1}{4}$

(2)　与式より，$(\square-\frac{19}{20})\times 7=\frac{4}{15}-\frac{1}{4}$　$(\square-\frac{19}{20})\times 7=\frac{16}{60}-\frac{15}{60}$　$(\square-\frac{19}{20})\times 7=\frac{1}{60}$　$\square-\frac{19}{20}=\frac{1}{60}\times\frac{1}{7}$

$\square-\frac{19}{20}=\frac{1}{420}$　$\square=\frac{1}{420}+\frac{399}{420}=\frac{400}{420}=\frac{20}{21}$

(3)　660000 mg＝660 g＝0.66(kg)，3140 g＝3.14 kg，$21\frac{1}{5}$kg＝21.2 kgだから，

8×(0.66＋3.14＋21.2)＝8×25＝200(kg)　200 kg＝$(200\times\frac{1}{1000})$ t＝0.2 t

2　(1)　**【解き方】(成功した数)÷(打った数)の値を調べる。**

I以外の値はすべて半分に満たないが，Iの値は，11÷22＝0.5となるので，1番高かった試合はIである。

(2)　**【解き方】(成功した数の和)÷(打った数の和)×100を求める。**

成功した数の和は，13＋9＋14＋11＋11＋10＋19＋14＋11＋8＝120(本)，

打った数の和は，27＋31＋29＋35＋38＋38＋39＋33＋22＋31＝323(本)だから，120÷323×100＝37.15…より，

小数第2位を四捨五入して，37.2％

(3)　**【解き方】平均値は，(成功した数の和)÷(試合数)で求める。10個の資料の中央値は，資料を大きさの順に並べたときの5番目と6番目の平均値をとる。**

平均値は，120÷10＝12(本)である。資料を小さい順に並べると，8，9，10，11，11，11，13，14，14，19になるから，5番目と6番目はともに11本になるので，中央値も11本である。

3　(1)　**【解き方】正三角形の1つの内角の大きさは60°で，正方形の1つの内角の大きさは90°である。**

正三角形ＡＢＣより，ＡＢ＝ＢＣ＝ＣＡ，正方形ＢＤＥＣより，ＢＤ＝ＤＥ＝ＥＣ＝ＣＢだから，

ＡＢ＝ＤＢである。したがって，三角形ＡＢＤは，ＡＢ＝ＤＢ，角ＡＢＤ＝60°＋90°＝150°の二等辺三角形だから，角ＡＤＢ＝(180°－150°)÷2＝15°である。角ＢＤＣ＝45°だから，角x＝45°－15°＝30°

(2)　**【解き方】水の量は変わらないので，水面の高さは水が入る部分の底面積に反比例する。**

角柱を入れる前の底面積は8×9＝72(cm²)で，角柱を入れた後の底面積は72－12＝60(cm²)だから，

底面積の比は，72：60＝6：5になる。水面の高さの比は5：6になるので，求める水面の高さは，$6\times\frac{6}{5}$＝7.2(cm)

4　(1)　**【解き方】はじめに2を置き，その後に022を置くごとに2022が1つ増える。**

0は022の中に1個あるから，「2022」を10個並べると10個ある。

2は，はじめに1個あり，022を1個加えると2個増えるから，10個並べると，1＋2×10＝21(個)

(2)　**【解き方】(1)をふまえる。**

はじめの1個を除くと，加えた2の個数は47－1＝46(個)になるから，加えた022は，46÷2＝23(個)であり，

「2022」のかたまりも23個である。

(3)　**【解き方】202，202，202，…と3個の数字を1つの周期とすると，(3の倍数＋1)番目は2，(3の倍数＋2)番目は0，3の倍数番目は2になる。**

2019÷3＝673より，2019は3の倍数だから，2019番目は2，2020番目は2，2021番目は0，2022番目は2

5　(1)　**【解き方】三角形ＣＤＥと三角形ＥＦＧが同じ形の直角三角形になることを利用する。**

Ａ＝200 cmのとき，ＣＤ：ＥＦ＝ＤＥ：ＦＧだから，100：200＝120：Ｂ

1：2＝120：Ｂ　Ｂ＝2×120＝ア240(cm)

Ａ＝140 cmのとき，ＣＤ＝300－140＝160(cm)より，160：140＝120：Ｂ

8：7＝120：Ｂ　Ｂ×8＝120×7　Ｂ＝840÷8＝イ105(cm)

Ａ＝100 cmのとき，ＣＤ＝300－100＝200(cm)より，200：100＝120：Ｂ

2：1＝120：Ｂ　Ｂ×2＝120　Ｂ＝120÷2＝ウ60(cm)

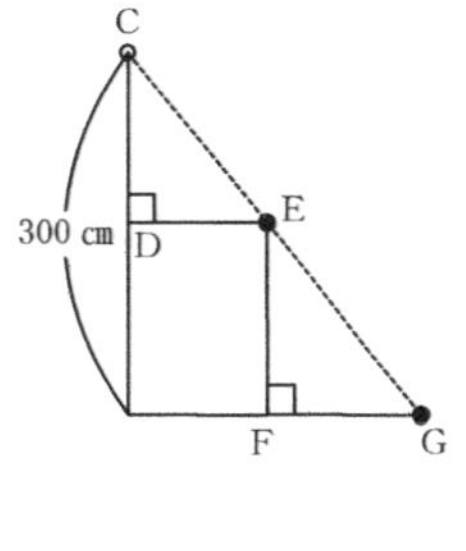

(2)　**【解き方】(1)をふまえる。**

A＝$x$cmのとき，CD＝エ300－x(cm)より，(300－x)：x＝120：B　　B×(300－x)＝120×x　　B＝$\frac{120\times x}{300-x}$

よって，オ＝120×x

(3)　**【解き方】x＝200，x＝140，x＝100のときのBの値を確認する。**

xが100から200に200÷100＝2(倍)に増えると，Bの値は，240÷60＝4(倍)になる。

xが100から140に140÷100＝1.4(倍)に増えると，Bの値は，105÷60＝1.75(倍)になる。

xが150のときも調べてみると，B＝$\frac{120\times 150}{300-150}$＝120となり，$x$が150÷100＝1.5(倍)になると，

Bの値は，120÷60＝2(倍)になる。

以上のことから，xの増加量が大きいほど，Bの増加量も大きくなるから，グラフは④があてはまる。

《2022　第2回　理科　解説》

1　**問1**　アンモニアは水に溶《と》けやすく，刺激臭《しげきしゅう》があり，空気より軽い。

問3　密度は1㎤あたりの質量(重さ)だから，7％の塩酸5㎤の重さはA×5(g)である。よって，含《ふく》まれる塩化水素の重さはA×5×0.07＝A×0.35＝0.35A(g)である。

問4　実験番号2のとき，塩酸もアンモニアも残らないから，このときよりアンモニアの体積だけが少ない実験番号1では，塩酸が残る。したがって，実験番号1の反応後の溶液《ようえき》は酸性である。ムラサキキャベツ液は，酸性で赤色，中性で紫色になり，アルカリ性が強くなるにしたがって，青色→緑色→黄色と変化する。

問5　鉄は塩酸に溶け水素を発生するが，アンモニア水には溶けない。実験番号6と7を比べると，実験番号7ではアンモニア水が残ることがわかるので，鉄を加えても変化は見られない。

問6　実験番号2より，7％の塩酸5㎤とアンモニア240㎤がちょうど反応することがわかるから，7％の塩酸80㎤をすべて反応させるために必要なアンモニアは240×$\frac{80}{5}$＝3840(㎤)である。

問7　実験番号12より，7％の塩酸5㎤と水酸化ナトリウム0.4gがちょうど反応することがわかるから，水酸化ナトリウム5gをすべて反応させるために必要な7％の塩酸は5×$\frac{5}{0.4}$＝62.5(㎤)である。

問8　実験番号2と5より，実験番号5の反応後の水溶液には，7％の塩酸10－5＝5(㎤)が残っているとわかる。したがって，実験番号12より，7％の塩酸5㎤と反応する水酸化ナトリウムは0.4gとわかる。

問9　塩酸が残っていることを確かめるためには，溶液が酸性であることが確かめられればよい。イは酸性で黄色(中性で緑色，アルカリ性で青色)に，エは酸性で赤色に変化する。これに対し，アはアルカリ性で赤色に，ウはでんぷんに反応して青むらさき色に，オはアルカリ性で青色に変化する。

問10　問6解説より，アンモニア1200㎤とちょうど反応する7％の塩酸は5×$\frac{1200}{240}$＝25(㎤)だから，水酸化ナトリウムと反応した7％の塩酸は400－25＝375(㎤)である。問7解説より，7％の塩酸375㎤とちょうど反応する水酸化ナトリウムは0.4×$\frac{375}{5}$＝30(g)である。

問12　①問7解説より，5×$\frac{1.6}{0.4}$＝20(㎤)である。　②アンモニアと反応した7％の塩酸は60－20＝40(㎤)だから，問6解説より，反応したアンモニアは240×$\frac{40}{5}$＝1920(㎤)である。　③考え方1より，反応したアンモニア1920㎤に含まれる窒素《ちっそ》は0.14×$\frac{1920}{240}$＝1.12(g)だから，考え方2より，たんぱく質は1.12÷0.16＝7(g)である。よって，200gの牛乳に含まれるたんぱく質の割合は7÷200×100＝3.5(％)である。

2　**問1**　アは①～③の特ちょうをもつ。なお，アは卵ではなく，子をうむ。

問4(2)　赤ペンが置いてある区にいた時間の平均は，手乗りジュウシマツが(20＋17＋18＋19＋16＋18)÷6＝18(秒)，手乗りではないジュウシマツが(1＋6＋2＋0＋5＋4)÷6＝3(秒)である。

問5(1)　〔期間内の生存率(%)＝$\dfrac{次の期間初めの生存数}{期間初めの生存数}$×100〕で求められるから，$\dfrac{240}{600}$×100＝40(%)である。
(2)　Aは2000－600＝1400，Cは240－120＝120である。ア，ウ×…年齢《ねんれい》が0から4までは，期間内の生存率がだんだん高くなっている。　イ○…集団の個体の数が最も減る(期間内の死亡数が最も大きい)のは，期間内の生存率が最も低い，年齢が0のときである。　エ×…年齢が0のときの期間内の生存率が25%だから，年齢が1のときにはすでに$\dfrac{1}{4}$(半分以下)になっている。　(3)　ア，イ×…親の保護を受ける期間内の死亡率は，親の保護を受けない生物に比べて低くなると考えられる。したがって，生存率が変化していく様子は，親の保護を受ける生物と受けない生物で異なると考えられる。

問6(1)　生物どうしの「食べる－食べられる」の関係を食物連鎖《れんさ》といい，それが網《あみ》の目のように入り組んだ関係になっているものを食物網《もう》という。　(2)　①②カラスのひなを駆除《くじょ》するとカラスの数は減少し，カラスに食べられる数が減少するのでネズミの数は増加する。　③カラスの食べ物(生ゴミ)が減るのでカラスの数は減少する。

3　**問1**　川を流れる間に川底や他の石とぶつかって，割れたり角がとれたりすることで，小さく丸くなっていく。

問3　アはあたたかくて浅い海，イは冷たい海，ウは温帯のやや寒冷な地域であったことが推測できる。エのように限られた時代に栄えた生物の化石は，その地層ができた時代を推測することができる示準化石である。

問4，5　アのように横に引っぱる力がはたらくと，上盤《うわばん》(断層の左側)が下がるような断層ができる。これを正断層という。なお，イのように力が加わると，上盤が上がるような断層(逆断層)ができる。

問6　震度《しんど》は，0，1，2，3，4，5弱，5強，6弱，6強，7の10階級に分けられる。

問7　マグニチュードが1大きくなると地震のエネルギーは約32倍，2大きくなると1000倍になる。

問8(1)(3)　AとCで先に到達《とうたつ》する波(P波)の揺《ゆ》れが始まった時刻の差が，11時17分15秒－11時16分25秒＝50(秒)だから，P波はAとCの震源からの距離《きょり》の差の400kmを50秒で伝わる。よって，その速さは400÷50＝(秒速)8(km)である。また，震源からの距離が600kmのAにP波が到達するまでの時間は600÷8＝75(秒)だから，この地震が発生した時刻は，AにP波が到達した11時17分15秒の75秒前の11時16分00秒である。　(2)　遅《おく》れて到達する波(S波)の大きな揺れ(主要動)が始まった時刻は，Aが11時17分15秒＋75秒＝11時18分30秒で，地震発生から2分30秒→150秒であり，Bが11時17分40秒で，地震発生から1分40秒→100秒である。地震波の到達にかかる時間と震源からの距離は比例するから，Bの震源からの距離は600×$\dfrac{100}{150}$＝400(km)である。

問10　マントルだけを通った波が伝わった場所には，P波(液体中でも固体中でも伝わる)もS波(固体中のみ伝わる)も届くから，マントルは固体と考えられる。これに対し，外かくを通った波が伝わった場所には，S波が届かないから，外かくは液体と考えられる。

4　**問1**(1)　金属などの電気をよく通す物体を導体といい，電気を通しにくい物体を不導体，または絶縁体《ぜつえんたい》という。
(2)　磁石にくっつくのは，鉄(スチール)やニッケルなどの一部の金属である。

図I

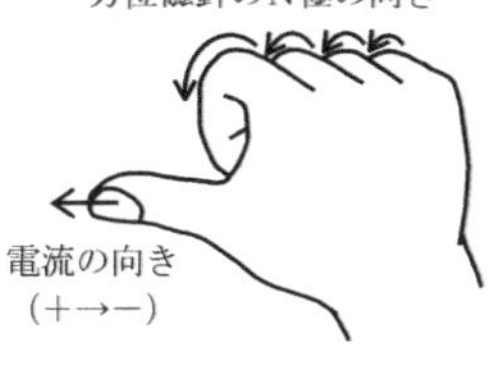

問2　導線に電流を流すと，導線のまわりに磁石の力が生じるため，方位磁針の針が動く。図Iのように，導線を流れる電流の向きに右手の親指の向きを合わせると，残り4本の指をにぎった方向に方位磁針のN極が振《ふ》れる。これより，図2で，導線の下に置いた方位磁針のN極は西(左)に振れるとわかり，電流の大きさが図1のときと同じだから，針の振れる角度は図1と同じ45°になる。また，図3では，方位磁針のN極の向きが北になるから，方位磁針のN極は北を向いたままになる。

問3　電流を大きくすると，導線のまわりに生じる磁石の力が大きくなるので，図2では針の振れる角度が大きくなる。また，問2で針が振れていない図3では，方位磁針のN極は北を向いたままである。

問4　〔電流(A)＝$\dfrac{電圧(V)}{抵抗(\Omega)}$〕より，図4は$\dfrac{9}{3}$＝3(A)，図5は$\dfrac{9}{6}$＝1.5(A)である。

問５　電熱線に流れる電流が大きくなるほど，電熱線が放出する熱は多くなり，水温上昇《じょうしょう》も大きくなる。よって，問４で，流れる電流が大きいＡの方が，同じ時間での水の上昇温度が高くなる。

問６　図６のように，電熱線を並列につなぐと，ＡとＢの両方に９Ｖの電圧がかかるため，それぞれ図４と図５のときと同じ大きさの電流が流れる。また，電流の大きさが同じであれば，水の上昇温度は水の重さに反比例し，電流を流した時間に比例するから，図４と図５のときと比べて，水の重さが２倍，電流を流した時間が２倍の図６では，それぞれの電熱線による水の上昇温度は，問５のイの電流を流した時間が５分のときと同じである。よって，Ａによって20℃，Ｂによって10℃上昇するから，合計で30℃上昇する。

問７　電池を並列につないだとき，電熱線に加わる電圧は電池１個分（９Ｖ）と同じで，電池を直列につないだとき，電熱線に加わる電圧は直列につないだ電池の電圧の和となる。ｃとｅでは，２本のＢが並列つなぎのｃの方が上昇温度が大きい。また，２本ともＢのｃよりも１本がＡのａの方が上昇温度が大きく，１本がＡのａよりも２本ともＡのｂの方が上昇温度が大きい。さらに，Ａが２本のｂよりも直列つなぎの電池が３個のｄの方が上昇温度が大きい。よって，大きい順に，ｄ→ｂ→ａ→ｃ→ｅとなる。なお，１個の電池に１本のＡをつなげたときと比べて，ｂの上昇温度が２倍になるのに対し，ｄの上昇温度は，電圧が３倍になることで電流も３倍になるので，３×３＝９(倍)になる。

問８　電流が流れる向きは＋極から－極だから，図Ⅰの右手をあてはめて，方位磁針のＮ極は左に振れるとわかる。２本のＢを並列つなぎにした部分の抵抗はＢの抵抗の半分の６÷２＝３（Ω）だから，回路全体の抵抗は３＋３＝６（Ω）である。よって，回路全体に流れる電流は$\frac{9}{6}$＝1.5（Ａ）であり，１本のＢにはその半分の電流が流れるから，針の振れる角度は５Ａの電流が流れている図１のとき（45°）より小さくなる。また，Ｙの下の導線には東から西（右から左）に電流が流れているから，図Ⅰの右手をあてはめて，方位磁針のＮ極は北を向いたままになる。

東京農業大学第一高等学校中等部【第２回】

《国　語》

一　①強いる　②成績　③持久走　④祝う　⑤だいきぼ　⑥ごうきゅう　⑦と　⑧そむ

二　問一．A．イ　B．ア　C．エ　D．ウ　問二．イ　問三．イ　問四．イ　問五．イ　問六．エ
問七．ウ　問八．ウ　問九．ア，オ

三　問一．A．オ　B．ウ　問二．イ　問三．２．ア　４．ウ　６．イ　問四．ア，エ　問五．オ
問六．自然現象とは関係なく人為的に、方程式に宇宙項を導入したこと。　問七．エ　問八．ア　問九．オ
問十．イ，エ

《算　数》

1　(1)１　(2)２　(3)３，40，18

2　(1)57.6　(2)75　(3)8.5　(4)$\frac{59}{90}$，$\frac{61}{90}$，$\frac{67}{90}$
(5)花子さん／健太君

3　仕事A…150　仕事B…270　仕事C…270　仕事D…60

4　(1)１：２：１　(2)６　(3)右図

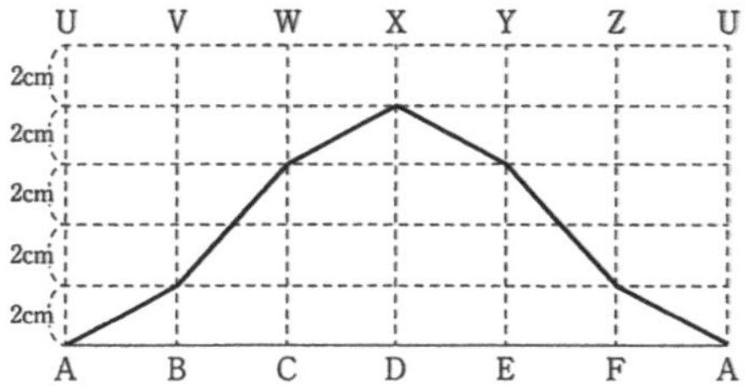

5　(1)40　(2)20　(3)ウ

6　(1)$\frac{78}{126}$〔別解〕$\frac{13}{21}$　(2)12　(3)64

《理　科》

1　問１．せきつい動物　問２．器官…えら　グループ…両生類　問３．250　問４．オ→ア→ウ→イ→エ
問５．イ，オ　問６．オ　問７．イ　問８．前…エ　後…イ　問９．オ

2　問１．エ　問２．イ　問３．A．６　B．３　C．１　D．５　E．４　F．７　G．２　問４．重そう水
問５．アルカリ　問６．赤　問７．水酸化ナトリウム／塩化ナトリウム　問８．L
問９．H，I，J，K　問10．キ

3　問１．ア．180　イ．170　ウ．0.57　問２．イ　問３．エ．324　オ．0.54　問４．630　問５．30
問６．570　問７．キ．E　ク．A　ケ．B　問８．675

4　問１．①○　②×　③○　④×　⑤○　問２．X．イ　Y．ウ　Z．ア　問３．ウ　問４．イ
問５．示相化石　問６．イ　問７．たいせき　問８．(1)大きいものほど早く沈む　(2)オ

2021 解説 令和３年度　東京農業大学第一高等学校中等部【第２回】

《2021　第２回　国語　解説》

二　**問一Ａ**　少し後に「この情報(データ)群を体系的にまとめあげたのが」とあるので、「この情報(データ)群」は、体系的なものではなく、その元になる「断片的」なデータだと言える。よって、イが適する。　**Ｂ**　傍線部《ぼうせんぶ》２をふくむ一文にあるように、「うまく組みこめないような知識や情報」を無視すれば、数値にできないもののようなやっかいなものを考えなくても済む。すると、知識や情報を効率的に利用できると考えられる。よって、アが適する。　**Ｃ・Ｄ**　筆者は、本文の２～４段落目に書かれているような考え方について、「だが、知識や情報とは本当にそういうものだけだろうか」と疑問を投げかけ、否定的にとらえている。また、２段落後に「評価書類の内容は一つの解釈《かいしゃく》であり、対象のある側面に光をあてる以上のものではない」とある。つまり、「市場原理にもとづく『知識社会』や『情報社会』というイメージ」は、全面的に否定すべきではないが一面的なとらえ方であり、知識や情報についても大事なものを見落としていると述べている。よって、Ｃはエ、Ｄはウが適する。

問二　直前にある「評価の基準をきちんと定め、第三者からなる委員会などの機関をつくり、できれば数値目標にもとづいて正しく評価し結果を公表すれば」と、イの「数値に基づいた～情報を公開すれば」の部分が一致《いっち》する。透明《とうめい》になるとは、誰《だれ》からも見えるということなので、平等や公平につながる。よって、イが適する。

問三　イは「雰囲気《ふんいき》が悪い」という、数値化できない内容がふくまれているので、これが適する。他の選択肢《せんたくし》は、すべて数値で評価することができる。

問四　次の行にある「市場原理にもとづく『知識社会』や『情報社会』というイメージ」のもとでの「知識や情報」ではないものを選べばよい。また、そうした「知」は、後にある「所与《しょよ》の知」ではない。よって、イが適する。

問五　空欄［　Ｘ　］の前後にある「一部のエリートが」「国家規模・世界規模の最適化を押しつける」というやり方は、「マルキシズムにもとづく計画経済」や「一部のエリートが～大風呂敷《おおぶろしき》をひろげる計画経済」を言いかえたもの。市場原理や市場経済にもとづくやり方とは違《ちが》い、一部の者が決めたものを押しつけるやり方なので、上位の者の命令を、下位の者に知らせてそのまま実行させるという意味の、イの「上意下達」が適する。

問六　傍線部４の「歪《ゆが》んだ資料づくり」は、サブプライム・ローンの債権《さいけん》が組みこまれた「危ない証券」に対する「評価作業」を指している。こうした債権については、「米国の一流格付け会社」の社員が「厳密で公正な評価作業」をおこなったはずであった。しかし、その評価は実情よりも高いものになっていて、「一握《ひとにぎ》りの投資家たちの金銭欲を一時的に満足させるための」ものでしかなかった。このことを「歪んだ」と表現している。よって、エが適する。

問七　前の一文に「自分の行為や生活から練り上げた体験知」「自分が手をふれて変更することなど不可能な『所与の知』」とある。よって、ウが適する。

問八　ここでいう「知の構築」とは、前の行にあるように「単にネットから所与の知識命題をあつめてくればよい」というものではない。傍線部５の少し前に「もっと大切なのは、(ネットなどで)手際よく所与の知識命題をあつめてくることではなく、自分が生きる上でほんとうに大切な知を、主体的に選択して築き上げていくことのはずである」とあり、これが傍線部６の作業の説明になっている。よって、ウが適する。

問九　２段落目に「情報(データ)群を体系的にまとめあげたのが、いわゆる『知識』だと常識的に定義されている」とあり、４段落目に「いかなる知識も情報も、こうして(市場原理にもとづく)グローバルな経済秩序《ちつじょ》のなかにたちまち組みこまれてしまう」とある。よって、アは適する。最後の段落に、「もし専門知にかかわる集合知という新たな知の枠《わく》組みを本気でもとめるなら、単にネットから所与の知識命題をあつめてくればよいというわけにはいかない」とある。よって、オが適する。

三 **問二**　前の行に「科学者の思想のようなものが先にあって」とあり、少し後に「『神』のような存在を認めざるをえなくなることが、受け入れられなかったのです」とある。つまり、傍線部１のような仮説は、「観測や実験によって得られた客観的な事実をもとに」立てられたものではなく、科学者自身の思想や信念をもとに立てられたものである。よって、イが適する。

問四　一般《いっぱん》相対性理論は、アインシュタインがつくりあげた理論である。前の段落に「彼(＝アインシュタイン)の実験場は、つねに彼の頭の中にありました。つまり思考実験です」とあるので、アは適する。また、「(一般相対性理論は)それまでの空間や時間の概念《がいねん》を、根こそぎ変えてしまった」とあるので、エも適する。

問五　アインシュタインは、「宇宙は収縮も膨張《ぼうちょう》もせず静止していると確信して」いて、「自然現象とは関係なく」自らの思想に合うように「宇宙項《こう》」を導入した。しかし、「ルメートルという物理学者が、宇宙項の存在を知らずにアインシュタイン方程式を解いたところ、宇宙は膨張するという解になり」、「ルメートルは、宇宙は高温で高密度の微小《びしょう》な粒子《りゅうし》が爆発《ばくはつ》し、膨張してできたとする～膨張宇宙論を提唱」した。この膨張宇宙論はキリスト教との結びつきが感じられるため、アインシュタインはこの考えを認めず、宇宙は静止しているという自説にこだわったのである。よって、オが適する。

問六　２行前の「あんな辻褄《つじつま》合わせをせず」とは、宇宙項を導入せずということ。宇宙項は、アインシュタインが、宇宙は静止しているという自らの思想に合うように、「自然現象とは関係なく勝手に～人為《じんい》的に」方程式に導入したものである。

問七　問六の解説にあるように、宇宙項は、アインシュタインが、宇宙は静止しているという自らの思想に合うように導入したものである。つまり、「方程式が示す動的な宇宙(＝膨張する宇宙)」を否定するために宇宙項を導入したのである。その後、宇宙は加速膨張していることが発見され、この膨張を引き起こしているのはダークエネルギーだと考えられている。そして、宇宙を膨張させる「ダークエネルギーこそは、アインシュタインが方程式に挿《そう》入《にゅう》した宇宙項そのもの」であった。つまり、宇宙項は実在していると考えられ、結果的にアインシュタインは大発見をしていたことが後から判明したのである。よって、エが適する。

問八　３では「宇宙項(ダークエネルギー)」を「重力」と結びつけて説明している。その最後の「重力と同じといえます」という部分を受けて、２では「しかし」で始めて、重力とダークエネルギーの違いについて説明している。３と２で述べた、重力とダークエネルギーの共通点と相違点(引力と斥力《せきりょく》という違い)をふまえて、５では、ダークエネルギーが「反重力」である可能性があると説明している。５で初めて出てきた「反重力」という言葉を受けて、４と１では、一般の人々にもなじみのある「反重力」に関する話を持ち出している。よって、アが適する。

問九　傍線部９の「それら」が指すものは、「ダークマターやダークエネルギー」である。今の人類は「宇宙の５％にも満たないバリオンしか使えない」状態であり、宇宙の95％を占《し》めるダークマターやダークエネルギーの正体を解明できていない。それは、古代の人が宇宙についてほとんど理解できていなかったのと同じだと言っているのである。よって、オが適する。

問十　ア．傍線部３の次の段落に「当時の常識として、宇宙は収縮も膨張もせず静止している」とあり、前半は合致しない。また後半は本文に書かれていない内容。　イ．傍線部３の前の段落に「彼(＝アインシュタイン)の実験場は、つねに彼の頭の中にありました。つまり思考実験です」とあり、その２段落後に「彼は～宇宙は収縮も膨張もせず静止していると確信していました」とある。よって、前半は合致する。傍線部６の段落に「ハッブルは宇宙が膨張していることを観測します」とあるので、後半も合致する。　ウ．宇宙項がダークエネルギーであることがわかったのは、アインシュタインが亡くなった後のことなので、合致しない。　エ．空欄［ C ］の直後の２段落に「ダークエネルギーは現在～反重力かもしれない唯一の例です」「これ（＝ダークエネルギー）が宇宙を加速的に広げるため、宇宙の将来は空っぽな虚《きょ》無《む》であることが確実視されています」とある。よって、合致する。　オ．思考実験によって立てた仮説は～信頼してはならない」というのは、本文に書かれていない内容。よって、合致しない。

《2021　第２回　算数　解説》

1

(1)　与式$=\frac{3}{8}\div\frac{1}{8}-(\frac{18}{5}-\frac{46}{15})\times\frac{15}{4}=\frac{3}{8}\times8-(\frac{27}{2}-\frac{23}{2})=3-2=1$

(2)　$\frac{2}{3}:\frac{1}{4}=8:3$だから，10－□＝８より，□＝２

(3)　与式＝４時間64分３秒－１時間23分45秒＝４時間63分63秒－１時間23分45秒＝３時間40分18秒

2

(1)　**【解き方】右図のように三角形ＢＥＦと合同な三角形ＧＨＦを作図すると，台形ＨＧＣＤの面積が54㎠である。**

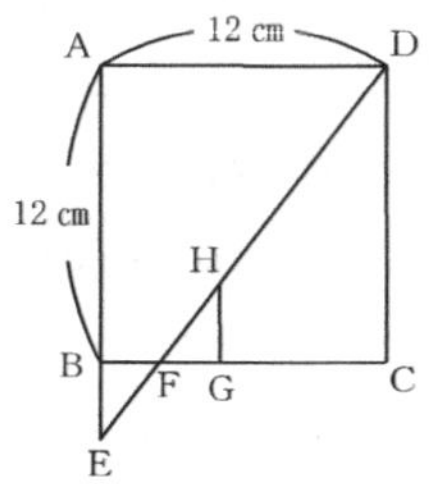

台形ＡＢＦＤと三角形ＧＨＦの面積の和が，12×12－54＝90(㎠)だから，

三角形ＡＥＤの面積は90㎠である。

これより，ＡＥ＝90×２÷12＝15(㎝)だから，ＢＥ＝15－12＝３(㎝)

三角形ＢＥＦと三角形ＣＤＦは同じ形だから，ＢＦ：ＣＦ＝ＢＥ：ＣＤ＝３：12＝１：４

よって，ＣＦ＝$12\times\frac{4}{1+4}=\frac{48}{5}$(㎝)だから，三角形ＣＤＦの面積は，$\frac{48}{5}\times12\div2=57.6$(㎠)

(2)　**【解き方】Ｅを通りＡＢに平行な直線とＤＣに平行な直線を引き，右のように作図する。平行線の同位角と錯角はそれぞれ等しいことを利用する。**

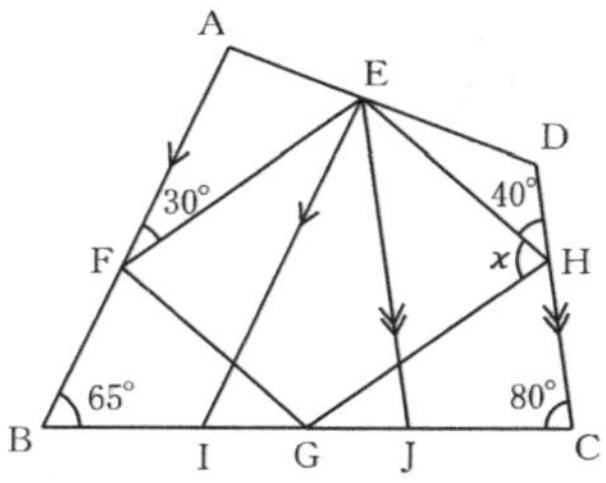

平行線の同位角だから，角ＥＩＧ＝角ＡＢＧ＝65°，角ＥＪＧ＝角ＤＣＧ＝80°

平行線の錯角だから，角ＩＥＦ＝角ＡＦＥ＝30°，角ＪＥＨ＝角ＤＨＥ＝40°

三角形ＥＩＪにおいて，内角の和より，角ＩＥＪ＝180°－65°－80°＝35°

したがって，角ＦＥＨ＝30°＋35°＋40°＝105°

平行四辺形のとなりあう内角の和は180°だから，x＝180°－105°＝75°

(3)　**【解き方】食塩水の問題は，うでの長さを濃度，おもりを食塩水の重さとしたてんびん図で考えて，うでの長さの比とおもりの重さの比がたがいに逆比になることを利用する。**

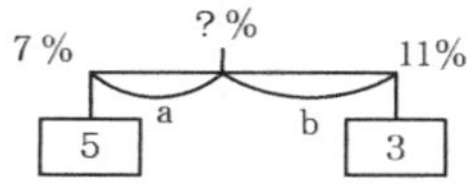

右のようなてんびん図がかける。ａ：ｂは，食塩水の量の比である５：３の逆比の３：５だから，ａ：(ａ＋ｂ)＝３：８

よって，ａ＝$(11-7)\times\frac{3}{8}=1.5$(％)なので，求める濃さは，７＋1.5＝8.5(％)

(4)　**【解き方】90＝２×３×３×５だから，２または３または５の倍数が分子のとき，約分できる。**

$\frac{3}{5}=\frac{54}{90}$だから，$\frac{3}{5}$より大きい分数は$\frac{55}{90}$以上の分数である。$\frac{16}{21}$を通分して分母を90にするためには，分母と分子に$\frac{90}{21}=\frac{30}{7}$をかければよいから，分母を90にすると分子は，$16\times\frac{30}{7}=68.5\cdots$になる。したがって，$\frac{16}{21}$より小さい分数は，$\frac{68}{90}$以下の分数である。$\frac{55}{90}$以上$\frac{68}{90}$以下の分数のうち，分子が２，３，５のいずれの倍数でもない分数は，$\frac{59}{90}$，$\frac{61}{90}$，$\frac{67}{90}$である。

(5)　**【解き方】(イ)，(ウ)，(エ)，(オ)から４人の順位の並びは以下のパターン①から③が考えられる。４位のタイムを，考えられる最もおそいタイムである23分30秒とする。４人それぞれのタイムと23分30秒との差を求め，その平均を計算し，23分30秒から引くと，４位が23分30秒の場合の４人の平均タイムとなる。これが**

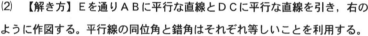

22 分 9 秒よりおそければ，4 位のタイムを少し早くすることで平均を 22 分 9 秒にすることができるので，その順位の並びが実際の順位として考えられる順位である。

したがって，「4 人それぞれのタイムと 4 位のタイムとの差」の平均が 23 分 30 秒－22 分 9 秒＝1 分 21 秒より小さければよいから，「4 人それぞれのタイムと 4 位のタイムとの差」の合計が，1 分 21 秒×4＝5 分 24 秒以内ならばよい。

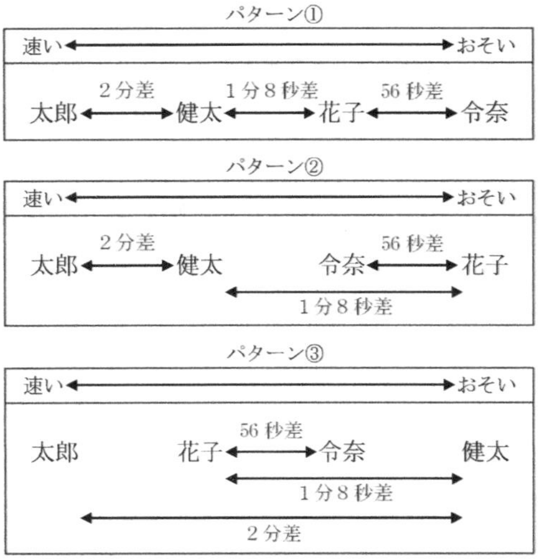

①で「4人それぞれのタイムと4位のタイムとの差」は，太郎君が4分4秒，健太君が2分4秒，花子さんが56秒，令奈さんが0秒で，この合計は7分4秒だから，条件に合わない。

②で「4人それぞれのタイムと4位のタイムとの差」の合計は，3分8秒＋1分8秒＋56秒＋0秒＝5分12秒だから，条件に合う。

③で「4人それぞれのタイムと4位のタイムとの差」の合計は，2分＋1分8秒＋12秒＋0秒＝3分20秒だから，条件に合う。

よって，考えられる順位は②か③だから，2位になった人として考えられるのは，健太君か花子さんである。

3　以下の表のようにまとめられる。

	月		火		水		木		金		土
A	960	480 ずつが B，Cへ			480	240 ずつが B，Cへ	120	60 ずつが B，Cへ	360	180 ずつが B，Cへ	150
B			480	320 がAへ 160 がDへ			360	240 がAへ 120 がDへ	60	40 がAへ 20 がDへ	270
C			480	160 がAへ 320 がDへ			360	120 がAへ 240 がDへ	60	20 がAへ 40 がDへ	270
D					480	120 ずつがA， B，C，休みへ			360	90 ずつがA， B，C，休みへ	60
休み							120	休みへ	120	休みへ	210

4　(1)　**【解き方】正六角形は右図のように 6 個の合同な正三角形に分けることができる。**

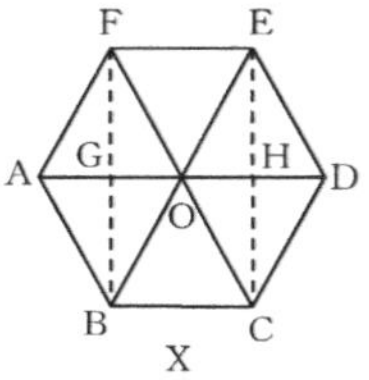

AO＝ODで，FBはAOを，ECはODを垂直に2等分するから，

$AG:GH:HD=\frac{1}{2}:(\frac{1}{2}+\frac{1}{2}):\frac{1}{2}=1:2:1$

(2)　**【解き方】平面ADXUと平面Pが重なる線を考える。**

平面PとCW，EY，DXが交わる点をそれぞれI，J，Kとする。

Gから面ABCDEFに垂直な線を引くと，AK，STが交わる点を通り，この点をLとする。また，Hから面ABCDEFに垂直な線を引くと，AK，IJが交わる点を通り，この点をMとする。

3つの三角形AGL，AHM，ADKは同じ形になり，対応する辺の比は

AG：AH：AD＝1：(1＋2)：(1＋2＋1)＝1：3：4になる。

GL＝BS＝FT＝2㎝だから，HM＝GL×$\frac{3}{1}$＝6 (㎝)，DK＝GL×$\frac{4}{1}$＝8 (㎝)

よって，CI＝HM＝6㎝

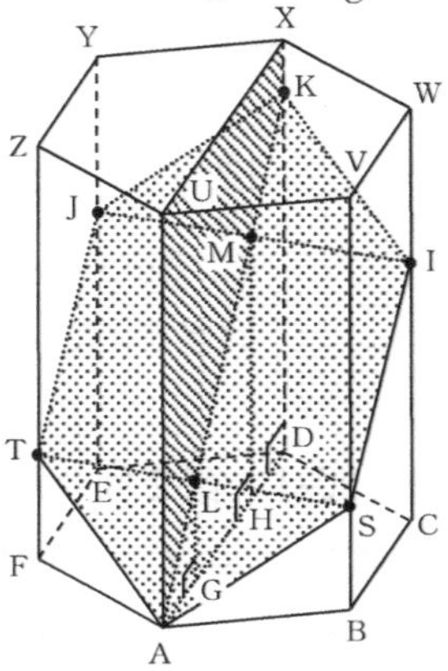

(3)　(2)より，CI＝EJ＝6㎝，DK＝8㎝だから，解答例のようになる。

5 ⑴　**【解き方】２点Ｐ，Ｑは進んだ長さの和が正方形ＡＢＣＤの周の長さと等しくなったときに止まる。**

30×４÷（２＋１）＝40（秒後）

⑵　**【解き方】Ｐが進んだ長さとＱが進んだ長さの比は２：１になるから，ＰがＢを通過する前に３点Ｏ，Ｐ，Ｑが一直線に並ぶことはない。ＰがＢを通過した少しあとに，右図のように３点Ｏ，Ｐ，Ｑが一直線に並ぶ。このときＰＱは正方形ＡＢＣＤの対角線が交わる点を通っているので，正方形ＡＢＣＤの面積を２等分している。**

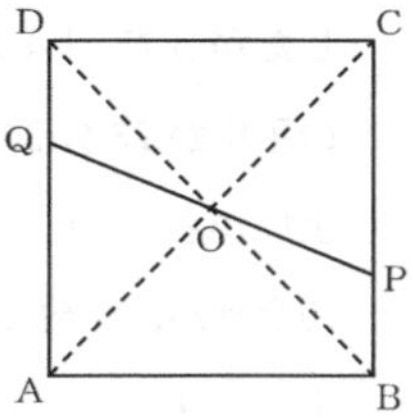

台形ＡＢＰＱと台形ＣＤＱＰの面積が等しいので，ＡＱ＋ＢＰと，ＣＰ＋ＤＱが等しい。

したがって，ＡＢ＋ＢＰ＋ＡＱとＣＤ＋ＣＰ＋ＤＱが等しいので，ＰとＱが進んだ長さの和は，正方形ＡＢＣＤの周の長さのちょうど半分になっている。よって，求める時間は⑴の半分だから，40÷２＝20（秒後）

⑶　**【解き方】２点Ｐ，Ｑの位置で場合を分けて考える。**

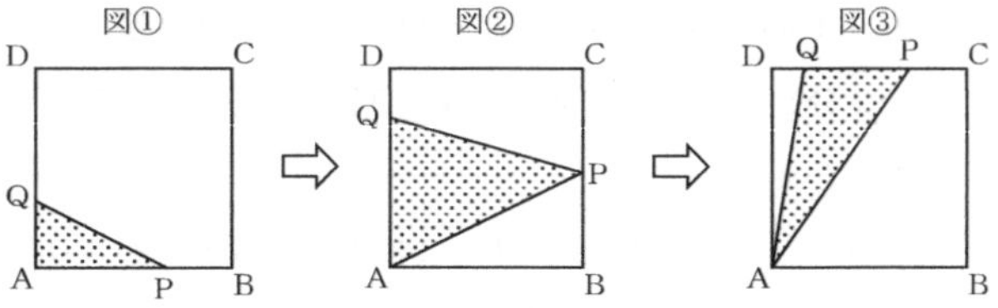

ＰがＡＢ上に，ＱがＡＤ上にあるとき，右図①のようになる。三角形ＡＰＱの底辺をＡＱとすると，高さはＡＰであり，底辺と高さがともに時間に比例して大きくなる。したがって，グラフは直線ではなく曲線になるので，（ウ）か（エ）か（オ）が正しい。

ＰがＢＣ上に，ＱがＡＤ上にあるとき，図②のようになる。三角形ＡＰＱの底辺をＡＱとすると，高さはＡＢで一定であり，底辺は時間に比例して長くなる。したがって，グラフは右上がりの直線になるので，（エ）は正しくない。また，ＰがＣに着くのとＱがＤに着くのは同時である。

Ｐ，ＱがともにＣＤ上にあるとき，図③のようになる。三角形ＡＰＱの底辺をＰＱとすると，高さはＡＤで一定であり，底辺は時間に比例して短くなる。したがって，グラフは右下がりの直線になるので，（オ）は正しくない。

よって，（ウ）が正しい。

6 ⑴　**【解き方】分子は13から13ずつ大きくなっているので，13の倍数になっている。分母は101から５ずつ大きくなっている。**

６番目の数の分子は13×６＝78，分母は101＋５×（６－１）＝126だから，$\frac{78}{126}$である。

⑵　**【解き方】分子と分母が等しくなるとすると，そのときはじめて整数１になる。**

分子と分母の差は，１番目では101－13＝88である。これが１つ進むごとに，13－５＝８小さくなるから，88÷８＝11進んだときに０になる。よって，１＋11＝12（番目）にはじめて整数になる。

⑶　**【解き方】分子が分母の２倍になるとすると，そのとき⑵の次に整数２になる。**

⑵のあと，分子が⑬増えるとすると分母は⑤増え，分子と分母の差は⑧になっている。12番目の数は，13×12＝156より$\frac{156}{156}$だから，$\frac{156+⑬}{156+⑤}$において分子が分母の２倍になればよい。このとき分子と分母の差は，分母と等しいのだから，⑧と156＋⑤が等しい。したがって，⑧－⑤＝③が156にあたるので，⑤は156×$\frac{⑤}{③}$＝260にあたる。よって，12番目の数から分母が260増えたとき，⑵の次に整数になり，それは，12＋260÷５＝64（番目）である。

《2021　第２回　理科　解説》

1 **問２**　カエルのような両生類は，親は肺と皮ふで呼吸し，子（オタマジャクシ）はえらで呼吸する。

問３　（226＋151＋275＋231＋305＋269＋240＋303）÷８＝250（匹）

問４　メダカの卵はおよそ１㎜，ヒトの受精卵はおよそ0.1㎜である。

問５　イ，オ〇…肉食のこん虫を選ぶ。

問6　オ○…ヨウ素液はデンプンにつけると青むらさき色に変化する。

問7　イ○…オタマジャクシは水草などを食べるが，成長してカエルになるとバッタなどを食べる。

問8　オタマジャクシを育てていくと，最初に後ろあしが出てから，前あしが出てくる。その後，尾が短くなってカエルへと成長していく。

問9　ア×…Dで卵塊が観察されていない。　イ×…BとDで卵塊が観察されていない。　ウ×…AやEで卵塊が観察されている。　エ，カ×…Bで卵塊が観察されていない。

2　**問1**　エ○…リトマス紙には，ガラス棒などを使って水溶液をつける。

問2　イ○…加熱した水溶液に火を付けているので，蒸発皿である。

問3　実験１より，Aはアルコール水(⑥)，BとCはアンモニア水(③)かうすい塩酸(①)である。実験２と３より，Eは食塩水(④)，Gは砂糖水(②)，実験４より，Dは炭酸水(⑤)だから，Cはうすい塩酸(①)，Bはアンモニア水(③)，Fは水酸化ナトリウム水溶液(⑦)である。

問4　アルカリ性の水溶液を答える。

問5　BTB溶液は酸性で黄色，中性で緑色，アルカリ性で青色を示す。M～Qの水溶液はアルカリ性である。

問6　ムラサキキャベツ液は，酸性で赤色(弱酸性で赤紫色)，アルカリ性で黄色(弱アルカリ性で青色)に変化する。中性では紫色のまま変化しない。Hは酸性だから赤色に変化する。

問7　うすい塩酸にうすい水酸化ナトリウム水溶液を加えていくと，たがいの性質を打ち消し合う中和が起こり，塩化ナトリウムができる。Qでは水溶液がアルカリ性だから，水酸化ナトリウム水溶液が残っている。したがって，水を蒸発させると，中和してできた塩化ナトリウムと，水酸化ナトリウムが残る。

問8　L○…Lで水溶液が緑色(中性)になったので，このときちょうど中和したことがわかる。したがって，H～Lの水溶液の水分を蒸発させた時に，中和してできた塩化ナトリウムが最も多く残るのはLである。H～Kでは塩酸が残っているが，塩酸の水分が蒸発しても固体は残らない。

問9　スチールウールは塩酸と反応するが水酸化ナトリウム水溶液とは反応しないので，反応して気体が発生するのは水溶液が黄色になっているH，I，J，Kである。

問10　キ○…アルミニウムは塩酸と水酸化ナトリウム水溶液の両方と反応して水素が発生する。したがって，ちょうど中和したとき以外は水素が発生する。

3　**問1**　ア．600×0.3＝180(個)　イ．340×0.5＝170(m)　ウ．340÷600＝0.566…→0.57m

問2　イ○…水中で出した音が水底で反射して戻ってくるので，水中での音の速さを使って，水深を測ることができる。

問3　エ．340－16＝324(m)　オ．324÷600＝0.54(m)となる。

問4　340÷0.54＝629.6…→630Hz

問5　$600\times\frac{17}{340}=30$(個)

問6　600－30＝570(Hz)

問7　到達した音と音源との間の距離は 340－20＝320(m)，波の数は 600 個だから，観測者が聞く音の波長は$\frac{320}{600}$mとなる。そして，波の重要な関係式を用いると，振動数は $340\div\frac{320}{600}=\frac{600}{320}\times340$(Hz)となる。

問8　$\frac{600}{320}\times340=637.5$(Hz)だから，観測者が止まっているときには，１秒間に 637.5 回の波を観測し，その波の長さは 340mである。したがって，観測者が秒速 20mで近づいていくと，その 20mには $637.5\times\frac{20}{340}=37.5$(個)分の波があると考えることができるので，観測者が聞く振動数は $637.5+37.5=675$(Hz)となる。

4 **問１**　グラフが破線と同じ傾きでないときは，体液の塩類濃度を調節しているので，Ｘは外液の塩類濃度が 2.3%より低い環境で体液の塩類濃度を調節しているが，2.3%より高い環境で体液の塩類濃度を調節していない。同様に考えて，Ｙは外液の塩類濃度が 2.6%より低い環境と 3.6%より高い環境で体液の塩類濃度を調節しているが，それらの間の環境では，体液の塩類濃度を調節していない。

問２　Ｘ．イ○…外液の塩分濃度が約3.3%以上になると死んでしまうので，河川と河口付近に生息する。

Ｙ．ウ○…外液の塩分濃度が大きく変化しても死なないので，河川と海の両方で生息できる。　Ｚ．ア○…外液の塩分濃度が約２%以下になると死んでしまうので，濃度が安定している海にのみ生息していると考えられる。

問３　ウ○…Ａは河口付近の淡水と海水が混ざり合っている環境である。

問４　イ○…シジミは汽水に生息している。タニシは淡水，ハマグリ，ホタテ，サザエは海水に生息している。

問６　イ○…三角州は河口付近にできる，川が運んできた土砂がたいせきしてできる地形である。

問８(1)　大きいものほど重いので，早く沈む。　(2)　オ○…れき(直径２mm以上)，砂(直径 0.06 mm～２mm)，泥(直径 0.06 mm以下)は粒の大きさで区別する。Ｂの粒が最も大きく，Ｄの粒が最も小さいと考えられる。

■ ご使用にあたってのお願い・ご注意

（1）問題文等の非掲載

著作権上の都合により，問題文や図表などの一部を掲載できない場合があります。

誠に申し訳ございませんが，ご了承くださいますようお願いいたします。

（2）過去問における時事性

過去問題集は，学習指導要領の改訂や社会状況の変化，新たな発見などにより，現在とは異なる表記や解説になっている場合があります。過去問の特性上，出題当時のままで出版していますので，あらかじめご了承ください。

（3）配点

学校等から配点が公表されている場合は，記載しています。公表されていない場合は，記載していません。

独自の予想配点は，出題者の意図と異なる場合があり，お客様が学習するうえで誤った判断をしてしまう恐れがあるため記載していません。

（4）無断複製等の禁止

購入された個人のお客様が，ご家庭でご自身またはご家族の学習のためにコピーをすることは可能ですが，それ以外の目的でコピー，スキャン，転載（ブログ，ＳＮＳなどでの公開を含みます）などをすることは法律により禁止されています。学校や学習塾などで，児童生徒のためにコピーをして使用することも法律により禁止されています。

ご不明な点や，違法な疑いのある行為を確認された場合は，弊社までご連絡ください。

（5）けがに注意

この問題集は針を外して使用します。針を外すときは，けがをしないように注意してください。また，表紙カバーや問題用紙の端で手指を傷つけないように十分注意してください。

（6）正誤

制作には万全を期しておりますが，万が一誤りなどがございましたら，弊社までご連絡ください。

なお，誤りが判明した場合は，弊社ウェブサイトの「ご購入者様のページ」に掲載しておりますので，そちらもご確認ください。

■ お問い合わせ

解答例，解説，印刷，製本など，問題集発行におけるすべての責任は弊社にあります。

ご不明な点がございましたら，弊社ウェブサイトの「お問い合わせ」フォームよりご連絡ください。迅速に対応いたしますが，営業日の都合で回答に数日を要する場合があります。

ご入力いただいたメールアドレス宛に自動返信メールをお送りしています。自動返信メールが届かない場合は，「よくある質問」の「メールの問い合わせに対し返信がありません。」の項目をご確認ください。

また弊社営業日（平日）は，午前９時から午後５時まで，電話でのお問い合わせも受け付けています。

2025 春

株式会社教英出版
〒422-8054　静岡県静岡市駿河区南安倍３丁目 12-28
TEL　054-288-2131　　FAX　054-288-2133
URL　https://kyoei-syuppan.net/
MAIL　siteform@kyoei-syuppan.net

教英出版

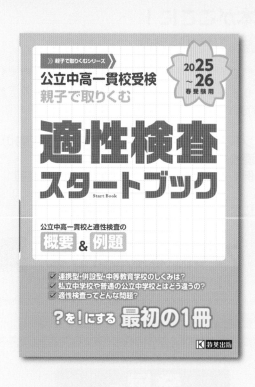

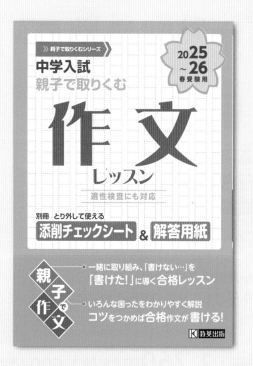

神奈川県

①[県立] 相模原中等教育学校
　　　　平塚中等教育学校
②[市立]南高等学校附属中学校
③[市立]横浜サイエンスフロンティア高等学校附属中学校
④[市立]川崎高等学校附属中学校
✿⑤聖光学院中学校
✿⑥浅野中学校
⑦洗足学園中学校
⑧法政大学第二中学校
⑨逗子開成中学校（1次）
⑩逗子開成中学校（2·3次）
⑪神奈川大学附属中学校（第1回）
⑫神奈川大学附属中学校（第2·3回）
⑬栄光学園中学校
⑭フェリス女学院中学校

新潟県

①[県立] 村上中等教育学校
　　　　柏崎翔洋中等教育学校
　　　　燕中等教育学校
　　　　津南中等教育学校
　　　　直江津中等教育学校
　　　　佐渡中等教育学校
②[市立]高志中等教育学校
③新潟第一中学校
④新潟明訓中学校

石川県

①[県立]金沢錦丘中学校
②星稜中学校

福井県

①[県立]高志中学校

山梨県

①山梨英和中学校
②山梨学院中学校
③駿台甲府中学校

長野県

①[県立] 屋代高等学校附属中学校
　　　　諏訪清陵高等学校附属中学校
②[市立]長野中学校

岐阜県

①岐阜東中学校
②鶯谷中学校
③岐阜聖徳学園大学附属中学校

静岡県

①[国立]静岡大学教育学部附属中学校（静岡·島田·浜松）
② [県立]清水南高等学校中等部
　 [県立]浜松西高等学校中等部
　 [市立]沼津高等学校中等部
③不二聖心女子学院中学校
④日本大学三島中学校
⑤加藤学園暁秀中学校
⑥星陵中学校
⑦東海大学付属静岡翔洋高等学校中等部
⑧静岡サレジオ中学校
⑨静岡英和女学院中学校
⑩静岡雙葉中学校
⑪静岡聖光学院中学校
⑫静岡学園中学校
⑬静岡大成中学校
⑭城南静岡中学校
⑮静岡北中学校
⑯ 常葉大学附属常葉中学校
　 常葉大学附属橘中学校
　 常葉大学附属菊川中学校
⑰藤枝明誠中学校
⑱浜松開誠館中学校
⑲静岡県西遠女子学園中学校
⑳浜松日体中学校
㉑浜松学芸中学校

愛知県

①[国立]愛知教育大学附属名古屋中学校
②愛知淑徳中学校
③ 名古屋経済大学市邨中学校
　 名古屋経済大学高蔵中学校
④金城学院中学校
⑤椙山女学園中学校
⑥東海中学校
⑦南山中学校男子部
⑧南山中学校女子部
⑨聖霊中学校
⑩滝中学校
⑪名古屋中学校
⑫大成中学校
⑬愛知中学校
⑭星城中学校
⑮名古屋葵大学中学校
（名古屋女子大学中学校）
⑯愛知工業大学名電中学校
⑰海陽中等教育学校（特別給費生）
⑱海陽中等教育学校（I·II）
⑲中部大学春日丘中学校
新刊⑳名古屋国際中学校

三重県

①[国立]三重大学教育学部附属中学校
②暁中学校
③海星中学校
④四日市メリノール学院中学校
⑤高田中学校
⑥セントヨゼフ女子学園中学校
⑦三重中学校
⑧皇學館中学校
⑨鈴鹿中等教育学校
⑩津田学園中学校

滋賀県

①[国立]滋賀大学教育学部附属中学校
②[県立] 河瀬中学校
　　　　守山中学校
　　　　水口東中学校

京都府

①[国立]京都教育大学附属桃山中学校
②[府立]洛北高等学校附属中学校
③[府立]園部高等学校附属中学校
④[府立]福知山高等学校附属中学校
⑤[府立]南陽高等学校附属中学校
⑥[市立]西京高等学校附属中学校
⑦同志社中学校
⑧洛星中学校
⑨洛南高等学校附属中学校
⑩立命館中学校
⑪同志社国際中学校
⑫同志社女子中学校（前期日程）
⑬同志社女子中学校（後期日程）

大阪府

①[国立]大阪教育大学附属天王寺中学校
②[国立]大阪教育大学附属平野中学校
③[国立]大阪教育大学附属池田中学校

④[府立]富田林中学校
⑤[府立]咲くやこの花中学校
⑥[府立]水都国際中学校
⑦清風中学校
⑧高槻中学校（A日程）
⑨高槻中学校（B日程）
⑩明星中学校
⑪大阪女学院中学校
⑫大谷中学校
⑬四天王寺中学校
⑭帝塚山学院中学校
⑮大阪国際中学校
⑯大阪桐蔭中学校
⑰開明中学校
⑱関西大学第一中学校
⑲近畿大学附属中学校
⑳金蘭千里中学校
㉑金光八尾中学校
㉒清風南海中学校
㉓帝塚山学院泉ヶ丘中学校
㉔同志社香里中学校
㉕初芝立命館中学校
㉖関西大学中等部
㉗大阪星光学院中学校

兵庫県

①[国立]神戸大学附属中等教育学校
②[県立]兵庫県立大学附属中学校
③雲雀丘学園中学校
④関西学院中学部
⑤神戸女学院中学部
⑥甲陽学院中学校
⑦甲南中学校
⑧甲南女子中学校
⑨灘中学校
⑩親和中学校
⑪神戸海星女子学院中学校
⑫滝川中学校
⑬啓明学院中学校
⑭三田学園中学校
⑮淳心学院中学校
⑯仁川学院中学校
⑰六甲学院中学校
⑱須磨学園中学校(第1回入試)
⑲須磨学園中学校(第2回入試)
⑳須磨学園中学校(第3回入試)
㉑白陵中学校
㉒夙川中学校

奈良県

①[国立]奈良女子大学附属中等教育学校
②[国立]奈良教育大学附属中学校
③[県立]国際中学校
青翔中学校
④[市立]一条高等学校附属中学校
⑤帝塚山中学校
⑥東大寺学園中学校
⑦奈良学園中学校
⑧西大和学園中学校

和歌山県

①[県立]古佐田丘中学校
向陽中学校
桐蔭中学校
日高高等学校附属中学校
田辺中学校
②智辯学園和歌山中学校
③近畿大学附属和歌山中学校
④開智中学校

岡山県

①[県立]岡山操山中学校
②[県立]倉敷天城中学校
③[県立]岡山大安寺中等教育学校
④[県立]津山中学校
⑤岡山中学校
⑥清心中学校
⑦岡山白陵中学校
⑧金光学園中学校
⑨就実中学校
⑩岡山理科大学附属中学校
⑪山陽学園中学校

広島県

①[国立]広島大学附属中学校
②[国立]広島大学附属福山中学校
③[県立]広島中学校
④[県立]三次中学校
⑤[県立]広島叡智学園中学校
⑥[市立]広島中等教育学校
⑦[市立]福山中学校
⑧広島学院中学校
⑨広島女学院中学校
⑩修道中学校
⑪崇徳中学校
⑫比治山女子中学校
⑬福山暁の星女子中学校
⑭安田女子中学校
⑮広島なぎさ中学校
⑯広島城北中学校
⑰近畿大学附属広島中学校福山校
⑱盈進中学校
⑲如水館中学校
⑳ノートルダム清心中学校
㉑銀河学院中学校
㉒近畿大学附属広島中学校東広島校
㉓AICJ中学校
㉔広島国際学院中学校
㉕広島修道大学ひろしま協創中学校

山口県

①[県立]下関中等教育学校
高森みどり中学校
②野田学園中学校

徳島県

①[県立]富岡東中学校
川島中学校
城ノ内中等教育学校
②徳島文理中学校

香川県

①大手前丸亀中学校
②香川誠陵中学校

愛媛県

①[県立]今治東中等教育学校
松山西中等教育学校
②愛光中学校
③済美平成中等教育学校
④新田青雲中等教育学校

高知県

①[県立]安芸中学校
高知国際中学校
中村中学校

福岡県

①[国立]福岡教育大学附属中学校（福岡·小倉·久留米）

②[県立]
- 育徳館中学校
- 門司学園中学校
- 宗像中学校
- 嘉穂高等学校附属中学校
- 輝翔館中等教育学校

③西南学院中学校
④上智福岡中学校
⑤福岡女学院中学校
⑥福岡雙葉中学校
⑦照曜館中学校
⑧筑紫女学園中学校
⑨敬愛中学校
⑩久留米大学附設中学校
⑪飯塚日新館中学校
⑫明治学園中学校
⑬小倉日新館中学校
⑭久留米信愛中学校
⑮中村学園女子中学校
⑯福岡大学附属大濠中学校
⑰筑陽学園中学校
⑱九州国際大学付属中学校
⑲博多女子中学校
⑳東福岡自彊館中学校
㉑八女学院中学校

佐賀県

①[県立]
- 香楠中学校
- 致遠館中学校
- 唐津東中学校
- 武雄青陵中学校

②弘学館中学校
③東明館中学校
④佐賀清和中学校
⑤成穎中学校
⑥早稲田佐賀中学校

長崎県

①[県立]
- 長崎東中学校
- 佐世保北中学校
- 諫早高等学校附属中学校

②青雲中学校
③長崎南山中学校
④長崎日本大学中学校
⑤海星中学校

熊本県

①[県立]
- 玉名高等学校附属中学校
- 宇土中学校
- 八代中学校

②真和中学校
③九州学院中学校
④ルーテル学院中学校
⑤熊本信愛女学院中学校
⑥熊本マリスト学園中学校
⑦熊本学園大学付属中学校

大分県

①[県立]大分豊府中学校
②岩田中学校

宮崎県

①[県立]五ヶ瀬中等教育学校

②[県立]
- 宮崎西高等学校附属中学校
- 都城泉ヶ丘高等学校附属中学校

③宮崎日本大学中学校
④日向学院中学校
⑤宮崎第一中学校

鹿児島県

①[県立]楠隼中学校
②[市立]鹿児島玉龍中学校
③鹿児島修学館中学校
④ラ・サール中学校
⑤志學館中等部

沖縄県

①[県立]
- 与勝緑が丘中学校
- 開邦中学校
- 球陽中学校
- 名護高等学校附属桜中学校

もっと過去問シリーズ

北海道

北嶺中学校
7年分(算数・理科・社会)

静岡県

静岡大学教育学部附属中学校
(静岡·島田·浜松)
10年分(算数)

愛知県

愛知淑徳中学校
7年分(算数・理科・社会)
東海中学校
7年分(算数・理科・社会)
南山中学校男子部
7年分(算数・理科・社会)
南山中学校女子部
7年分(算数・理科・社会)
滝中学校
7年分(算数・理科・社会)
名古屋中学校
7年分(算数・理科・社会)

岡山県

岡山白陵中学校
7年分(算数・理科)

広島県

広島大学附属中学校
7年分(算数・理科・社会)
広島大学附属福山中学校
7年分(算数・理科・社会)
広島学院中学校
7年分(算数・理科・社会)
広島女学院中学校
7年分(算数・理科・社会)
修道中学校
7年分(算数・理科・社会)
ノートルダム清心中学校
7年分(算数・理科・社会)

愛媛県

愛光中学校
7年分(算数・理科・社会)

福岡県

福岡教育大学附属中学校
(福岡·小倉·久留米)
7年分(算数・理科・社会)
西南学院中学校
7年分(算数・理科・社会)
久留米大学附設中学校
7年分(算数・理科・社会)
福岡大学附属大濠中学校
7年分(算数・理科・社会)

佐賀県

早稲田佐賀中学校
7年分(算数・理科・社会)

長崎県

青雲中学校
7年分(算数・理科・社会)

鹿児島県

ラ·サール中学校
7年分(算数・理科・社会)

※もっと過去問シリーズは
国語の収録はありません。

教英出版
〒422-8054
静岡県静岡市駿河区南安倍3丁目12－28
TEL 054-288-2131
FAX 054-288-2133
詳しくは教英出版で検索
教英出版　検索
URL https://kyoei-syuppan.net/

令和6年度　入学試験（2月2日実施）

国　語

［40分］

［注意事項］

1. 試験開始の合図があるまで、この問題用紙は開かないでください。
2. 試験開始後、解答用紙にシールを貼《は》ってください。
3. 解答は、すべて解答用紙に記入してください。
4. 解答は鉛筆《えんぴつ》などで濃《こ》く記入してください。
5. 問題は1ページ～14ページの合計14ページあります。
   ページが抜《ぬ》けていたら、すみやかに手を挙《あ》げ、監督《かんとく》の先生に申し出てください。
6. 解答の際、句読点、括弧《かっこ》などの記号は字数に含《ふく》むものとします。

東京農業大学第一高等学校中等部

2024(R6) 東京農業大学第一高中等部　2月2日午後
教英出版

一　次の①～④の傍線部の漢字の読みをひらがなに直し、⑤～⑧の傍線部のカタカナを漢字で答えなさい。また、送り仮名が必要な場合は送り仮名を付しなさい。

① 見渡すかぎりの大海原へ旅に出る。
② 後先考えずに軽薄な行動をとってしまった。
③ 先例を戒めにして物事に取り組もう。
④ 注意深く観察し、微細な変化も見逃さない。
⑤ 天災が起こった時の策をコウズル。
⑥ 優先度の高いものから順にレッキョする。
⑦ この時計には温度計の機能もナイゾウされている。
⑧ メロディは知っているが、カシがわからない。

二　次の文章を読んで、後の問に答えなさい。

日本の鉄道の運行について面白いデータがある。

山手線が1周に要する時間は約60分である。乗り換えの有無にもよるが、1日に20周程度できる計算になる。この約20周分のうち、最も速い1周と、最も遅い1周の時間差はどれくらいになるか、想像がつくだろうか？　ある1日をサンプルとして実際に測定を行った人が出した答えは、15秒である。平均的にはどの程度になるか、確かめてみても面白いかもしれない。

1分程度の差があってもいいようなものだと多くの人は思うかもしれない。が、ＪＲでは[1]1分の遅延があれば「遅れ」とカウントすると聞いた。事故等がなければ、1周に要する時間の差は1分以内になるようあらかじめシステムが組み上げられ、制御されている、ということになる。その範囲に収まる「15秒」という数字は、日本の鉄道関係者の驚くべき努力と技術の結晶でもあり、これは技術を超越した何かを感じさせるデータにも見える。

極めて誤差の少ない正確な運行を可能にするこうした気質を、同じ日本人として誇らしく思う一方で、正確さが重視されるあまり、過剰な責任を現場の人々が負ってしまっているのではないかと、気懸かりになることがある。２００５年に起きたＪＲ福知山線の脱線事故が思い起こされる。

鉄道を例に挙げたが、日本全体に、どの分野にも、[2]独特の空気とでもいうべき言語化しにくい何かがあるように思う。この「空気」は、人々が責任感を持って質の高い仕事を遂行したり、個人が努力して現場の課題を解決したりという大きな社会的利益をもたらすものでもあるのだが、あまりにその濃度が濃いために、窒息しかけてしまっているような人もたびたび見かける。

誰もが認める「正しさ」という空気のような何かがある。ポリティカルコレクトネス、と呼ぶ人も多いようだ。そこから逸脱した人を叩く行為が、この数年目立つようになった。「[3]正しさハラスメント」とでも呼べばよいだろうか、時にはひどく息苦しく感じられる現象でもある。「正義のためなら誰かを傷つけてもいい」「平和のためなら暴力を行使してもいい」という思考をもつ人を、私は好きになれない。

脳ではこの「正しさ」はどのように処理されているのだろうか。

前頭前野には、良心や倫理の感覚を司っているとされる領域がある。これは前頭前皮質の一部にあたる場所で、内側前頭前皮質という。倫理的に正しい行動を取れば活性化され、快楽が得られる仕組みになっているようだ。「正しさ」に反する行いをした場合には逆に、ストレスを生じて苦痛を感じさせる。誰が見ていなくても、悪いことをするとうしろめたさを感じるものだが、それがこの苦痛だと考えてよいだろう。

これだけ書くと、人間の行動を「正しい」側に持っていこうと制御する素晴らしいシステムであると捉える人が多いかもしれない。が、実際の運用上はそうなっているとも限らないのがやっかいなところだ。この良心の領域は、自分が「正しさ」に反する行いをした場合だけでなく、自分ではない誰かが「正しさ」に反する行いをした場合にも苦痛を感じさせ、それを解消しようと時には攻撃的な行動を取らせたりもする。

つまり、正しさを逸脱した人物に対して制裁を加えたいという欲求が生じるのだ。「正義のためなら誰かを傷つけてもいい」という、よく考えれば矛盾した思考の源泉の一つがここにあるといってよいだろう。

巷間《こうかん》よく言及されている、その人物に制裁を加えても自分の利益にはならないのに、なぜ攻撃するのかという問題に、4これは一つの示唆《しさ》を与える知見ではないかと思う。利益にならないどころか、返り討ちに遭う可能性すらあるにもかかわらず、それでも、その人を罰せずにはいられないというのは、制裁が功を奏して、その人物が行動を改めれば、自らの苦痛は解消されて快楽物質ドーパミンが分泌されるからだと考えれば説明がつく。

正義の味方として、みんなのルールから逸脱した誰かを見つけ、そこに制裁を加えるだけで、お手軽に快楽物質が分泌されるのだとしたら、こんなに手軽なエンタメは他にはないというわけだ。人間が今の姿である限り、週刊誌的な記事はこれからも書かれ続け、読まれ続けるだろう。

いじめ、と一口にいうけれど、子どもたちの間で起ころうとも、現象としては同じことだ。このことは、心理学者たちの研究をていねいに繙《ひもと》けばわかることで、規範意識が高まっている状況下で、いじめはより激化するという研究さえある。要するに、規範に従わない者はどんな目に遭わせてもいい、という圧が、規範意識が高い場ではより起こりやすくなってしまうという理屈である。

「正義の味方」たちは、正義を執行する快楽に飢えていて、みんなの正義、みんなのルールが守られない事例をいつも探していて、冷静な言葉も論理的な思考もこの人たちを止めることは難しい。遮ろうとする者に対しては、いかにそれが理性的であったとしても、むしろそれだからこそ、5正義の鉄拳を寄ってたかって揮《ふる》いたがるものであるから、慎重に扱う必要があるだろう。

【中略】

ところで、人間になぜ、簡単に正義に中毒してしまうような、こんなやっかいな機能が備わっているのだろうか？

人間が80億以上の個体集団として繁栄を謳歌《おうか》するまでになった背景には、[6]人間という種のもつユニークな特徴があるはずだと考えられる。その特徴の一つに、高度にレイヤー化された［A］を保持する脳機能、が挙げられるだろう。

いみじくも、私たちはそれを「人間性」と呼んでいる。

ご存知のとおり、私たちヒトは、猛獣と戦って勝てるような強靭《きょうじん》な肉体を持っているわけでもなく、逃げ足も遅く、さらには次世代を担うべき新生児がいかにも頼りない。かなりの時間と労力をかけて育て上げなければ、自立して歩行することすらできない。こんな脆弱《ぜいじゃく》な種なのに、なぜ繁栄することができたのだろうか。

その秘密が「人間性」、つまり、高度な社会性を備えた脳だったのではないか、という考え方ができる。私たちが集団を形成して分業して協力し合い、その利得を分け合うことが可能だったからこそ繁栄を享受することができたのだとしたら、その社会性を保持し、集団をつくることそれ自体が、生き延びるための武器になる。

すると、集団を維持するために邪魔になる要素は、なるべく排除する必要がある。たとえば、みんなの協力を搾取《さくしゅ》し、それを裏切る［B］な行動を取り続ける人。こうした［B］な振る舞いを続ける個体が見つかった場合には、集団から消えてもらわなければならなかった。さもなければその集団は維持できず、丸ごと消滅し、皆が死に絶える可能性が高くなるからだ。

裏切り者を排除し、なるべく皆が生き延びられるようにするために脳に備え付けられた必要悪が「［X］」であると考えれば、自然に説明がつく。

利己的な行動は、きわめて合理性の高いものだ。対照的に、集団を守るための正義はほとんどの場合、古臭い道徳とセットであり、[7]非合理性の権化のようにも見える。うんざりするほど窮屈に感じられるものだ。

しかし、なぜか人類社会では、合理的な判断が、非合理的な「正義」「人間性」に勝つ事例はほとんどない。21世紀になった現代ですらそうだ。芸能人・有名人の不倫をどれほど叩いたところで、週刊誌と、バッシング対象と潜在的な競合関係にある者を除くほとんどの者には、何の［C］利益もないのに、激しいバッシングは、大衆が飽きるまで止むことがない。

このような［D］の高まり、自粛を強要するムードが現代の病理のように言われるが、そうではないだろう。個人が自由気ままに振る舞うことや、自らを利する合理的な判断は、正義だとか人間性だとかの前にはなりを潜めてもらわなければならなかったという長い歴史的な流れがある。ヒトが、集団をつくるという武器を保持するために。生き延びて、繁栄するために。長い歳月をかけてヒトの脳に刻み込まれてきたその性質を、今でも私たちは受け継いでいる。

（中野信子『脳の闇』新潮新書刊による）

問一　傍線部1「1分の遅延があれば「遅れ」とカウントする」とありますが、なぜ「1分の遅延」が「遅れ」とされるのですか。最もふさわしいものを次のア～オの中から選び、記号で答えなさい。

ア　発車時刻通りの電車が運行されていないと、乗客が別の鉄道会社を利用してしまい、自社の利用者が減ってしまうかもしれないから。

イ　極めて誤差の少ない正確な運行ができるよう、鉄道関係者は強固なシステムを作り上げており、1分以上も遅延が出るはずがないから。

ウ　鉄道関係者が重視しているのは正確な運行であり、その実現のためには多少の犠牲が出ても構わないという覚悟をもって仕事をしているから。

エ　発車時刻は鉄道会社と乗客との契約なので、例え1分でも遅れてしまった場合、それは契約を破ったと言わざるを得ないから。

オ　鉄道関係者の中に、誤差を少なくし正確に運行しようという強い責任感や、その実現に向けて努力することを惜しまない気質があるから。

問二　傍線部2「独特の空気」とありますが、この空気を感じることで起こることとしてふさわしくないものを次のア～オの中から一つ選び、記号で答えなさい。

ア　自分の仕事に誇りや責任を持ち、誰かに指示されなくても全力で期待に応えようとする。

イ　課題を解決するためならば、自分の意見に賛同していない人にも手を差し伸べ、社会全体の評価があがるようにする。

ウ　休みを取ったり、怠《なま》けたりしている人に対して、正しくないと言わんばかりに相手を攻撃する。

エ　人から言われなくても努力することは当たり前のことだという気質が社会を覆《おお》い、努力できない人を疎外する。

オ　ひとたび能力のないと判断した人に対して、何を言っても構わないと考え、さまざまな方法で排除しようとする。

問三　傍線部３「正しさハラスメント」とありますが、筆者はどういうことだと捉えていますか。その説明として最もふさわしいものを次のア～オの中から選び、記号で答えなさい。

ア　常識的に考えて、正しいと誰もが認める事柄から外れてしまう人を、排除するように行動すること。

イ　社会の中で、身近な人が失敗してしまわないように、事前に手を差し伸べて正しい方向へ導こうとすること。

ウ　正しいか正しくないかがすべての判断基準となり、それ以外の基準で物事を考える人を排除しようとすること。

エ　正しくない行為を見かけると、何とかして正しい方向に導こうと、大勢で特定の人物に暴行を働くこと。

オ　誰が判断したかによって正しいか正しくないかという意見が変わるような、曖昧《あいまい》な判断をすること。

問四　傍線部４「これは一つの示唆を与える知見ではないか」とありますが、ここでいう「知見」とは何を指していますか。その説明として最もふさわしいものを次のア～オの中から選び、記号で答えなさい。

ア　「正しさ」を前面に出して相手を攻撃することで、「正しくない」自分を補うことができ、脳が快楽を覚えやすくなるということ。

イ　「正しい」か「正しくないか」の判断を正確に行うことは難しいので、ストレスを感じるかどうか、まずは行動してみようとすること。

ウ　自分が「正しくない」行いをした時だけではなく、誰かが「正しくない」行いをした時にも、脳が苦痛を感じ、解消しようという行動をとること。

エ　「正しくない」行いをしている人を見ると、相手の失敗を願い、脳から快楽物質が出てくるため、人間は「正しくない」人を探しているということ。

オ　社会的に許されていない「正しい」行いをすると脳は快楽を得られるようになっているため、「正しくない」行いをした人を攻撃したがるということ。

問五　傍線部５「正義の鉄拳」とありますが、その具体例として最もふさわしいものを次のア～オの中から選び、記号で答えなさい。

ア　映画の上映中に会話をした人に対し、静かにするよう大きな声で注意する。

イ　スーパーで、知り合いではない人の赤ん坊の頬っぺたを許可なく触る。

ウ　万引きした人が捕まっている様子をみようと、関係のない人たちが集まってくる。

エ　感染症が流行しているときに、マスクをつけていない人に新品のマスクを渡す。

オ　一度完売したチケットを、転売サイトで高額で売ろうとする。

問六　傍線部6「人間という種のもつユニークな特徴」とありますが、どういう特徴ですか。最もふさわしいものを次のア～オの中から選び、記号で答えなさい。

ア　社会性を持ち合わせていない人間を瞬時に判断し、排除していくという特徴。
イ　集団を形成し、各々の力を持ち寄って、協力しながら生きていくという特徴。
ウ　力が強い人間を見つけ、寄生し、守られながら生活していくという特徴。
エ　大人と比べ、新生児の生きていく力があまりにも頼りない種であるという特徴。
オ　利得を分け合うことに躊躇《ちゅうちょ》せず、家族のような集団を形成するという特徴。

問七　空欄 A ～ D にあてはまる語句として、最もふさわしいものを次のア～コの中からそれぞれ選び、記号で答えなさい。

ア　利己的　イ　偽善的　ウ　理性的　エ　一方的　オ　経済的
カ　不寛容性　キ　人間性　ク　社会性　ケ　共感性　コ　合理性

問八　空欄 X にあてはまる内容として最もふさわしいものを次のア～オの中から選び、記号で答えなさい。

ア　『正義の味方』による制裁
イ　正義を振りかざした暴力
ウ　正義という名の信仰
エ　正義を執行する快楽
オ　正義中毒の被害者

問九　傍線部7「非合理性の権化のようにも見える」とありますが、なぜそのように見えるのですか。その説明として最もふさわしいものを次のア～オの中から選び、記号で答えなさい。

ア　「正しい」行いをすることこそが大切だと考えられているにも関わらず、「正しくない」行いをしなくてはいけない場面が存在するから。
イ　「正しくない」行いをした人を排除していった結果、社会全体に不寛容な空気が広まり、精神的に追い詰められているから。
ウ　生き延びるためには合理的な判断を無視し、利己的な行いをするものを排除し、集団を守ることにこだわってきたから。
エ　これまで生き延びるために合理的な判断をしてきたが、現代は合理的なことが悪いことのように思われるようになってしまったから。
オ　「正しい」か「正しくないか」は合理的に判断すべきことだが、集団を守るための判断の仕方が時代に合わないものとなってきたから。

三　次の文章を読んで、後の問に答えなさい。なお、設問の都合により、本文の一部に手を加えています。

意見とは、限られた情報の下で（不完全情報）、「ま、こういうことだろう」と、とりあえず切り取っておいたものだ。たとえば、「受験において、入学試験の結果と※1内申書の点数のどちらを重視するべきか？」については、おのおのの主張に理由や根拠がある。

入学試験派の根拠は、「学力は、最新の実力であって、前半失敗した人にとっては、今をアピールするチャンスだ」となるし、その方が公平だとなる。他方、内申書派は、「内申書は生活態度なども含まれ、試験一発よりも、ふだんの力をアピールできる」と考えるだろう。

この時、前者が「私は一発勝負型だから、四六時中先生に監視されているみたいな内申書は生理的に受けつけない」なんて言い出したら、「言葉じゃない。身体がノーって言ってる」という話になり、それでは「そう身体が反応しちゃうんだからしょうがないよね？」となって議論は中断だ。

逆に、一発勝負のシステムのもとでは、地道に頑張ってコツコツ成績をそろえていくタイプの生徒は、入試当日にインフルにかかって、意識朦朧《もうろう》とする中で失敗し、一年以上の努力が水の泡になって、これまた「世の中は公平じゃない」という思いを溜《た》め込むかもしれない。

[1]こういう時には、どういう話し合いが必要なのだろうか？

[2]両者の言い分にはそれなりの理由があるから、これは勝敗を決するというやり方ではあまり上手くいかないような気もする。まずは「苦手科目がたくさんあるから、本番一発で」の好き嫌い判断とか、「試験の朝に大地震が起こるかもしれないから内申でしょ？」なんていう心配性な意見は心にしまっておいてもらう。

やるべきは、「どこまでは同じ道を歩いてきたのか＝何についてまでは意見がいっしょなのか」を確かめることだ。そして次に「どこで違う道を行こうとしているか＝何をめぐって選ぶ価値が分かれてしまったのか」を確認することが大切で、それがわかると、本当は「何と何をめぐって意見が分かれてしまうのか」が、話し合う前に比べるとはっきりしてくる。

内申書主義も一発主義も、「自分の学力をちゃんと公平に評価してもらいたいと思っている」ところまでは同じ考えで、そこまでは同じ道を歩いてきたのだ。

でも、分かれ道は「学力は、時間をかけて、何度も試験をして、教室の中での学習態度や意欲などたくさんのデータから判断して決める方が公平だ」という考え方と、「そんな長いあいだ成績や試験を気にして、内申書に縛り付けられることでは実力が出せない者もいるし、そもそも学習の態度とか意欲など先生との相性に左右されるし、一生懸命なふりをするのが得意な生徒は、学力じゃなくて演技力を見られることになるから不公平だ」というところぐらいから分かれ始めることがわかる。

そうなると次に論じるべきことは、「内申書vs一発」という対決の是非じゃなくて、「果たして学習の意欲や態度を正確に評価することは可能なのか否か？」ということになる。そして、そこから「そもそも学力とは何なのか？」という極めて重要な議論（これは教育の世界における永遠のテーマだろう）につながる。
それがわかるとどうなるか？

学力＝［　X　］

学力＝不定期に現れる個々人の持つ「ひらめき」や「瞬発力」

両者の足の置き場の違いがはっきりしてくる。

それじゃ、その後はどうなるのか？

正しい結論はどちらになるのか？

どちらが正しいかは、議論そのものの中からは出てこない。

そこから先は、その時代、その状況、その時に生きている人たちにとって、どちらのほうが「説得的であるか（なるほどと納得できる筋道になっているか）」を、いずれかの段階でえいやっ！　と決めなければならないのだ。だから、時代が変わり、状況も変わり、生きているメンバーが変われば、説得力レースの結果は変わることもある。一発主義の「ひらめき」が高く評価されたり、逆に内申書主義の「粘り強さ」の素晴らしさが、より説得的な言葉で語られるようになれば、判断は変わりうる。

ただし議論を意味あるものにするために、絶対にしておかなければならないことがある。
どういう道をたどって、どういうふうに共に歩き、どういうところで判断が分かれたのかを「記録しておく」ことだ。
それを軽視したり怠ったりすると、次の世代になっても相変わらず、「オレ・ワタシ、国・数・英以外やる気しないから」とか「歌がうまいんだから好きな学校行かせてよ」といった交通整理からまた始めなければならなくなるし、先人たちが到達した地点からずっと戻って、前の地点からやり直しになって、3僕たちの話し合いの成熟度を上げることにならない。

まとめる。
議論をする目的は、渋滞道の交通整理をすることと、いっしょに歩いてきた道と分かれ道とを確かめて、その理由を突き詰めて記録しておくことだ。
「ここまでは、この点について対立していない。同じ気持ちや価値観を抱え持っているのだ」と確認できると、意見の異なる相手に対する見方も気持ちも変わってくるのだ。「あんなに強い言い方し合うほど、意見が違うわけじゃないじゃん」と。

こうすると脳とハートのバランスが良くなって、「脳はクールに、ハートは熱く」という、いい感じのコンディションになる。[4]ワンランク上の話し合いになる条件ができてくる。

このように、議論そのものからは答えを導き出せない理由は何か？
それは、僕たちがみんなそれぞれ偏っているからだ。

言い間違いじゃないぞ。「全員、偏っている」のだ。

また君たちに若干のメマイをもたらしてしまったかもしれない。

議論をして、いろいろまず整理して、確認して、レベル上げるんじゃないの？　ダメじゃん。偏ってたら！

そう反応した諸君もいるだろう。すまん。知性が成長するために一番必要なのは「長時間の勉強」でも「わかるための秘訣（近道）」でもないのだ。
[5]メマイなのだよ。「何よ⁉　それ？……」という宙ぶらりんの感じのことだ。

人間はみんな偏っている。

これを考えるためには、その反対を考えればいい。「偏っている」の反対語は、「バランスがとれている」、あるいは「中立的だ」となるかもしれない。

じゃあ、尋ねてみる。
この世の中に、「中立」なんてものが本当にあるのだろうか？

僕の子供の時代は、父親世代が、勇ましいことを男らしいこととイコールだという前提で、「男ならば歯を食いしばれ！」と、何かにつけて食卓で男の子を怒鳴りつけた。
でも今は、僕が食卓で「男気見せろよ」なんて中学生の息子に言うと、「[6]お父さん、その発言、今日的にはナシだから」と返される時代になった。各世代において、推定で五〜六％くらいは、いわゆるＬＧＢＴＱ（多様な性のあり方）の人が含まれることが前提となった時代だ。これは、大人の世界だけではなく、今や小学校の教室ですら踏まえておかなければならない。授業も、それを慮ってなされている。
こういう状況だからこそ、「同性婚（男と男、女と女の結婚）」を結婚として［Ａ］的に認めるか否かをめぐって、今なお折り合いをつけられない人たちもいる。そして、この対立は時として［Ｂ］的なものとなって、相互に強い罵倒や非難をともなってしまう。
僕が、この問題について確信をもって言えることは一つしかない。それは、「今、目の前で懸命に生きている人々が、なるべく幸福感を手にして生きていける社会であってほしい」ということだ。

しかし、この問題は人類の歴史の重み、[C]的理由、宗教的な想いなど、いろいろな考え方をもった車が行きかう「三車線の交差点」のようになっているし、なかには「人生をかけて賛成・反対する」という人たちもいて、どうしてもすごく強い衝突となる。そしてこれは、「真実とは何か?」という話とは別の、選択の問題、つまり前に説明した意味での「[D]的」選択の問題だ。

同性婚を認める。

同性婚は結婚ではない。

はたして、この二つの真っ向から対立する意見に中立はあるだろうか?

同性婚を認めない側の人は、同性婚「も」認めていいじゃないか、というフラフラした意見を認めない。それでは同性婚「を」認めることになってしまうからだ。

「同性婚を認めない人は無理して認めなくてもいい。認める人が認めれば」としても、話は同じだ。認めない人たちは「自分がそうであってもなくても、社会がそれを受け入れることに絶対反対」だからだ。その人たちは、「そういうことは人間の道徳に反する」とかたく信じていて、そこから出てこない。

このとき中立的立場は? 真ん中は? どっちも歩みよれるエリアはどこ?

ない。

同性婚を認めないなら、いっそのこと異性婚もダメってことにする……いやいや、それでは多くの人たちの価値観に反してしまう。

同性婚したい人たちには重税を課す……ダメに決まっている。金を支払わないと幸せになれないという無茶苦茶な話になる。人権を踏みにじることになる。

同性婚をしても届けを出さなくていいことにして静かに見守る……今まさにそうやって問題を先送りにしているから、いろいろ不都合や不公平が起こっている。振り出し。

だめだ。やっぱり。中立なんてない。

【中略】

だから、議論をする目的は、正しい結論を出すことでもなく、勝ち負けを決めることでもなく、必ず「どれが一番、納得感をもたらせるか」にかかっている。中立を求めて議論するなどエネルギーの無駄だ。

すでに議論する目的の重要なものの一つを、「どこまで同じ道を歩いてきて、どこから分かれ道になってしまったのかを確かめる」と確認したのだから、それは言い換えると、「分かれ道以降、それぞれがどういう偏った考えなのかを確認して記録しておく」ということだ。つまり、人間の考えは世界のことをぜんぶ把握していない以上、全員偏っているから、記録とは、そのそれぞれの偏りかたを理解して紙に書いておくということだ。

議論とは、最初から全員が偏っていることを前提にしている。

だから「あなたの考えは偏っている」と言ったときには、「〇〇という基準を設定したとすれば」という断り書きをつけないと、あまり意味がないのだ。クラスのホームルームでも同じだ。空気をまったく読まないアキラ君が、「そもそも学園祭やること自体に反対！　やめようぜ！くだらねぇから！」って提案したときに、先生に忖度しバランスのとれたユイちゃんが、「それはいくらなんでもないよ！　偏りすぎ！」と言ったところで、「学園祭は何がなんでもやらなきゃいけない。先生もそう言ってるし」っていう偏った意見からすれば、アキラは偏ってるけど、アキラからすれば「偏ったこと言ってんじゃねぇよ」という話になる。こういうのをカタい言葉で［ E ］的という。

だから、ある意見が偏っているかどうかを決めるのは、その内容ではなくて、「誰が偏りの基準を決めるのか？」ということになる。そして、そのためのマウントをとることを政治という。「この基準で考えてね」と言うことを聞かせようという、あれだ。

この世には中立などというエリアも立場もない。基準しだいでどうにでも変わる。だから議論をする目的は、全員偏っていることを前提に、どちらの偏りのほうが人の心を動かす言葉を用意できているのかを基準に、それぞれの人が品定めをするための準備作業だということになる。

自分が「偏っている」なんて言われて不安になっている諸君よ。
7心配はいらないよ。全員そうだから。中立なんてない。

（岡田憲治『教室を生きのびる政治学』による）

【注】

※1　内申書　……学校の成績や学校生活について記録する、受験の際の書類。

問一　傍線部1「こういう時」とありますが、どのような「時」のことですか。その説明として最もふさわしいものを次のア～オの中から選び、記号で答えなさい。

ア　試験の結果を重視すべきなのに、内申書の点数も重視すべきだという意見が出てきた時。

イ　受験において、試験の結果と内申書の点数のどちらにも重視すべき理由がない時。

ウ　判断する情報が限られている中で、試験と内申書のどちらを重視すべきかを決める時。

エ　試験と内申書という、本来対立しないものについて、どちらを優先すべきか意見が割れる時。

オ　受験の結果を、試験の結果や内申書の点数以外の要素で決める方法がない時。

問二　傍線部2「両者の言い分」とありますが、それぞれの主張とはどのようなものですか。その説明として最もふさわしいものを次のア～オの中から選び、記号で答えなさい。

ア　内申書主義は、試験の結果でその人の学力が測れないと考えるのに対して、一発主義は、当日の試験の結果こそがその人の本当の実力と考えている。

イ　内申書主義は、当日のトラブルでこれまでの努力が水の泡になるのを心配するのに対して、一発主義は、試験ならばふだんの努力も判断できると考えている。

ウ　内申書主義は、ふだんの力がその人のもつ本来の実力と考えるのに対して、一発主義は、苦手科目がある場合に内申書の判断は公平でないと考えている。

エ　内申書主義は、学習態度や意欲といった試験では測れない力を重視するのに対して、一発主義は、試験の受け方から学習態度や意欲もはかれると考えている。

オ　内申書主義は、日常のさまざまなデータから実力を判断するのが公平と考えるのに対して、一発主義は、最新の学力を試験で判定するのが良いと考えている。

問三　[X] にあてはまる内容として最もふさわしいものを次のア～オの中から選び、記号で答えなさい。

ア　反復的訓練を継続する力

イ　日常的学習を復習する力

ウ　問題に正確に答える力

エ　粘り強く試験に取り組む力

オ　持続的に自学自習する力

問四　傍線部3「僕たちの話し合いの成熟度を上げることにならない」とありますが、なぜですか。その理由を、四十字以内で答えなさい。

問五 傍線部4「ワンランク上の話し合いになる条件ができてくる」とありますが、なぜですか。その説明として最もふさわしいものを次のア～オの中から選び、記号で答えなさい。

ア お互いの主張の同じ部分と異なる部分とが明確になることで、冷静で論理的な話し合いが可能になるから。

イ 相手の意見が理解できると自分の見方や考えにも変化が生まれ、より創造的なアイディアが浮かぶようになるから。

ウ 議論の中で勝ち負けを決めることは重要ではないため、相手の主張をよりじっくり聞く余裕が生まれるから。

エ 一見、対立しているかに見えても、主張の同じ部分を発見することで、対立しているわけではないことに気づくから。

オ お互いの主張やその根拠が明らかになることで、争点がはっきりし、どちらが正しいのかを判断しやすくなるから。

問六 傍線部5「メマイ」とありますが、「メマイ」はなぜ知性を成長させると言えるのですか。その理由として最もふさわしいものを次のア～オの中から選び、記号で答えなさい。

ア メマイを起こすほど深く物事を考えることで知性は活性化するから。

イ 答えが出ない問題には、判断をしないことが正しい知性のあり方だから。

ウ 二つの対立する視点から物事を考えることで、物の見方が深まるから。

エ あえて極端な視点から物事を捉え直すことで、真理に到達できるから。

オ 中立性と偏りについて考察することが人間理解につながるから。

問七 傍線部6「お父さん、その発言、今日的にはナシだから」とありますが、どういうことですか。その説明として最もふさわしいものを次のア～オの中から選び、記号で答えなさい。

ア 勇ましさと男らしさの意味を取り違えることは、多様性についての誤解になりかねないということ。

イ 多様性の時代にあって、性別による役割のカテゴライズは配慮を欠いた見方になるということ。

ウ 今日では子どもが親に反論することは当たり前となり、それは多様性の到来を意味するということ。

エ 男性の社会的立場が相対的に低くなったことで、以前より男気を見せる場面が減ったということ。

オ 男ならば根性を出すべきという発言は、根性を出しづらい現代の男性に対する差別になるということ。

問八　空欄 A ～ E にあてはまる語句として、最もふさわしいものを次のア～キの中からそれぞれ選び、記号で答えなさい。

ア　相対　　イ　戦闘　　ウ　政治　　エ　法律

オ　生物学　　カ　感情　　キ　論理

問九　傍線部7「心配はいらないよ。全員そうだから」とありますが、どのようなことを言おうとしているのですか。その説明として最もふさわしいものを次のア～オの中から選び、記号で答えなさい。

ア　意見に偏りがあったとしても、基準次第でその偏りは変わり得るので、それを偏りとは言わないということ。

イ　人はそれぞれ偏りを持っているため、現実的に不可能な、中立という立場にこだわらなくて良いということ。

ウ　中立という立場は原理的にあり得ないため、自分と他人との偏りの違いを考える必要はないということ。

エ　意見は、偏っているかいないかではなく、人の心を動かすような言葉かどうかが重要であるということ。

オ　意見が偏っていると指摘されても、指摘をした人物の方が偏りが大きいため、不安に思わなくて良いということ。

問十　次の選択肢のうち、筆者の主張に合致するものを次のア～オの中から二つ選び、記号で答えなさい。

ア　人はみなそれぞれに偏りをもつため、その偏りを自覚した上で、相手に合わせて自分の意見を変化させる必要がある。

イ　どの意見が正しいかは、正しさの基準を決める政治によって変わるので、議論することと自体にあまり意味はない。

ウ　議論の中で出される結論とは、一時的に「正しい」と多くの人が納得しているものであり、決して固定的なものではない。

エ　成熟した議論のためには、これまでの議論の過程と、各自がどのような偏りを持っているかを確認し、記録する必要がある。

オ　自分の主張がどのような立場からなされているかを自覚し、無意識の差別をしないように注意深くなるべきである。

令和６年度　入学試験（２月２日実施）

理　科

［40分］

［注意事項］

1．試験開始の合図があるまで、この問題用紙は開かないでください。

2．試験開始後、解答用紙にシールを貼《は》ってください。

3．解答は、すべて解答用紙に記入してください。

4．解答は鉛筆《えんぴつ》などで濃《こ》く記入してください。

5．問題は１ページ～22ページの合計22ページあります。ページが抜《ぬ》けていたら、すみやかに手を挙《あ》げ、監督《かんとく》の先生に申し出てください。

東京農業大学第一高等学校中等部

1 金魚について、後の問いに答えなさい。

問1 金魚はメダカと同じ心臓のつくりをしています。心ぼうの数と心室の数をそれぞれ答えなさい。

問2 金魚は卵で生まれます。卵からかえったばかりの子は、写真1のように腹に小さなふくろを持っています。メダカの子もこのふくろを持ち、その役割は金魚のふくろと同じです。このふくろに入っているものは何ですか。次のア～エから選び、記号で答えなさい。

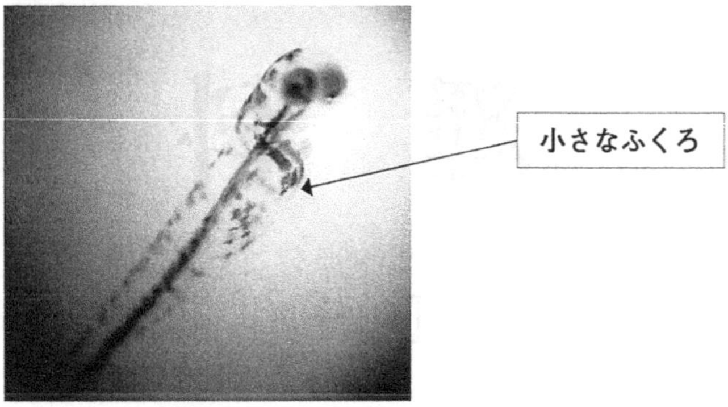

写真1

ア．プランクトン　　イ．ふん　　ウ．栄養分　　エ．砂

問3 金魚の体をよく見ると、写真2のように矢印で示した部分に点線が見えます。金魚はここで水流の変化や音を感じることができます。この点線の名まえを答えなさい。

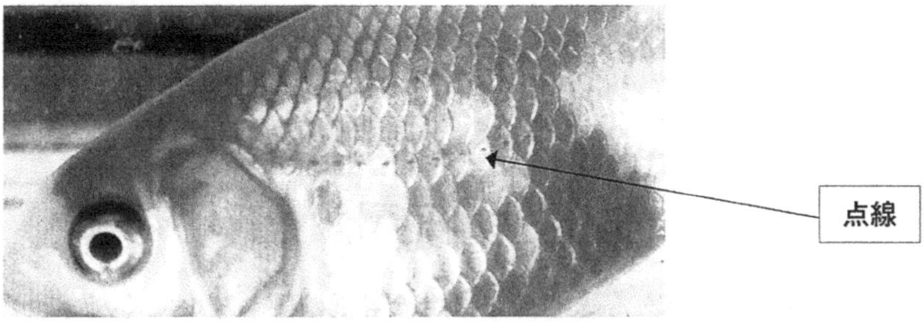

写真2

2024(R6) 東京農業大学第一高中等部　２月２日午後
K 教英出版

問4　金魚のオスとメスを見分けるには、えらぶたに白い点(追星《おいぼし》といいます)があるかないかを調べます。写真3のように白い点があるとオスです。メダカはどのようにしてオスとメスを見分けますか。正しい文を次のア～エから選び、記号で答えなさい。

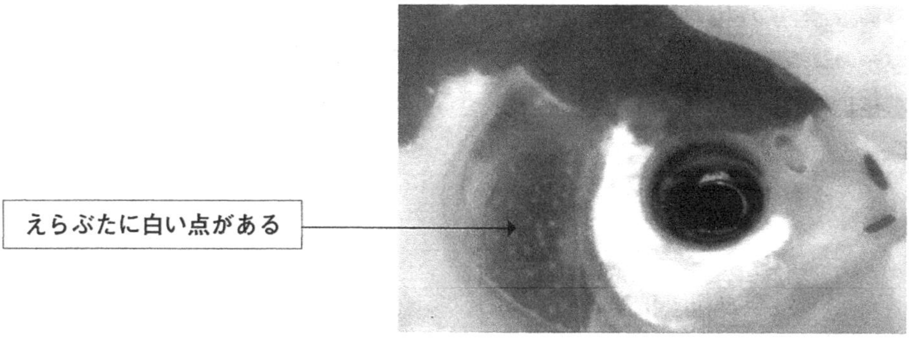

写真3

ア．背びれに切れこみがあるとメスで、切れこみがないとオス。

イ．しりびれに切れこみがあるとオスで、切れこみがないとメス。

ウ．尾びれの形が平行四辺形に近いとオスで、三角形に近いとメス。

エ．しりびれの形が平行四辺形に近いとオスで、三角形に近いとメス。

金魚は水中の酸素を使って呼吸しています。農大一中一高の生物部が行った実験とその結果について以下の問いに答えなさい。

写真4のような状態で、金魚にとって十分な酸素量が保たれているのかを調べてみました。なお、実験を行った期間中の水温は常に20℃に保たれており、実験1・2・3では実験中に金魚に餌《えさ》は与えていません。

写真4

実験１【方法とその結果】

写真４のような状況を再現するために、底面直径10cm、高さ７cmの円柱状の容器に400mLの水を入れ、そこに体重20ｇの金魚を入れ、水中の酸素量を調べました。結果はグラフ１のとおりです。なお、縦軸《たてじく》の水中の酸素量は、高くなるほど酸素量が多いことを示し、危険値を下回ると金魚の生存が危うくなるものとします。また、(　　　A　　　)ものを用意し、その水中の酸素量を測定したところ、酸素量は測定開始から常に一定で、グラフ１の酸素量の変化は金魚によってもたらされたものであることがわかりました。

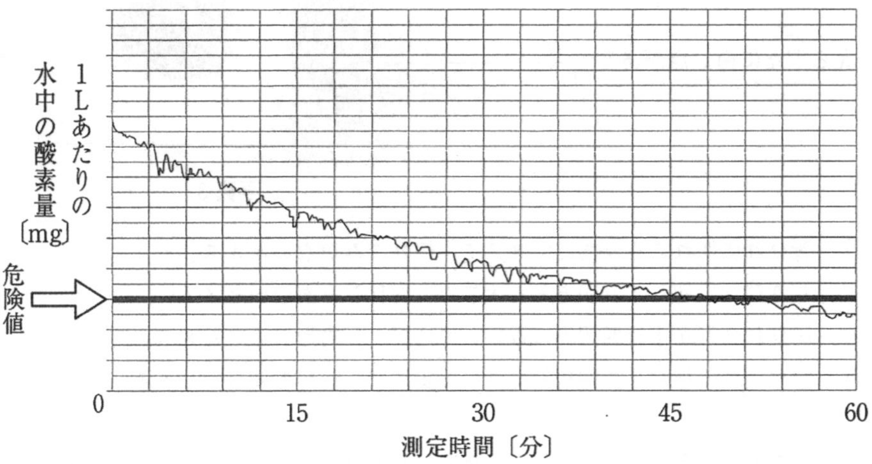

グラフ１

問５

（１）　この実験結果について、正しい文を次のア～エから選び、記号で答えなさい。

ア．15分後の水中の酸素量は危険値よりも低く、この酸素量では金魚が生きていくことはできない。

イ．60分後には、最初の酸素量と比べて1/10になっていて、この酸素量では金魚が生きていくことはできない。

ウ．55分後の水中の酸素量は危険値よりも高く、この酸素量では金魚が生きていくことはできない。

エ．55分後の水中の酸素量は危険値よりも低く、この酸素量では金魚が生きていくことはできない。

（2） 下線部について、Aに当てはまるものを次のア～エから選び、記号で答えなさい。

ア．底面直径10cm、高さ７cmの円柱状の容器に400mLの水を入れた。
イ．底面直径10cm、高さ14cmの円柱状の容器に800mLの水と金魚を１匹入れた。
ウ．底面直径10cm、高さ14cmの円柱状の容器に800mLの水と金魚を２匹入れた。
エ．底面直径10cm、高さ21cmの円柱状の容器に1200mLの水と金魚を３匹入れた。

次に、体重が異なる金魚を用いて実験２を行いました。

実験２【方法とその結果】

実験１と同じ容器を用いて、400mLの水に体重４ｇの金魚を入れ、水中の酸素量を調べました。結果の一部はグラフ２のとおりです。

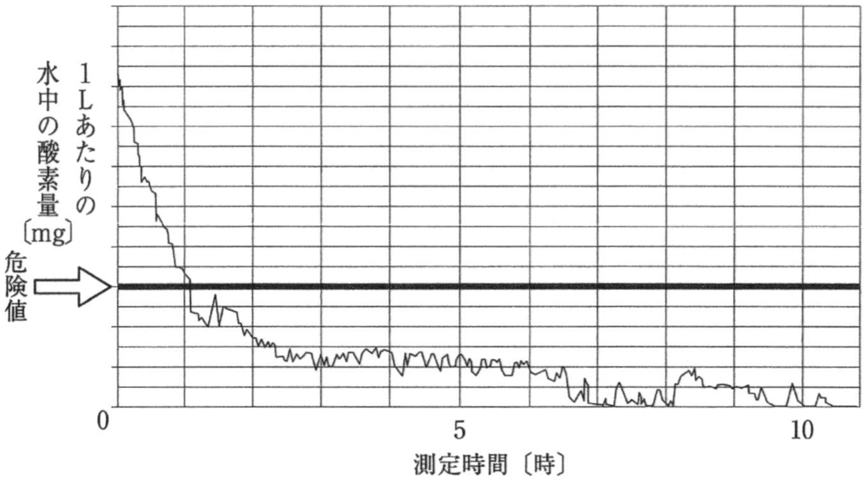

グラフ２

問６　実験１と実験２の結果について、正しい文を次のア～エから選び、記号で答えなさい。

ア．金魚が呼吸で使う水中の酸素量は、体が軽くなると、体が重いときに比べて少なくなる。

イ．金魚が呼吸で使う水中の酸素量は、体が重くても軽くても変わらない。

ウ．400mLの水で体重４ｇの金魚を飼育する場合、１日に１回、新しい水(実験１・２に用いた水と同じ酸素量を含《ふく》む水)に金魚を移すとよい。

エ．400mLの水で体重４ｇの金魚を飼育する場合、１日に２回、新しい水に金魚を移すとよい。

実験２の結果を、実験開始から20時間後まで示したものがグラフ３です。このグラフの丸で囲った部分を見ると、実験開始11時間後から13時間後ぐらいまでの間に酸素量の増加があったことが分かります。この現象について生物部では、「金魚が水中の酸素量を増やすために、水面近くで泳いで水の流れを作り、水と空気をふれ合わすことで空気中の酸素を水中に取り入れたのではないか」と仮説をたて実験３を行いました。

実験３【方法とその結果】

水量と金魚の体重を実験２と同じにして、容器Ｘに入れて水中の酸素量を調べました。結果はグラフ４のとおりです。このことから、生物部の仮説が正しく、金魚の飼育に使う容器は、水面が広く、水面近くで金魚が泳ぎやすい容器にしたほうがよいことが分かりました。

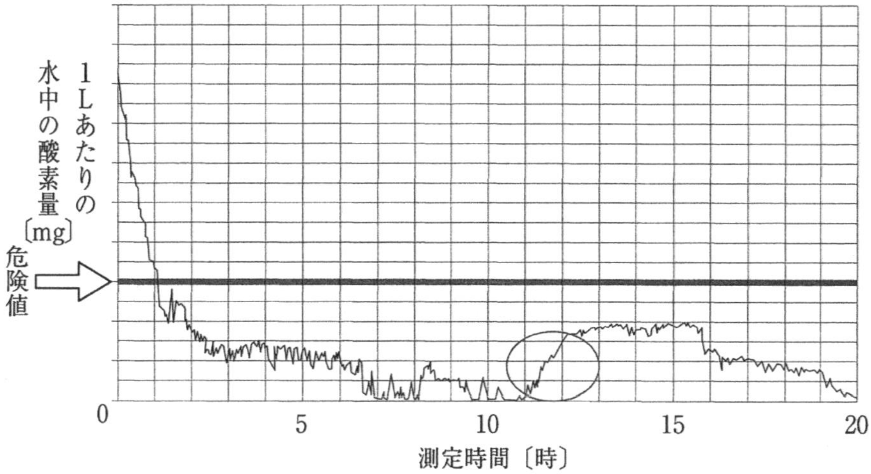

グラフ3

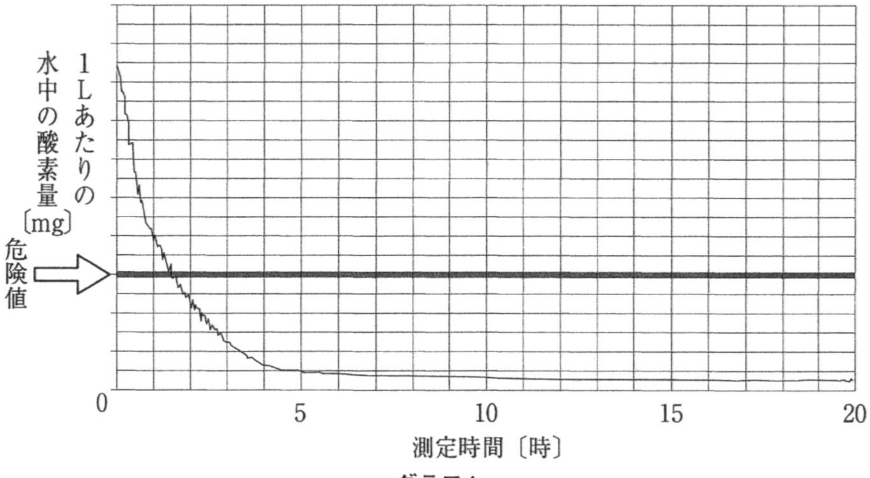

グラフ4

問７　実験３で用いた容器Ｘとして正しいものを次のア～ウから選び、記号で答えなさい。
なお、容器の向きを変えることはありません。

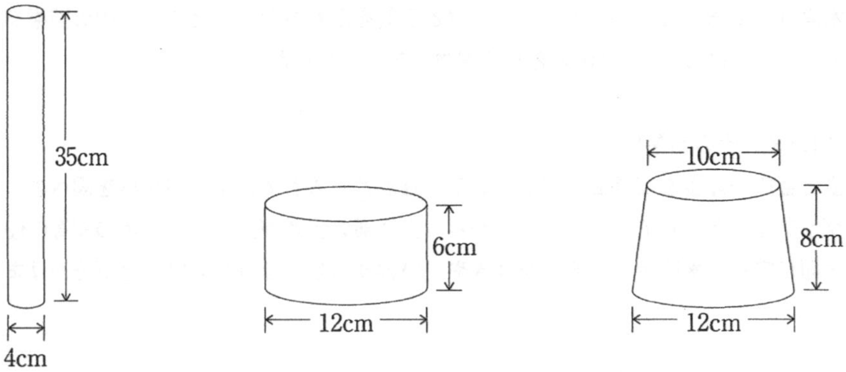

ア　　　　イ　　　　ウ

生物部では次に水を増やして、実験２で用いた金魚の体重よりも軽い金魚を使って実験を行うことにしました。また、魚は餌を食べると水中の酸素を使うらしいということを先生から聞いたので、そのことについても調べる実験を行いました。なお、用いた容器は、底面直径18cm、高さ10cmの円柱状の容器です。

実験４【方法とその結果】

1200mLの水量に体重２ｇの金魚を入れ、水中の酸素量を調べました。１日に与える餌の量は、20粒《つぶ》で、30分で食べきれる量でした。結果はグラフ５のとおりです。

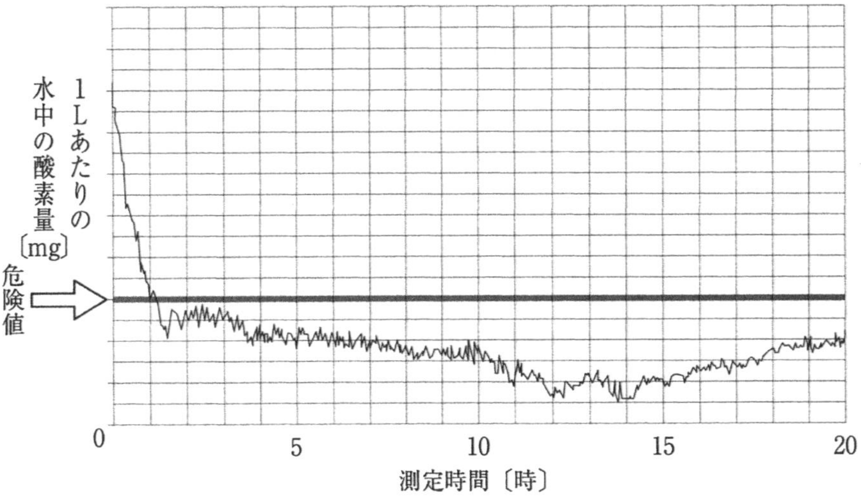

グラフ５

実験５【方法とその結果】

1200mLの水量に体重２ｇの金魚を入れ、水中の酸素量を調べました。１日に与える餌の量は、６粒で、３分で食べきれる量でした。結果はグラフ６のとおりです。

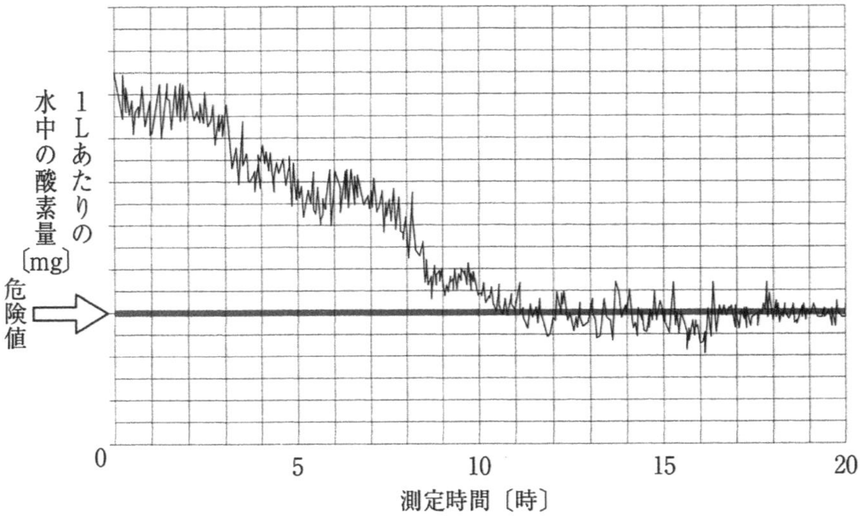

グラフ６

実験6【方法とその結果】

1500mLの水に体重2gの金魚を入れ、水中の酸素量を調べました。1日に与える餌の量は、6粒で、3分で食べきれる量でした。結果はグラフ7のとおりです。

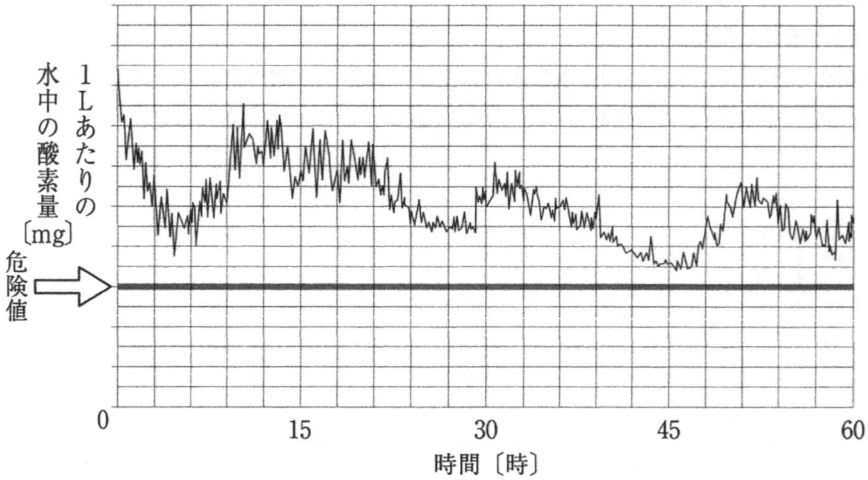

グラフ7

問8　すべての実験からわかることとして正しいものを、次のア～クから2つ選び、記号で答えなさい。

ア．金魚に餌を多く与えると、金魚の時間当たりの酸素消費量は減る。

イ．金魚に与える餌の量が変化しても、金魚の時間当たりの酸素消費量は変化しない。

ウ．金魚に餌を多く与えると、金魚の時間当たりの酸素消費量は増える。

エ．飼育水量が1200mLから1500mLに増えると、酸素量が危険値になるまでにかかる時間が、水量の増加した倍率と同じ倍率で増える。

オ．飼育水量が1200mLから1500mLに増えると、酸素量が危険値になるまでにかかる時間が、4倍になる。

カ．体重2gの金魚にとって十分な酸素量を保つには、飼育水量は1200mL必要であり、1日に与える餌の量は6粒が適している。

キ．体重2gの金魚にとって十分な酸素量を保つには、飼育水量は1500mL必要であり、1日に与える餌の量は6粒が適している。

ク．体重2gの金魚にとって十分な酸素量を保つには、飼育水量は1500mL必要であり、1日に与える餌の量は20粒が適している。

問題は次のページに続きます

2 次の文章を読んで、後の問いに答えなさい。ただし、摩擦《まさつ》や空気の抵抗《ていこう》は考えないものとします。

農太君は夏休みの課題研究として、「16世紀の科学者ガリレオ・ガリレイ」について調べました。その中でも、ガリレオの「落体の法則」について特に興味をもちました。

> **落体の法則**
>
> 「物体が落下するときの時間は、落下する物体の重さによらない」
>
> この法則を証明するために、ガリレオは一定の角度の斜面《しゃめん》上に小球をころがして、その運動を調べたといわれています。その結果、ある一定時間に小球が斜面上を進んだ距離《きょり》に対して、その2倍の時間では2×2＝4倍、3倍の時間では3×3＝9倍の距離まで進むことがわかっています。

そこで、農太君はこの法則を確かめるために以下のような実験を行いました。

【実験】

図1のように、斜面上のAに球1を置き、静かに手をはなすと、球1は斜面に沿って1秒間で2.5cm進み、4秒後にはBを通過しました。球1が水平面BCを4秒間で通過したときの時間と速さの関係を表したグラフは図2のようになりました。

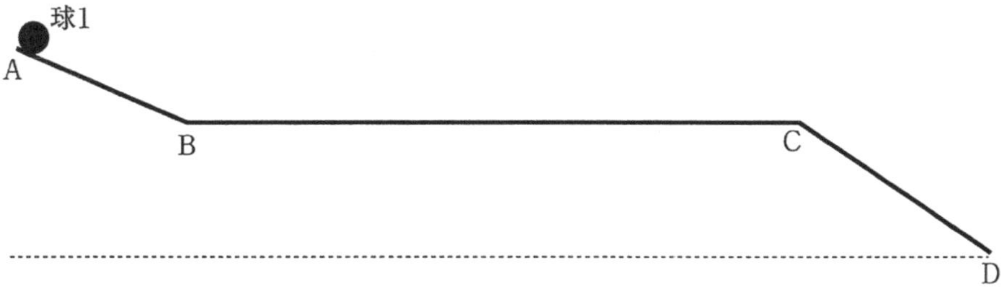

図1（コース1）

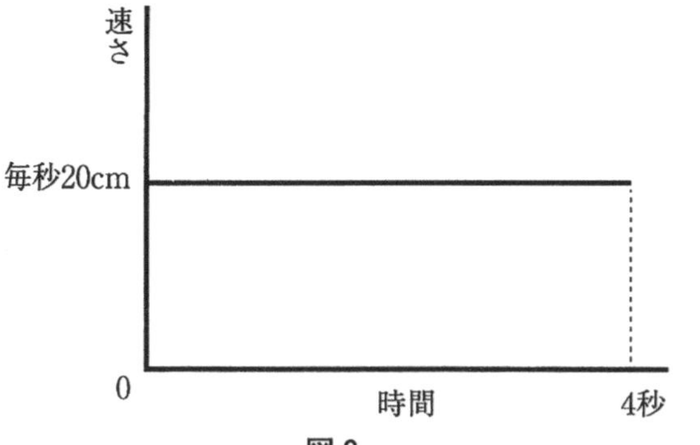

図2

東京農業大学第一高等学校中等部　令和六年度入学試験（二月二日実施）国語　解答用紙

氏名

受験番号

↓ここにシールを貼《は》ってください↓

※100点満点
（配点非公表）

24020213

一

① 海原
② 軽薄
③ 戒め
④ 微細
⑤ コウズル
⑥ レッキョ
⑦ ナイゾウ
⑧ カシ

※

二

問一

問二

問三

問四

問五

問六

問七
A
B
C
D

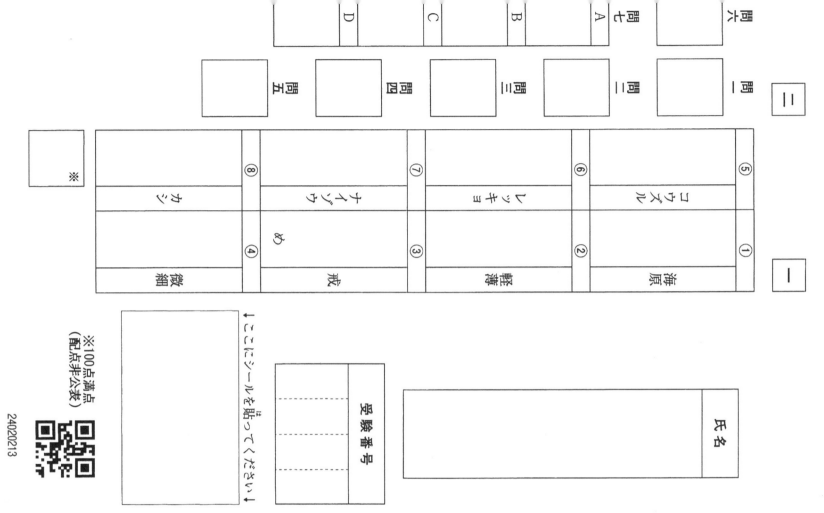

オ	カ	キ	ク

ケ

(2)	(3)
A	B

↓ここにシールを貼《は》ってください↓

24020211

※150点満点
（配点非公表）

受験番号	氏　　名

東京農業大学第一高等学校中等部

問6	(1)	(2)	問7	秒前	問8	

4

問1		問2		問3	
問4	ⓒ	ⓓ	ⓔ	問5	鉄　kg	水素　L
問6						

問7 (1)

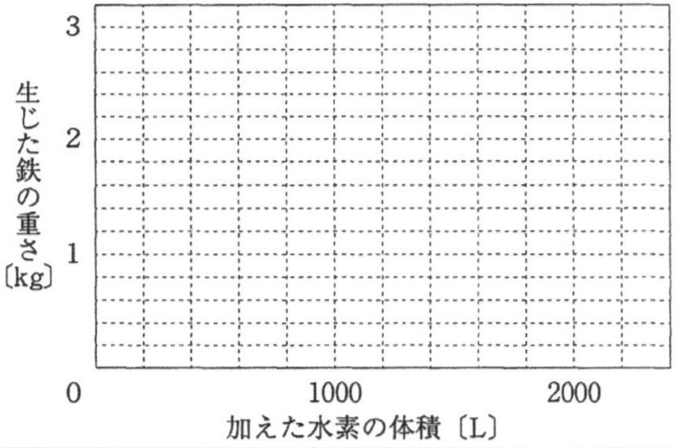

問7 (2)　kg

↓ここにシールを貼《は》ってください↓

※100点満点
（配点非公表）

受験番号	氏　名

24020212

東京農業大学第一高等学校中等部

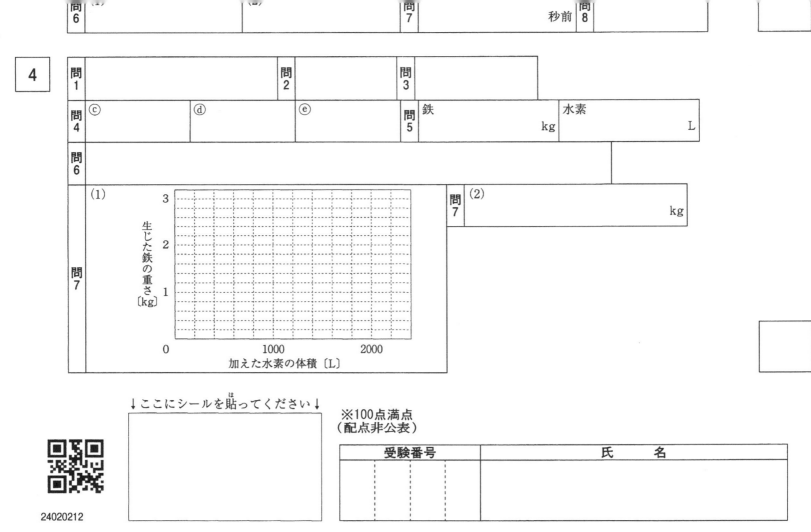

令和６年度　入学試験（２月２日実施）理科　解答用紙

1

問1	心ぼう	心室	問2		問3		問4	
問5	(1)	(2)	問6		問7		問8	

2

問1	cm	問2		問3	cm	問4	

問5

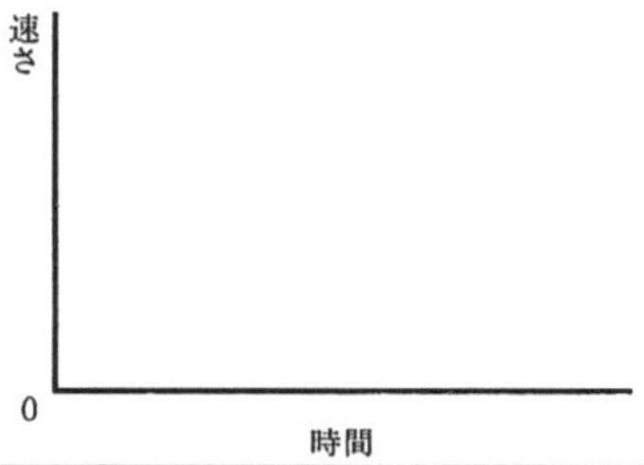

問6	(Ⅰ)	(Ⅱ)	(Ⅲ)	(Ⅳ)
問7	毎秒　　cm			
	理由			

問8

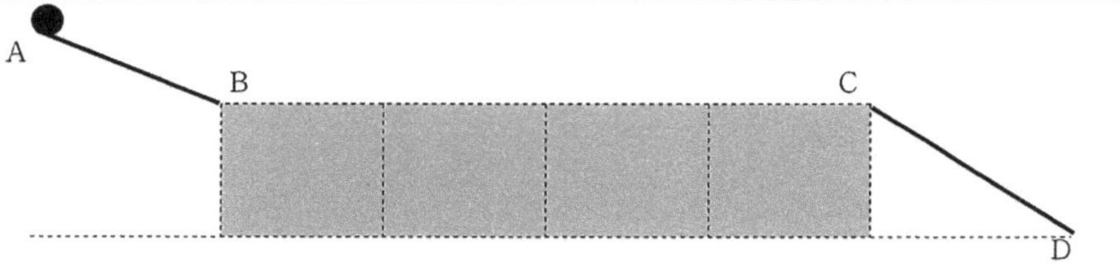

3

問1		問2	A　　プレート	C　　プレート	
問3	㋐	㋑	問4	10時　　分　　秒	

令和６年度　入学試験（２月２日実施）算数　解答用紙

1

(1)	(2)	(3)

(4)			
年	月	日	時

2

(1)		(2)
間違っていた点数　点	正しい点数　点	

3

(1)	(2)	
：　：	B	C

4

(1)	(2)
通り	通り

【解答

三

問一

問二

問三

問四

問五

問六

問七

問八

A

B

C

D

E

問九

問十

※ ※ ※ ※ ※

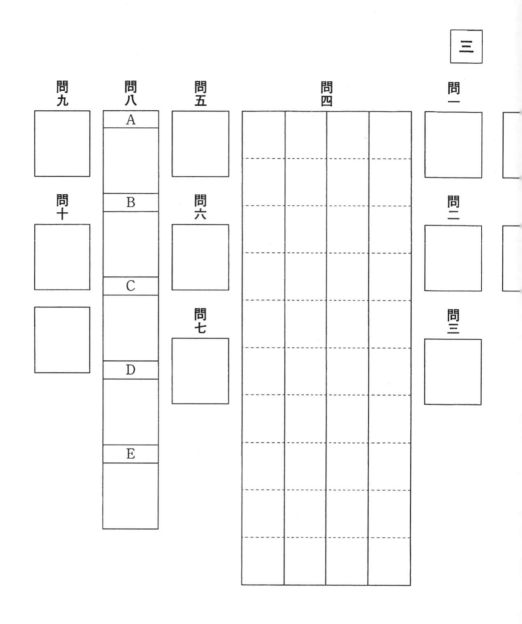

問1　BC間の距離は何cmですか。

問2　球1がBC間を運動したとき、かかった時間とBからの移動距離の関係を表すグラフとして最も適当なものを、次のア～オから選び、記号で答えなさい。

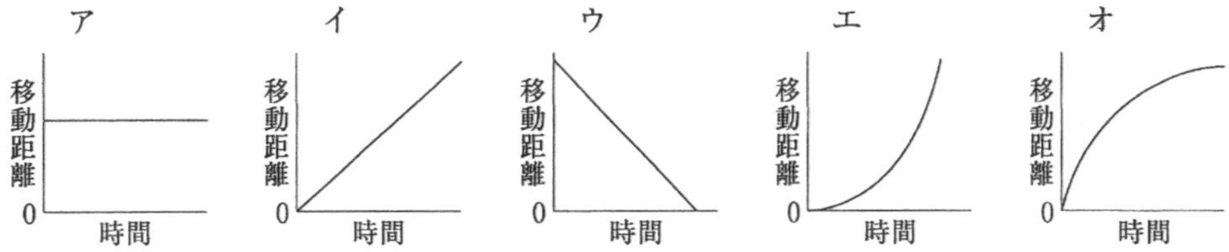

問3　AB間の距離は何cmですか。

問4　球1がCD間を運動したとき、かかった時間とCからの移動距離の関係を表すグラフとして最も適当なものを、次のア～オから選び、記号で答えなさい。

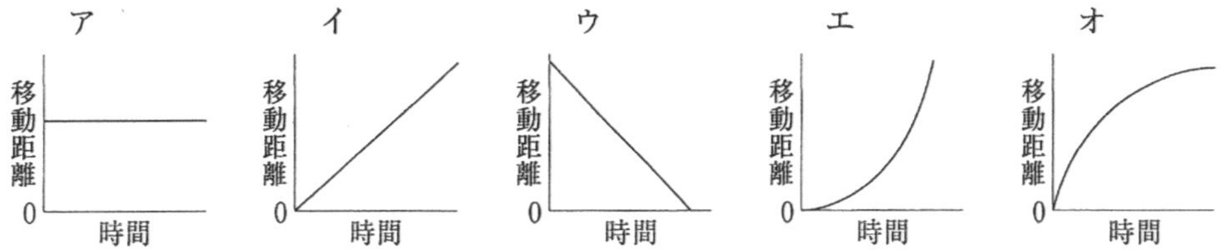

問5　球1よりも2倍の重さの球を用いて、同様の実験を行いました。このとき、球がBC間を運動したときの時間と速さの関係を表したグラフを描《か》きなさい。グラフの縦軸と横軸の値は単位を含めて記入すること。

次に、図３のようにBC間に新たな斜面（コース２）を設置して、球を斜面上のＡに置き、静かに手をはなすと、球は斜面に沿って運動し、Ｄまで達しました。このとき、球がＡからＤまで運動したときの時間と速さの関係を表したグラフは図４のようになりました。ただし区間（Ⅰ）から(Ⅳ)は等間隔《とうかんかく》であるとは限りません。

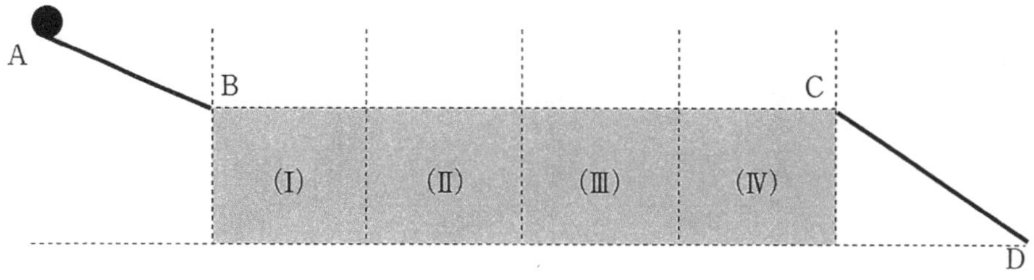

図３（コース２）

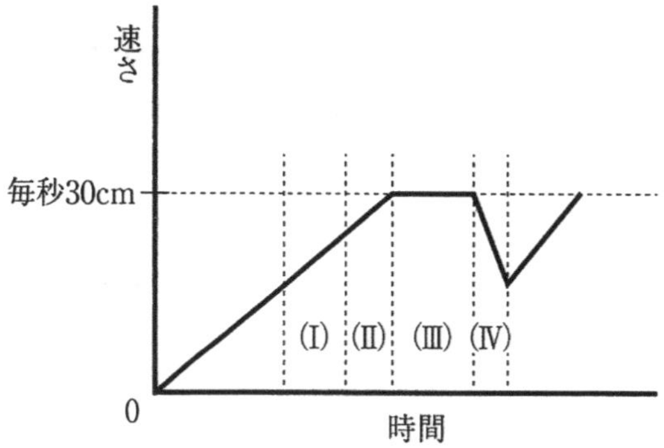

図４

問６　（Ⅰ）～(Ⅳ)の斜面の形状として最も適当なものを、次のア～クの中からそれぞれ１つずつ選び、記号で答えなさい。

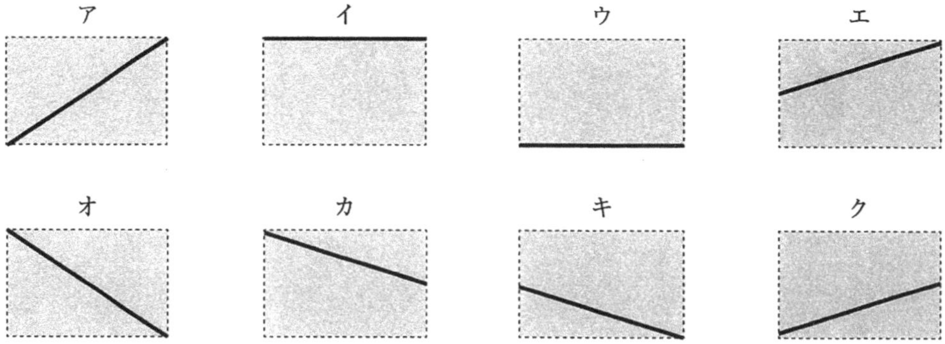

問７　Ｃを通過したときの速さは毎秒何cmですか。また、その理由を答えなさい。

問８　図３に直線のみを使って、BC間を最も短い時間で進むコースを描きなさい。
ただし、（Ⅰ）～(Ⅳ)の各区間に直線を一本ずつ使って答えなさい。

問題は次のページに続きます

3　昨年は、1923年（大正12年）９月１日に首都圏《しゅとけん》を襲《おそ》った関東大震災《かんとうだいしんさい》から、100年という年でした。日本は非常に地震が多く、日本で発生する地震の震源の深さの分布には特徴《とくちょう》が見られます。これは、大陸プレートの下に海洋プレートが沈《しず》み込んでいる部分の２つのプレートの境界面で地震が特に多く発生しているからです。関東大震災を引き起こした大正関東地震は、図のＣプレートとＡプレートの境目の相模トラフ沿いで発生したことがわかっています。

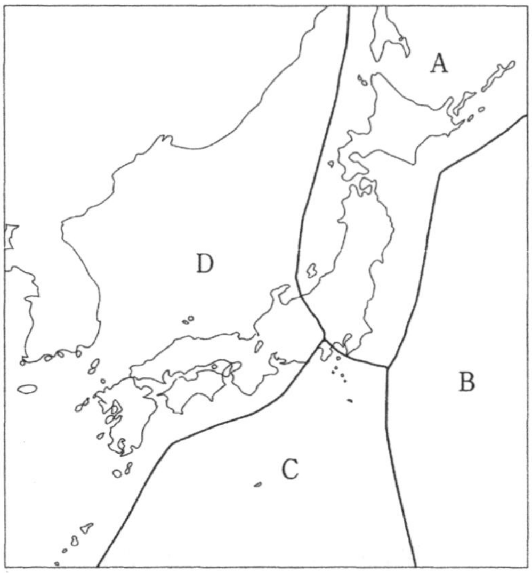

図

表は、ある日に発生した地震Ｘについて、Ⅰ～Ⅲの３地点で地震波を観測し、記録したものです。地震が発生したときには、震源から先に来る小さな揺《ゆ》れを起こす地震波（Ｐ波）と後に来る大きな揺れを起こす地震波（Ｓ波）が同時に発生してすべての方向に進みます。しかし、Ｓ波よりもＰ波の方が速いため、各地点にはＰ波の方が先に到達《とうたつ》します。なお、Ｐ波が到達してからＳ波が到達するまでの時間差を初期微動継続時間《しょきびどうけいぞくじかん》といい、Ｓ波とＰ波の速さは、地点によらず一定とします。

表

	震源からの距離〔km〕	Ｐ波が到達した時刻	Ｓ波が到達した時刻
地点Ⅰ	16	10時26分(あ)秒	10時26分44秒
地点Ⅱ	56	10時26分47秒	10時26分(い)秒
地点Ⅲ	88	10時26分51秒	10時27分02秒

問１　下線部について、このような地震の震源の深さの分布の特徴について説明した文として正しいものを次のア～エから選び、記号で答えなさい。

ア．太平洋側で深く、日本海側に向かって浅くなる傾向《けいこう》がある。
イ．太平洋側で浅く、日本海側に向かって深くなる傾向がある。
ウ．太平洋側と日本海側では深く、内陸部では浅くなる傾向がある。
エ．太平洋側と日本海側では浅く、内陸部では深くなる傾向がある。

問２　図中のプレートＡ、Ｃの名まえをそれぞれ答えなさい。

問３　表中のⓐ、ⓘに入る数値を整数で答えなさい。

問４　地震Ｘが発生した時刻は10時何分何秒ですか。

問５　以下の文章は、初期微動継続時間をＴ〔秒〕、震源からの距離をＤ〔km〕として、ＴとＤの関係を示したものです。次の文章の空欄《くうらん》に入る語句を後のア～キから選び、それぞれ記号で答えなさい。ただし、同じ選択肢《せんたくし》を繰《く》り返し選んでもよいこととします。

Ｔ＝（ $\fbox{①}$ 波が届くまでの時間）－（ $\fbox{②}$ 波が届くまでの時間）と表すことができます。
震源からの距離Ｄ〔km〕の地点にそれぞれの地震波が届くまでの時間は、

（ $\fbox{①}$ 波が届くまでの時間）＝ $\dfrac{D}{\fbox{③}}$ 、（ $\fbox{②}$ 波が届くまでの時間）＝ $\dfrac{D}{\fbox{④}}$

よって、 $T = \left(\dfrac{1}{\fbox{③}} - \dfrac{1}{\fbox{④}} \right) \times D$

$= \left(\dfrac{\fbox{⑤}}{\fbox{③} \times \fbox{④}} \right) \times D$

ア．Ｐ　　　　　　　　　　　　　イ．Ｓ
ウ．Ｐ波の速さ　　　　　　　　　エ．Ｓ波の速さ
オ．Ｐ波の速さ＋Ｓ波の速さ　　　カ．Ｐ波の速さ－Ｓ波の速さ
キ．Ｓ波の速さ－Ｐ波の速さ

問６　**問５**で示した文章の内容を参考に、地震Ｘにおける次の値をそれぞれ求めなさい。

（１）　震源からの距離が152kmの地点におけるＴ〔秒〕

（２）　Ｔ＝13秒になるときの震源からの距離Ｄ〔km〕

問７　緊急地震速報《きんきゅうじしんそくほう》は、Ｐ波による揺れを感知し、Ｓ波による揺れが始まることを知らせるためのものです。地震Ｘにおいて、震源からの距離が24kmの地点に設置されている地震計がＰ波を感知したと同時に、各地に緊急地震速報が届けられたとすると、震源からの距離が120kmの地点では、Ｓ波が到達する何秒前に緊急地震速報を受信することになりますか。

問8　表の結果から推定した地震Xの震央の位置として適切なものを、次の図中のア～キから選び、記号で答えなさい。

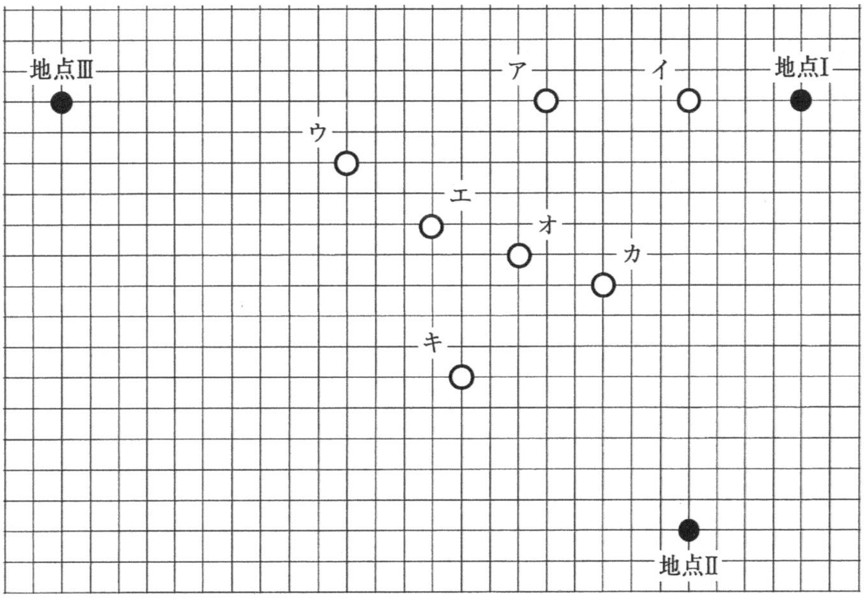

4 私たちの生活に身近な金属である鉄について考えてみましょう。原料の鉄鉱石(主成分は酸化鉄)を熱して不純物を取り除くと鉄(鋼《こう》)が得られます。その鋼を加工して製品(鋼材)にすることを鉄鋼業といいます。

昔の製鉄所は、たたら場とよばれ砂鉄から鉄を取りだす作業がおこなわれていました。現在の製鉄所では、図1のように原料として鉄鉱石、ⓐ石灰石、ⓑコークス(石炭を高温で蒸し焼きにしたもの)を溶鉱炉《ようこうろ》に入れ、下から酸素を加えた熱風を吹《ふ》きこむことによって鉄を得ています。鉄に関する後の問いに答えなさい。

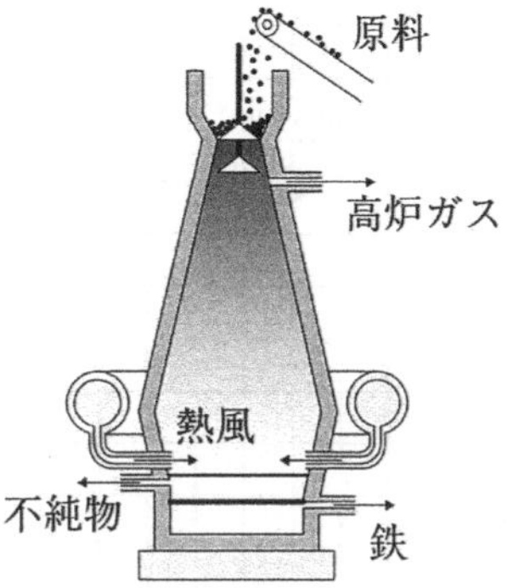

図1

問1 鉄に関する文として正しいものを次のア～カからすべて選び、記号で答えなさい。

ア. 熱や電気を通す。
イ. 磁石に引きつけられる。
ウ. 赤色である。
エ. 塩酸に溶《と》ける。
オ. 水酸化ナトリウム水溶液《すいようえき》に溶ける。
カ. 湿った空気中で少しずつさびて緑色のさびを生じる。

問2　下線部ⓐの石灰石に関する文として正しいものを次のア～オから選び、記号で答えなさい。

ア．水に溶ける。
イ．うすい塩酸を加えると酸素が発生する。
ウ．うすい塩酸を加えると二酸化炭素が発生する。
エ．濃い水酸化ナトリウム水溶液を加えると水素が発生する。
オ．濃い水酸化ナトリウム水溶液を加えると塩素が発生する。

問3　図2は、下線部ⓑのコークスを、実験室で石炭から作る際の装置です。この装置やコークスの性質に関する文として正しいものを次のア～オからすべて選び、記号で答えなさい。

ア．ガラス管から出てきたけむりに火を近づけると、けむりが炎《ほのお》を出して燃える。
イ．ガラス管から出てきたけむりに火を近づけると、すぐに火が消える。
ウ．空気中でコークスに火をつけると、黒いけむりを出しながら赤く燃える。
エ．空気中でコークスに火をつけると、炎を出さずに赤く燃える。
オ．空気中でコークスに火をつけると、火はつかず、何の変化も起こらない。

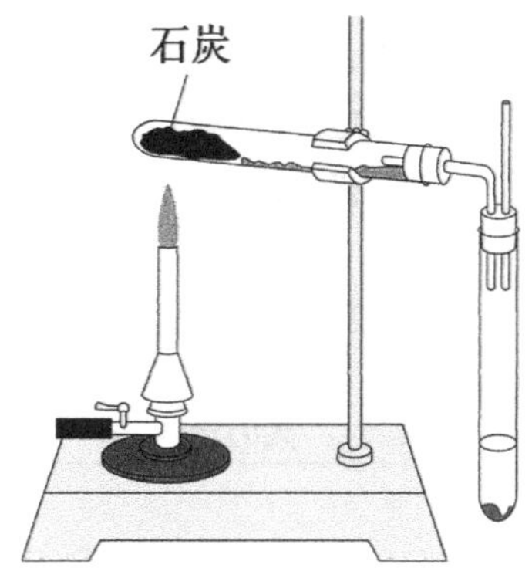

図2

溶鉱炉の中では、コークスから生じた一酸化炭素が鉄鉱石と反応して二酸化炭素と鉄が生じます。発生する二酸化炭素と生じる鉄の重さの関係は、表１のように表されます。なお、表１では、生じる鉄の重さは不純物を含まないものとして考えています。

表１　生じる鉄と二酸化炭素の重さの関係

鉄の重さ〔g〕	56	168	280	336	448	840
二酸化炭素の重さ〔g〕	66	198	330	396	528	ⓒ

表１からもわかるように、コークスを利用して鉄を得るには、多くの二酸化炭素が排出《はいしゅつ》されるという問題点があります。二酸化炭素の排出量を減らすための取り組みとして、日本では、水素ガスを用いる次世代の製鉄法が検討されています。水素ガスを利用することにより、溶鉱炉内では鉄とともに水が生じます。

鉄鉱石と反応させる物質を一酸化炭素ではなく、すべて水素に変えることができたと仮定して、反応する水素、生じる鉄および水の関係を、表２、表３に表しています。

なお、表２、表３では、生じる鉄の重さは不純物を含まないものとして考えています。

表２　反応する水素の体積と生じる鉄の重さの関係

水素の体積〔L〕	1.5	3	6	12	24	ⓓ
鉄の重さ〔g〕	2.5	5	10	20	40	1500

表３　生じる鉄と水の重さの関係

鉄の重さ〔g〕	56	168	280	336	448	840
水の重さ〔g〕	27	81	135	162	ⓔ	405

問４　表１～３の空欄ⓒ～ⓔに入る数値を答えなさい。

問５　５kgの二酸化炭素の排出により得られる鉄の重さは何kgですか。小数第２位を四捨五入し、小数第１位まで答えなさい。

また、同じ重さの鉄を得るために最低限必要な水素の体積は何Ｌですか。小数第１位を四捨五入し、整数で答えなさい。

問6　水素の発生方法を答えなさい。

問7　ある重さの鉄鉱石に、水素を2400Lになるまで加えました。そのとき、鉄は３kg得られました。

（１）　生じた鉄の重さ〔kg〕を縦軸、加えた水素の体積〔L〕を横軸にとり、その関係をグラフで表しなさい。

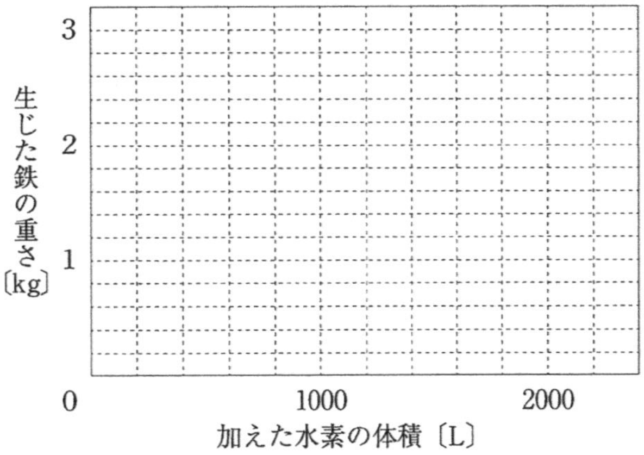

（２）　この反応に用いた鉄鉱石には不純物が多く含まれ、鉄鉱石の中の酸化鉄の重さの割合は80％でした。また、酸化鉄の中には30％の割合で酸素という成分が含まれていました。この反応に用いた鉄鉱石の重さは何kgですか。小数第２位を四捨五入し、小数第１位まで答えなさい。

令和6年度　入学試験（2月2日実施）

算　数

［50分］

［注意事項］

1．試験開始の合図があるまで、この問題用紙は開かないでください。
2．試験開始後、解答用紙にシールを貼《は》ってください。
3．解答は、すべて解答用紙に記入してください。
4．解答は鉛筆《えんぴつ》などで濃《こ》く記入してください。
5．問題は1～5まであります。ページが抜《ぬ》けていたら、すみやかに手を挙《あ》げ、監督《かんとく》の先生に申し出てください。

東京農業大学第一高等学校中等部

1　次の各問いに答えなさい。

（1）$9.6-\left(0.25+3\times\frac{11}{12}\right)-0.8\div\frac{4}{7}+\frac{9}{5}$ を計算しなさい。

（2）$1+\cfrac{1}{1+\cfrac{1}{1+\cfrac{1}{2}}}$ は、次のように計算します。

$$1+\cfrac{1}{1+\cfrac{1}{1+\cfrac{1}{2}}}=1+\cfrac{1}{1+\cfrac{1}{\cfrac{3}{2}}}=1+\cfrac{1}{1+\cfrac{1\times 2}{\cfrac{3}{2}\times 2}}$$

$$=1+\cfrac{1}{1+\cfrac{2}{3}}=1+\cfrac{1}{\cfrac{5}{3}}=1+\cfrac{1\times 3}{\cfrac{5}{3}\times 3}$$

$$=1+\frac{3}{5}=1\frac{3}{5}$$

このとき、次の□に入る数を求めなさい。
ただし、□には1～9の整数のいずれかが入ります。

$$1-\cfrac{1}{1+\cfrac{1}{1-\cfrac{1}{\square}}}=\frac{3}{5}$$

（3）3つの数 $\frac{21}{65}$, $\frac{4}{13}$, $\frac{7}{22}$ を小さい順に左から並べなさい。

（4）2024年2月2日午前9時の2024時間後の日付と時刻を求めなさい。

2　次の各問いに答えなさい。

（1）　8人の生徒がテストを受けたところ、返却されたテストの点数は以下の通りでした。

58, 62, 56, 48, 72, 52, 66, 34

ところが、ある1人の生徒の点数について、間違《まちが》って点数を2倍にして返却したことがわかりました。そのため、返却された平均点が、正しい平均点より3点高くなりました。間違っていた点数と正しい点数をそれぞれ答えなさい。

（2）　あるクラスで1日に使用するスマートフォンの時間を調べ、下の度数分布表を作成しました。

スマートフォン使用時間(分) 以上　　未満	度　数(人)
0　～　5	3
5　～　10	7
10　～　15	10
15　～　20	6
20　～　25	2
25　～　30	3
30　～　35	2
35　～　40	1
40　～　45	0
45　～　50	1
合　計	35

上の度数分布表について、適切な記述であるといいきれるものをすべて選び、記号で答えなさい。

①　使用時間30分以上の生徒は4人である。

②　使用時間が15分以上20分未満の生徒は全体の25％である。

③　最も度数の大きい階級は、10分以上15分未満の階級である。

④　使用時間が8分以上18分未満の生徒の割合は、半数以上である。

⑤　半数以上の生徒は、使用時間が12分以下である。

3　図１のように、底面の半径の長さの比が１：２：３で、体積の等しい円柱の容器Ａ，Ｂ，Ｃがあります。このとき、次の各問いに答えなさい。ただし、容器の厚さは考えないものとします。

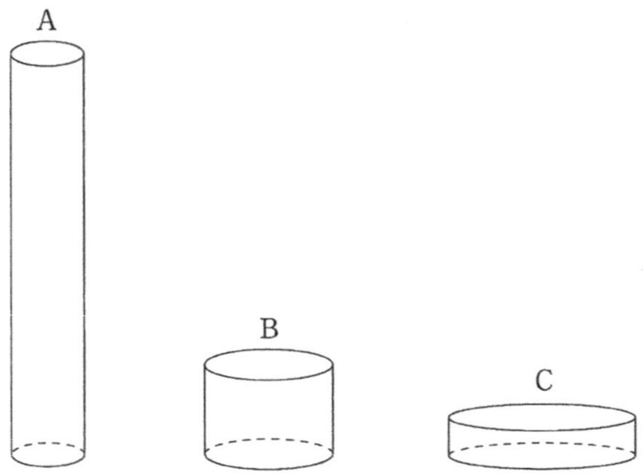

図１

（１）　容器Ａ，Ｂ，Ｃの高さの比を、この順に最も簡単な整数で求めなさい。

（２）　図２のように（１）のＡ，Ｂ，Ｃの３つの容器を重ねた容器を考えます。容器Ａに水を一定の量で入れ始めます。容器Ａが満杯になったら容器Ｂに水が入り、容器Ｂが満杯になったら容器Ｃに水が入ります。図３は容器Ａに水が入り始めてから、容器Ａが満杯になるまでの時間と水面の高さの関係を表すグラフです。容器ＢとＣそれぞれにはじめて水が入り始めてから、満杯になるまでの時間と水面の高さの関係を表すグラフとして最もふさわしいものを、①～⑨の中から１つずつ選び、記号で答えなさい。

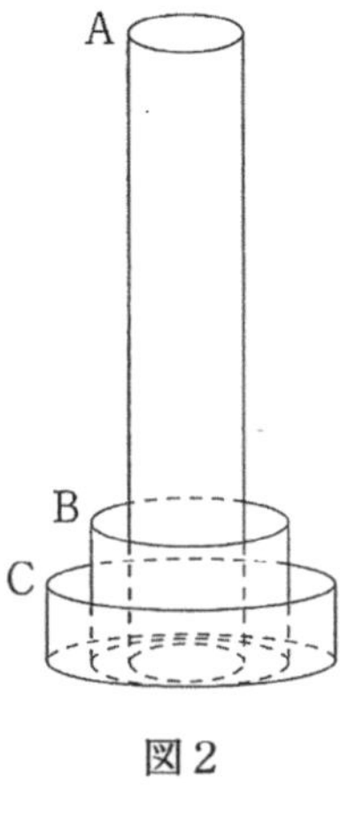

図２

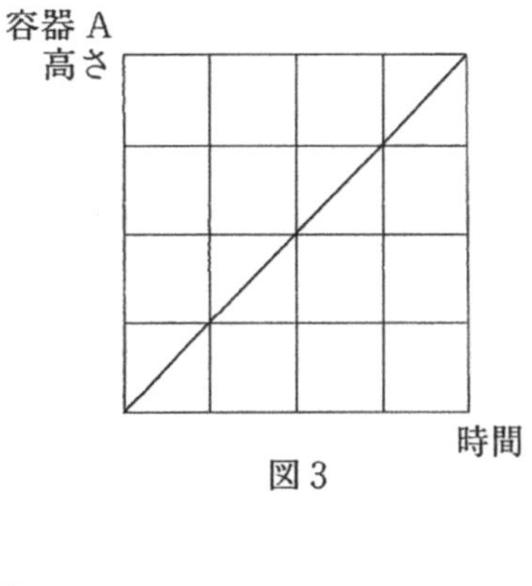

図３

①

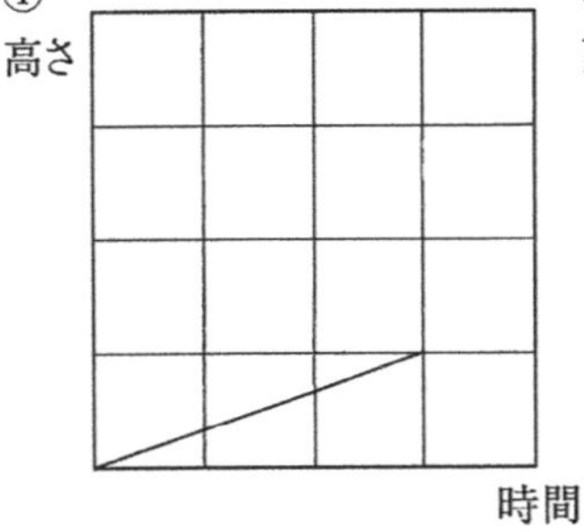

②

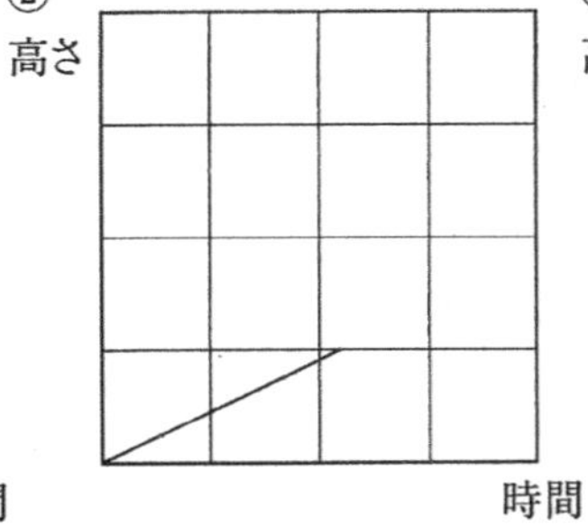

③

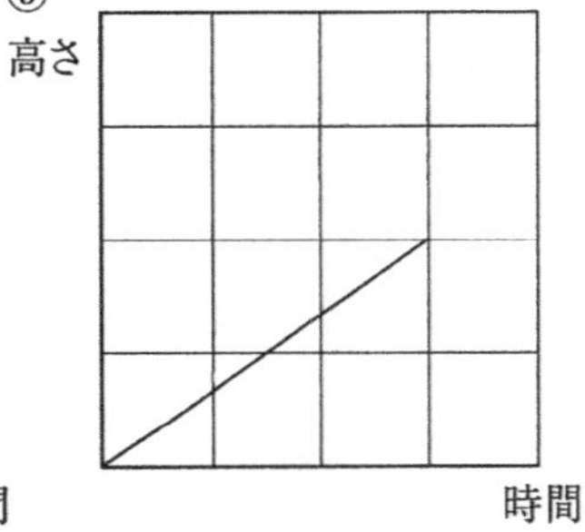

④

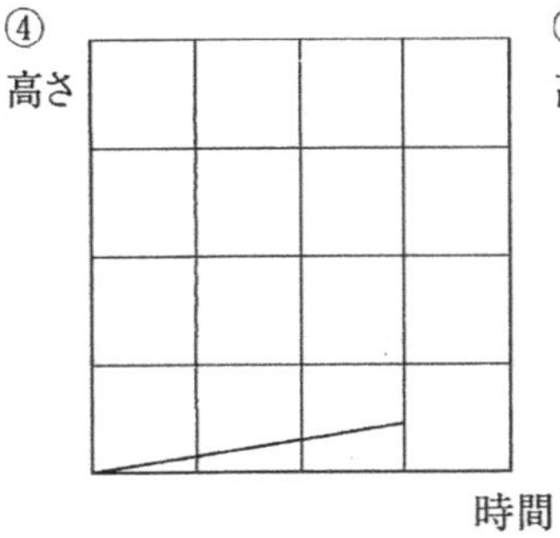

⑤

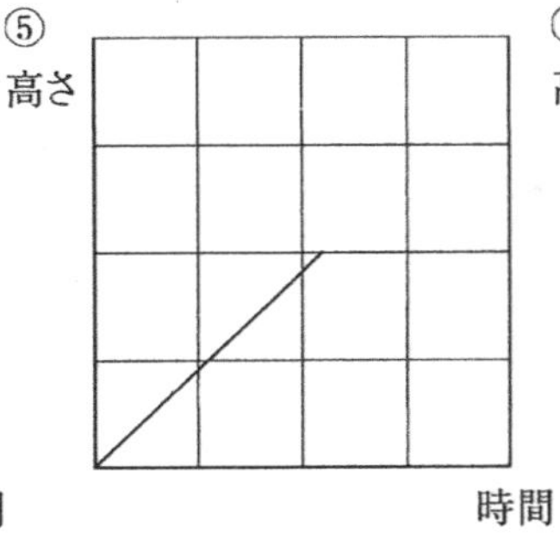

⑥

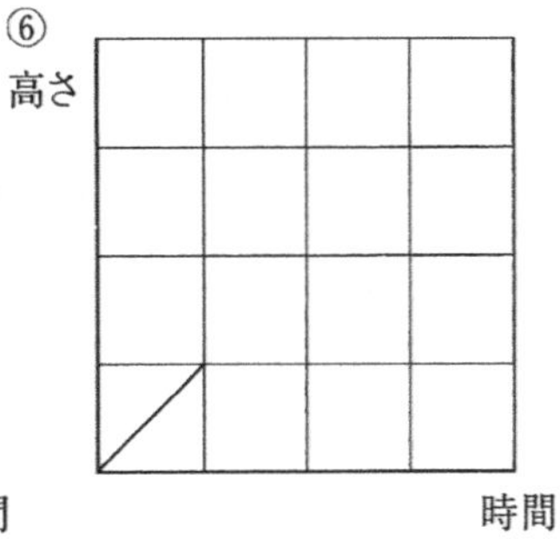

⑦

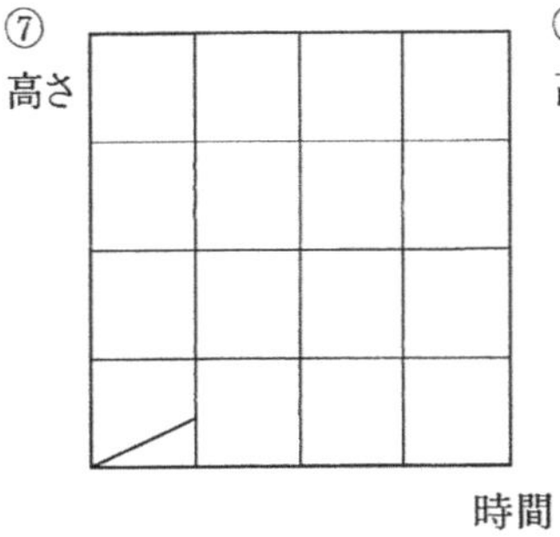

⑧

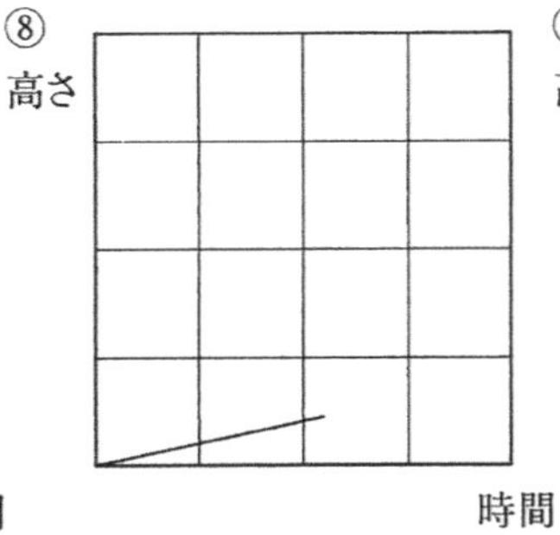

⑨

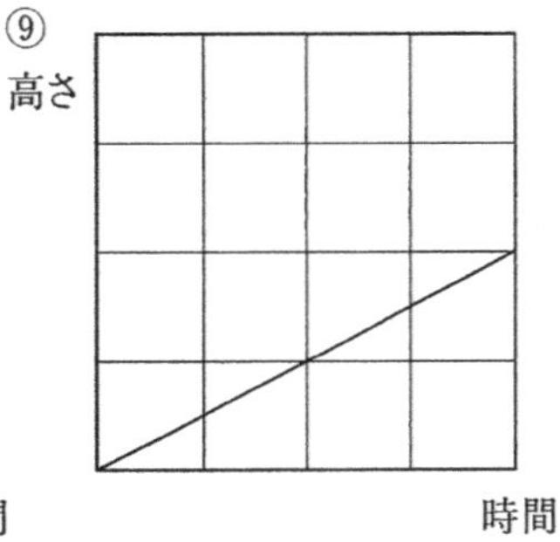

4　点Oから点Aまで、一度通った道は通らず、また、一度通った交差点も通らないような行き方が何通りあるかを考えます。ただし、すべての道を通らなくてもよいものとします。

例えば、図1のような道のとき、

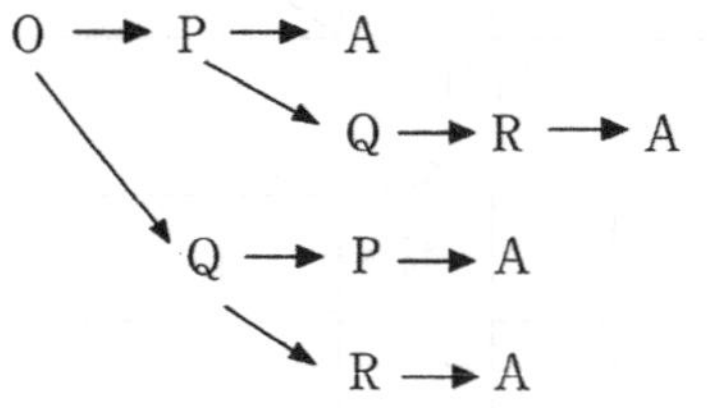

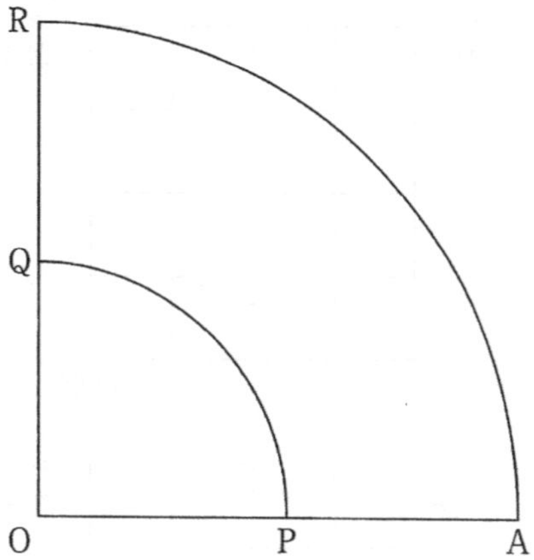

図1

の4通りの行き方があることがわかります。このとき、次の各問いに答えなさい。

（1）　図2のとき、何通りの行き方がありますか。

（2）　図3のとき、何通りの行き方がありますか。

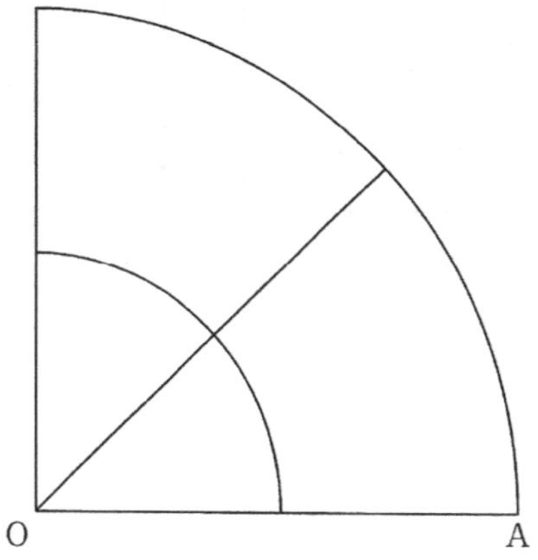

図2

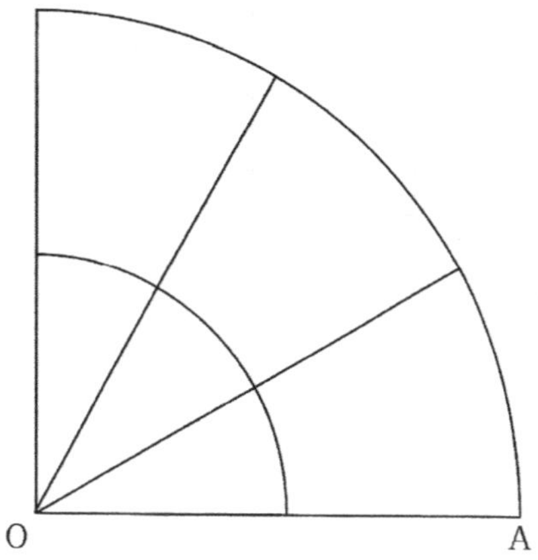

図3

5　はじめとみどりの２人が、九九について会話をしています。次の会話を読んで、各問いに答えなさい。

はじめ「九九の１の段から９の段までの数を『工夫して』すべて足しなさいという宿題が出たよ。」

みどり「九九を次の表で考えると、白い部分の数を足しなさいということね。」

	1	2	3	4	5	6	7	8	9
1	1	2	3	4	5	6	7	8	9
2	2	4	6	8	10	12	14	16	18
3	3	6	9	12	15	18	21	24	27
4	4	8	12	16	20	24	28	32	36
5	5	10	15	20	25	30	35	40	45
6	6	12	18	24	30	36	42	48	54
7	7	14	21	28	35	42	49	56	63
8	8	16	24	32	40	48	56	64	72
9	9	18	27	36	45	54	63	72	81

はじめ「そうなんだ。単に足し算して答えを求めることはできるけれど『工夫して』のところをよく考えなさい、と先生が言っていたんだ。」

みどり「何かヒントはなかったの？」

はじめ「それぞれの段ごとに考えると、わかりやすいと言っていたよ。」

みどり「１の段の数を工夫して足してみると、どうなるのかな。」

はじめ「１と９、２と８、…、わかった！ ［ア］ ×９＝ ［イ］ となるよ。」

みどり「では、２の段や３の段の数を足すと、どうなるのかな。」

はじめ「同じように考えると、２の段の数を足すと ［ウ］ ×９＝ ［エ］ 、３の段の数を足すと ［オ］ ×９＝ ［カ］ になるよ。」

みどり「そうね。 ［イ］ 、 ［エ］ 、 ［カ］ の数字から、Ｎの段の数をすべて足したものもすぐに計算できるね。」

はじめ「わかった！Ｎの段の数をすべて足したものを式で表すと ［Ａ］ になるよ。［Ａ］ の式から、１の段の数から９の段の数までの数を工夫してすべて足すと、［Ｂ］ を計算すればよいので、 ［キ］ となるよ。」

みどり「おもしろいね。では、この九九の表の中から奇数をすべて足した数も工夫して計算できるね。」

はじめ「計算すると ［ク］ になるよ。」

みどり 「インドでは、19 × 19 までの計算を勉強するらしいよ。九九と同じように、次の表の白い部分をすべて足すことができるね。」

	1	2	…	…	19
1	1	2	…	…	19
2	2	4	…	…	38
⋮	…	…	…	…	…
⋮	…	…	…	…	…
19	19	38	…	…	361

はじめ 「やってみるよ。[ケ]となったよ。」

（1） [ア]～[ケ]にあてはまる数を答えなさい。

（2） [A]にあてはまる式を①～⑤の中から選び、記号で答えなさい。

① [ア] × N　　② [イ] × N　　③ [ア] × [イ] × N

④ [ア] × [ア] × N　　⑤ [イ] × [イ] × N

（3） [B]にあてはまる式を①～⑥の中から選び、記号で答えなさい。

① [ア] × [ア]　　② [ア] × [イ]

③ [イ] × [イ]　　④ [ア] × [イ] × [ウ]

⑤ [ア] × [ア] × [イ]　　⑥ [ア] ＋ [イ] ＋ [ウ]

令和５年度　入学試験（２月２日実施）

国　語

［40分］

［注意事項］

1. 試験開始の合図があるまで、この問題用紙は開かないでください。
2. 試験開始後、解答用紙にシールを貼《は》ってください。
3. 解答は、すべて解答用紙に記入してください。
4. 解答は鉛筆《えんぴつ》などで濃《こ》く記入してください。
5. 問題は１ページ～14ページの合計14ページあります。
ページが抜《ぬ》けていたら、すみやかに手を挙《あ》げ、監督《かんとく》の先生に申し出てください。
6. 解答の際、句読点、括弧《かっこ》などの記号は字数に含《ふく》むものとします。

東京農業大学第一高等学校中等部

2023(R5) 東京農業大学第一高中等部　第２回
K 教英出版

一 次の①～④の傍線部のカタカナを漢字に直し、⑤～⑧の傍線部の漢字の読みをひらがなで答えなさい。

① 久しぶりの再会に、彼はハガン一笑した。
② イサんで鎌倉遠足に向かった。
③ 教室に机がセイゼンと並べられている。
④ 普段のフヨウジョウがたたり、体調が悪い。
⑤ 事が進まず、苦渋に満ちた表情を浮かべる。
⑥ 今年は、クラスの劇の端役についた。
⑦ 彼は世の中の辛酸をなめた。
⑧ 緊張していた空気が彼のおかげで和んだ。

二 次の文章を読んで、後の問に答えなさい。なお、設問の都合上、本文の一部に手を加えてあります。

一般に、科学研究には最大限の X が許容され、科学者は自らの X 意志でテーマを選び研究を行うことが望ましい。それでなければ、科学の発展もあり得ないからである。しかしながら、科学は未知の世界に挑戦するという意味で、そこから何が出てくるか予測できず、ときには厄災《やくさい》を招くこともあり得る。そのようなことが想像される場合には、科学研究の差し止めをしなければならないかもしれない。また、現時点では不確実な科学知しか得られず、その採否や正邪の判断には科学以外の論理を持ち込まねばならないこともある。さらに、科学の商業化が進展してくると、科学で得られた知識の私物化が進む可能性があり、そこにも成果の使用を律するための共通の理解が必要となってくる。つまり、科学は科学に内在する自律した論理だけでなく、科学以外の論理や条件によって制限を受ける場合があるのだ。これを1「科学の限界」と呼ぶことにしよう。

既存《きそん》の生物の遺伝子の組み換《か》えや新しい遺伝子を付加する技術が拓《ひら》かれた時点において、これら自然には存在しない遺伝的要素を持つ生物が環境に漏《も》れ出したとき、どのような悪影響を及ぼすか予想もつかなかった。もし、新しい病気が発生したり、環境汚染をして重大な厄災を招いたりすることになれば、遺伝子に関わる研究の一切が禁止になるかもしれない。そのことを恐れた遺伝学者や分子生物学者たちがモラトリアム（研究の一時停止）宣言を行い、遺伝子改変した生物（細菌も含む）の取り扱いに関して討論する国際会議をサンフランシスコ郊外のアシロマで開催した。一九七五年のことである。そこでは、遺伝子改変生物の物理的閉じ込め（実験室から漏れ出さないようにするための管理）と生物学的閉じ込め（環境に漏れ出しても延命できず、すぐに死滅するような措置《そち》）の両方を行うことの重要性が論じられたが、世界に共通する指針や条約は作られず、各国独自の判断に任されることになった。国連とかユネスコのような国際機関の決定ではなく、科学者有志の集まりにおける決議に過ぎなかったためである。それに対応して日本でも遺伝子改変生物に関する規制案が策定され、実験レベルに応じた閉じ込めの措置が採られることになった。しかし、世界共通の監視機構が設置されなかったので、各国バラバラの規制状態が続いてきた。

　これは科学者自身が自主的に科学活動に制限を加えようとしたという意味で画期的なものであった。しかし、※1穿《うが》った見方をするなら、国際機関等の公的権力によって研究への厳しい規制や差し止めが行われる前に、科学者が先手を打って研究ができる条件を模索した結果とも言える。科学者はあくまで研究が続行できることを目指して、少しばかりの不自由を甘受《かんじゅ》しようというわけである。[2]その戦略は成功して遺伝子研究が急速に進むことになった。そして、それから四〇年近く経って、当初に予想したような環境汚染は起こっていないことを理由にして、規制措置が弱められている。しかし、そう簡単に規制を緩めていいのかどうか疑問が残る。アシロマ会議を先導した科学者たちはそれなりの危機感を持って行動したのだが、科学者の世代が変わるとともに歴史は忘れ去られ、研究の自由のみが追い求められるようになっているからだ。

　遺伝子組み換え技術が発達するにつれ、それが人体や環境に悪影響を及ぼさないかとの懸念《けねん》が高まってきた。それを受けて、遺伝子組み換え作物に関して国際条約が結ばれることになったのが二〇〇〇年のカルタヘナ議定書である。これは一九九二年のリオデジャネイロ宣言で、不確実な科学知に対して「[3]予防措置原則」という科学とは異なった論理で制限を加えようという試みの具体的適用と言える。

【中略】

　地球温暖化・電磁波公害・微量放射線被曝《ひばく》などのような不確実な科学知しか得られていない事柄、地震・津波・火山・集中豪雨や新種のウイルスの登場のような予測できない現象、インフルエンザ・ウイルスの蔓延《まんえん》のような確率でしか論じられない事象、それらに対してどのように対処すべきなのであろうか。何らかの手を打つことが求められているのだが、現時点では信頼すべき科学的知識が得られていない。現代科学の限界点に遭遇しているのである。そのような場合には、科学とは別の論理を持ち出さねばならないし、科学に制限を加えなければならないこともある。

　先に述べた予防措置原則はその一つと言える。人の健康や環境に対して悪影響を与えると懸念されるものは、たとえそれが科学的に証明されていなくとも、予防的に禁止したり制限したりすべき、という原則のことである。一つの利点にだけ着目してしまって野放図に拡大し、後で被害が続出して結局は大損したということが何回もあった。それを避けるためには[4]「おそるおそる」進むしかない。いつでも引き返せる姿勢を堅持《けんじ》することなのである。といって、始めから禁止してしまえばそこから引き出せる良さを味わうこともできない。予防原則の立場に立てば、あくまで懸念を払拭《ふっしょく》できるまでは小規模な実験に止めて万全を期さねばならないということになる。科学者は、そこに世界で初めての新しい発見が期待できるとあれば、やみくもに突進したがる存在である。それには制限を加えるのだが、研究の自由を保証するという意味で、このような行き方には科学者も同意するのではないだろうか。

とはいえ、予防原則は競争原理を当然とする資本主義社会にあっては、なかなか実行されがたい原則であるのは事実である。研究の中身の公開が不可欠であるからだ。どのような研究を行っているのか、それがどのように進展するのか、そこに危険性はないか、などを客観的に判断しなければならない。しかしながら、科学の商業化が進展している現代においては、起業のための科学知識の私有化や特許による占有が進み、むしろ公開の原則がないがしろにされつつある。少しでも長く秘匿《ひとく》して一歩先に進むことが競争に勝利するとあれば、「おそるおそる」進むことは敗北を意味するからだ。

【中略】

科学の動きに制限を加えるのは、その成果を享受する社会の役割であるとともに、科学の知識を生産する科学者自身の自覚的行動でもある。科学の知識が価値中立であって、その採否は社会が選択することであり、そこに何らかの基準（制限）を定めるのは当然だろう。そして、研究の自由がないことは科学者の本分を否定されることになるから、最終的に科学者自身が納得しなければ科学に制限を加えるのは困難となる。とはいえ、際限のない自由があり得ないのも事実で、そのことを弁《わきま》えて科学の限界を自律的にコントロールするのは科学者自身でなくてはならない。そして、社会の選択が賢明《けんめい》に行われるためには、科学者が果たす役割が大きい。こうして、科学と社会の相互関係の中で、5科学者の社会的責任が求められることになる。

科学者は一般の人々に比べて、（少なくとも専門に近い分野については）多くの知識を有し、それが何をもたらすかの想像力を働かせることができる。また、生じた事柄について何が原因であるかを考え、対処すべき方法を提案する力も持っている。そのような科学の知を社会に対し有効に活かすことが社会的責任の第一歩であるだろう。

【中略】

しかし、現代の科学者はあまり物を言わなくなってしまった。見て見ないふりをして専門の研究のみに閉じこもっているのだが、それでは社会から付託《ふたく》された役割を果たしていないと言われても仕方がない。科学をもっと身近なものとするためにも、科学者は発言すべきなのではないかと思う。

最近になって、オープンキャンパス、市民講座（市民講演会）、科学の祭典、サイエンスカフェ等、科学を伝えるさまざまな催《もよお》しが開かれるようになり、自分の専門分野の事柄を平易な言葉で話す機会が格段に増えてきた。それ自身は科学の内実を伝える試みとして重要で、社会から付託された科学研究という仕事の中身を市民に向けて語る意味は大きい。しかし、留意すべきなのは、単に自分の仕事を紹介していかに役に立つかを宣伝するのではなく、その社会的意義や効果、限界や問題点も正直に※2開陳《かいちん》することである。文化としての科学なら、自然観や宇宙観をも交えて人間の生き方とどう関わり合ってきたかまで語る必要があるだろう。工学的な課題なら、長所とともに短所も併《あわ》せて述べ、人間の生活にいかに関連しているか、私たちはどのように付き合っていくべきかまで言及することだ。科学・技術が社会を動かしている効能とともに、それらに起因する弊害まで論じることにより、科学や技術の持つ二面性を深く認識し、より合理的な使い方を市民が考える手助けをすべきなのである。それこそが科学者の社会的責任の取り方と言えるのではないだろうか。

さらに、核兵器の問題、地球環境問題、生態系の破壊問題、遺伝子操作の問題、情報化社会の問題、資源問題など、現代は科学・技術に関わる諸問題が山積している。それらに対し、科学者の立場としてどのような方向が好ましいのかを言える存在でなければならないだろう。それらを生み出してきたのは科学者であるし、その動向に関して責任の一端を担っているのも科学者であるからだ。むろん、政治や経済や社会の動静が大きく立ちはだかっていて科学者の意見が通ることは少ないが、少なくとも常に発言し続ける姿勢が必要なのではないか。これは究極の科学者の社会的責任と言えるかもしれない。

例えば、アメリカには「憂慮《ゆうりょ》する科学者同盟」という組織がある。科学者の自主的団体で、自前のスタッフを持って社会に生起する科学に関わる問題について発言し、ときには政府と対立する厳しい提案をすることもある。科学者個人としての影響力は小さくとも、集団としての意見表明は社会に対する重要な情報となっている。そのような科学者集団があってこそ、社会に生きる科学となるのではないだろうか。そう考えてみると、一九七〇年代まで湯川秀樹や朝永《ともなが》振一郎《しんいちろう》などの有力な科学者が先頭に立って核廃絶運動を牽引《けんいん》した時代があり、そこでは科学者の社会的責任が自覚されていたことに※3忸怩《じくじ》たる思いを抱かざるを得ない。その運動を継承することなく6科学者の殻に閉じこもってきた私たちの世代の不甲斐なさを痛感するからである。

現在、科学に関わる諸問題に対するＮＧＯやＮＰＯが多く設立され、活発な運動が展開されるようになった。残念なことに、そこで活躍する科学者は在野の研究者か名誉教授であって、現役の科学者の参加は非常に少ない。そのため、最新の知見に欠け、過去の（間違った）情報に固執することが多くなる傾向があった。また、一面的な意見ばかりがまかりとおり、多様な考え方を取り入れることが少ないきらいもある。そのような偏りを是正《ぜせい》し、多角的な観点から問題を捉えるには、やはり現役の科学者の参加が不可欠なのである。少なくとも、科学者は事実を鵜呑みにせずにいったんは疑ってかかるし、自分で調査して異なった視点でものを考える訓練をしているため、知的な刺激を与えることができる良さがあるからだ。

（池内了『科学と人間の不協和音』ＫＡＤＯＫＡＷＡによる）

※1　穿った見方……物事の本質を的確にとらえた見方をすること。
※2　開陳……意見などを人の前で述べること。
※3　忸怩たる思い……自ら恥じ入る気持ちに駆られること。

問一　空欄 X に入る語句を本文中から探し、漢字二字で答えなさい。

問二　傍線部1「科学の限界」とありますが、どのようなことですか。**ふさわしくないもの**を次のア～オの中から二つ選び、記号で答えなさい。

ア　研究で得られた成果を使用できるかどうか判断するために、不確実な科学知であっても用いなければならないということ。

イ　成果が見込める研究であっても、人間に悪影響をおよぼす可能性が否定できない場合は、研究を停止するということ。

ウ　研究の成果が事業の収益として積極的に使用されることが増えてきたため、企業の競争が激化しているということ。

エ　地球環境、エネルギー資源などの諸問題において、現代科学の力だけでは解決できないものが多いということ。

オ　信頼できる科学的知見が見つからない課題については、倫理的な観点からも考察しなければならないということ。

問三　傍線部2「その戦略」とありますが、どのような戦略ですか。最もふさわしいものを次のア～オの中から選び、記号で答えなさい。

ア　現行の研究規模を制限して、国際的な機関が定めた世界共通の倫理的基準に抵触しないような研究を続行していくという戦略。

イ　国際的に厳しい規制や制限が叫ばれる前に、現行の研究が存続の危機を迎えないよう、自分たちが納得できる範囲で制限を設けるという戦略。

ウ　不確実な科学的知見を、さも正しいかのように主張し、国際的な機関が行う研究の可否に関する厳しい制限を積極的に課すという戦略。

エ　自然には存在しない遺伝的要素を持つ生物が、環境に悪影響を及ぼす可能性を想定した上で研究を進めていくという戦略。

オ　モラトリアム宣言を行った以上、国際的に研究内容を容認してもらえるよう、自国が定めた厳しい制限を遵守していくという戦略。

問四　傍線部3「予防措置原則」の説明として最もふさわしいものを次のア～オの中から選び、記号で答えなさい。

ア　新しく生み出された技術に対して、自然環境に重大な影響を及ぼす恐れがある場合は、科学的な因果関係が証明されない状況であっても、規制を可能にするというもの。

イ　遺伝子組換えなどの新技術において、その技術が持つ限界を人々に自覚させることで、科学に関して人々が持っている誤解を解き、新技術の受け入れを積極的にするというもの。

ウ　科学の学問としての決まりや研究を行う際に守るべき研究倫理基準に対して、違反する行為があると公的機関において認定された場合、実行者や監督者は処分を受けるというもの。

エ　遺伝子組換え生物を使用する際の規制措置を未然に講じることで、自然への悪影響や、人体に影響を与えないような方策についてさらに議論を重ねていくというもの。

オ　遺伝子組換え農作物を輸入、流通、栽培等するためには、その予定者は事前に申請を行い、科学的見地から評価を受け、生物多様性上、問題がないことを証明するというもの。

問五　傍線部4「「おそるおそる」進む」とはどのようなことですか。最もふさわしいものを次のア～オの中から選び、記号で答えなさい。

ア　市民が危険と判断した科学の使い道についての研究者の判断だけに頼らず、慎重に進めていくということ。

イ　大きな事故が起きないように、問題が起きたらすぐに研究テーマを変更して白紙に戻すということ。

ウ　研究対象に新しい問題点が見つかれば、今まで検証してきた研究内容は保留にするということ。

エ　科学の効用や素晴らしさをアピールしながら、科学に起因する事故や問題を検証し直すということ。

オ　根拠に不確実性があるテーマを、公開の原則にならって議論を深めながら研究していくということ。

問六　傍線部5「科学者の社会的責任」とありますが、筆者が考える「科学者の社会的責任」としてふさわしいものを次のア～オの中から**すべて**選び、記号で答えなさい。

ア　科学技術の効用と弊害の両面を説明し、市民の理解をうながす。

イ　科学への不信感を持たせないよう、技術の使用効果を明確にする。

ウ　科学者が、科学技術と人間の関わり方について発言し続ける。

エ　すべての社会問題について、科学的観点から解決策を見出だす。

オ　詳細を知らない市民でも、成果を享受できるような研究業績を残す。

問七 傍線部6「科学者の殻に閉じこもってきた」とありますが、どのようなことを言おうとしていますか。最もふさわしいものを次のア～オの中から選び、記号で答えなさい。

ア 市民との交流を持たず、なおかつ科学的知見の説明という社会から任せられた役割を果たしてこなかったということ。

イ 科学研究という仕事内容を市民に紹介するものの、「理解できないだろう」という慢心から、研究内容を明かしてこなかったということ。

ウ 専門分野における業績を、研究者仲間に先取りされないように、研究者間での人間関係に心をくだいてきたということ。

エ 研究の成果が及ぼす社会への影響を訴えることなく、研究の対象や手段に制限を設けないまま、研究に没頭してきたということ。

オ 元来、「人の役に立ちたい」という初心はあったものの、研究費の工面に頭を悩ませて市民のことに考えが及ばなくなっていたということ。

問八 本文の内容について、六人の生徒が話し合いをしました。本文の内容からよみとれる解釈や意見を述べている発言を次のア～カの中から**すべて**選び、記号で答えなさい。

ア 科学の研究は、純粋な好奇心がきっかけになるのだね。だから、利益を追求せずに研究して、自己満足で終わってしまうような研究も多いのかもしれないな。

イ 本当にそうなのかな。逆に、その研究成果に利益を求めるようになると、自由競争の中で勝つために、研究内容の漏えいには細心の注意が払われると解釈したわ。

ウ 確かに、筆者のいう通り、ぼくたちが生活を営むために使う便利なモノや技術が、どうやって開発されているのか知る機会はほとんどないよね。

エ 有害物質の汚染問題など、科学から波及した問題は後を絶たないよ。科学がはらんでいる問題は、科学者だけでは解決できないところまできているよね。

オ でも、科学の発展は悪いことばかりではないでしょう。遺伝子組み換え作物は、コストが低くて大量生産できるのだから、今後さらに科学が発展すれば、確実に安全性が保たれると思うよ。

カ いやいや、現段階では、いつ安全性が確立されるかなんて誰も予測できないよ。科学が発展することと、食品の安全性が確立されることは別問題でしょう。

三　次の文章を読んで、後の問に答えなさい。

ダメだとされている嘘とは結局何なのでしょうか。「うそ」は子どもでも分かる単純なことばのひとつですので、哲学者がその定義を与えることに頭を悩ませてきた、と言うと驚かれるかもしれません。「いや、嘘の定義なんて簡単に与えられるよ。嘘とは正しくないことを言うことだ。嘘は人をだますことだ」などとみなさんは思われるかもしれません。

しかし、[1]これらは大まかな特徴づけであって、正確な定義にはほど遠いのです。まず、最初の定義「嘘は正しくないことを言うこと」では、嘘を十分にとらえることができないのは明らかでしょう。確かに、たとえば電車の発車時刻についてなど、誰かが事実関係で誤りを述べたことに対して「あ、嘘だ」や「ごめん、嘘だった」などと言うことがあります。「嘘」ということばにはそのような用法があります。しかし、誤解や間違いや証拠不足により、事実とは異なることを発言した人に、「あなたは嘘をついた」と評価することはできません。今朝の天気予報が外れた気象予報士は、昨晩「嘘をついた」のでしょうか。一種の※1レトリックや冗談として、そのように記述することはありえますが、「嘘をついたな！」と真剣に気象予報士を責める人はいないでしょう。

では「嘘は人をだますことだ」という提案はどうでしょうか。単に予測が外れただけで、気象予報士は私たちをだましたり、あざむいたりしようとしたわけではありません。

誰かが嘘をつくとき、その人物（以下では「嘘つき」と呼んでおきましょう）は、間違ったことを言っていることを、自分で分かっています。嘘つきは、発言が事実と一致しないのにもかかわらず、それを承知の上で、相手にはその間違った内容を信じさせようと発言を行います。人をだます、あざむくために何かを言う、これはまさに典型的な嘘だと考えられるでしょう。

この基本的な発想を少し洗練させて、次のような嘘の定義を与えることができます。

欺瞞《ぎまん》としての嘘の定義

「AがBにpだと嘘をついた」は次のように定義される

（1）AがBにpだと言った

（2）Aはpが正しくないと思っている

（3）[Ⅰ]

条件（1）は、当たり前ですが、何かを言わないと嘘をついたことにはならないことを示します。表情で人をだます、他人の指紋を残すことで警察をだます、といったように、言語使用がともなわなくても人をだますことはできますが、そうした行為を「嘘をついた」と描写するのは、あくまで比喩的な場合だけでしょう。

条件（2）が単に「pが正しくない」でないのは、嘘つきも間違っていることがあるからです。

[Ⅱ]

条件（3）は、誰かをだますとはどういうことか、欺瞞の意味を表しています。誰かをだますのは、わざと行う、意図的な行為です。繰り返しのポイントですが、うっかり間違ったことを述べたとき「ごめんごめん、だましちゃったね」と表現することはありえますが、単なる間違いを「欺瞞」や「あざむき」と真剣に考えることはできないでしょう。そして、後に検討する「でたらめ／※2ブルシット」と大きく異なる点として、嘘は、何か特定の内容が事実だと思わせる、信じさせるためにつくものです。相手がどう思おうと、何を信じようとどうでもいいと考えている人に対して、「嘘をついた」とは言いにくいでしょう。

右記の嘘の定義はずいぶんうまくいっているように思えますが、何か問題[2]があるでしょうか。次のような例を考えてください。

大戸島のカンニング

私立ハルカゼ大学は、学生の自主性を重んじ、試験中の不正行為を認定するためには、教職員によるヒアリングを行い、学生自らが不正を認めることが必要となっている。テキストなどが持ち込み禁止の期末試験で、大戸島は、カンニングペーパーから答案を書き写しているところを見つかった。大戸島が不正行為を行ったことは、テスト監督の視点からも、周囲の学生の証言からも間違いない。しかし、ヒアリングの場面において、大学の制度をよく理解する大戸島は、ゆっくりはっきり「わたしはカンニングをしていません」と述べた。没収された小さなカンニングペーパーは、「勉強用のノートをうっかり鞄にしまい忘れただけ」だという。

さて、大戸島さんは誰かをだまそうとしているでしょうか。右のように発言することにより、ヒアリングの場に居合わせた人が「そうか、大戸島はうっかりさんなだけだったんだ」と信じると思っているでしょうか。まったくそんなことはないでしょう。大戸島さんとしては、不正認定、そして単位没収や退学といった帰結を避けるために、言わなければならないことを言っているだけです。とにかく、不正を認めないことが大事なのです。この例は「欺瞞としての嘘の定義」の条件（3）を満たしません。しかし、大戸島さんは、明らかに「ウソをついた」と私たちは考えます。

このような発言は「真っ赤な嘘」、あるいは「[Ⅲ]々しい嘘」と呼べるかもしれません。特に公共の場面、法廷での証言や議会での発言などを考えると、真っ赤な嘘の事例をすぐに思いつく、あるいは見つけることができるでしょう。言質を取られない、ということが最重要事項であるならば、自分が事実とはみなさないことを、相手がそれによってだまされるとはまったく意図せずに、述べるわけです。

「大戸島のカンニング」のような事例に対して、哲学者たちは異なる対応[3]を取ってきました。ひとつの方針は、欺瞞としての嘘の定義をおおまかには維持していくというものです。たとえば、こうした事例は（ｉ）一見嘘に見えるかもしれないが、よく考えると「嘘ではない」と主張する、あるいは、（ⅱ）大戸島も広い意味では人々を「だまそう」としていると主張する、といった方策が考えられます。（ｉ）と（ⅱ）のいずれの見解を採用するにせよ、もしそのような主張が正しいとすると、大戸島さんの事例は前述の嘘の要件を満たし、定義はおびやかされていない、ということになります。

もうひとつの方針は、欺瞞としての嘘の定義を棄ててしまい、別の形で嘘を特徴づける、というものです。たとえば、条件(3)を、「自分の発言に責任を持つ」、「その内容を保証する形で述べる」などに交換する、といったものです。たとえ誰かをだまそうと意図していなくとも、しかるべき立場にいる人物が、間違っていると思っている命題を、正しい命題として提出しているわけですので、その乖離《かいり》にこそ嘘があるわけです。

嘘を禁止するルールが、「もしあなたの言うことが嘘なら、それを言ってはいけない」のように、条件文として表現されるとして、これとよく似た「もしあなたの言うことが嘘でないなら、それを言ってもいい」というルールをどう思いますか。

論理学を学んだことのある人なら気づくかもしれませんが、前者は後者を論理的には導きません。後者は前者の「裏」と呼ばれ、条件文が正しくても、その裏が正しいとは限りません。「飲酒運転はいけません!」と言われたとき、「じゃあ飲酒運転じゃなければ何やってもいいんですね」とはなりません。スピード違反も、スマホを見ながら運転するのもいけません。

ところが、嘘に関しては、嘘じゃなければなんでもありですね、と言わんばかりに、「嘘」とは判定されないかもしれないが、何らかの意味で人をだましたり、人をないがしろにしたりする発言が数多く存在します。ここでは、嘘のように悪質になりうる発言の種類をいくつか紹介しておきます。

「嘘だ」とは言えませんが、多くの場合人をだますために使われるのが「誤誘導」あるいは「ミスリード」です。正しいことを言っているかもしれないが、誤解させ、正しくない、正確ではないことを信じさせようとするような発言です。次の例では、話し手が、そうは言ってはいませんが、三角二重カッコ(《 》)の中の内容を聞き手に思わせようとしています。

[4]誤誘導の例

a　消防署の方から来ました。

《消防署の人だな》

(消防署の方角からやってきて、消防署から出発したとは言ってないので嘘ではない)

b　課題やったの?

——うん、今やってるよ。

《課題を順調に進めているんだな》

(課題をまったくやっていないが、一応何が課題か確認したという意味では、開始はしているので、現在進行形で課題を進めているわけで嘘ではない)

このような言い草が(二つ目は学生が誤誘導の例としてしばしばあげてくれるものです)、かなり厳しい言い訳であることは誰の目にも明らかだと思います。「課題をやった」と嘘をつくことが悪質な場合、「今やっている」と苦し紛れに言うことは、どれほどマシなのでしょうか。

[※3]善意の嘘の例で確認したように、動機や結果の善し悪し次第で、嘘は必ずしも悪くありません。誤誘導に関してもそれと同様に、学校の宿題程度なら、苦笑を誘って済むでしょうが、動機や結果次第で、誤誘導もきわめて悪質な行為となりえます。

たとえば、次のような例を言語哲学者ジェニファー・ソールがあげています。誰かが遺産目当てに、ピーナッツアレルギー持ちの人を殺害しようと、ピーナッツ油で調理したエスニック風炒め物を出したとしましょう。念のための確認として「ピーナッツ入ってないよね？」と聞かれ、以下のどちらかを言ったとします。

邪悪な誤誘導と嘘の例

a　ピーナッツの粒なんて全然入ってないよ！

b　食べても絶対安全だよ！

（b）なら嘘つきです。安全ではないからです。（a）なら誤誘導です。「安全だ」とは言っていません。単に、「ピーナッツの粒が入っていない」という事実を報告しただけです。しかし、（a）と言われれば、食べても大丈夫なんだなと思うことも明らかです。

さて、この遺産を狙った人物は、（a）と言うべきでしょうか、それとも（b）と言うべきでしょうか。（a）と言ったら嘘はついていないから「マシ」でしょうか。私にはどちらでも大差ないように思えます。どちらも、自分勝手な動機にもとづいて、人に危害を加えるために行われる、非常に悪質な、悪い発言です。（a）と言おうが、（b）と言おうが、同じように罰せられるべきだと私たちは思います。

誤誘導を許容しない、という私たちの姿勢は、商品やサービスの広告に関しても現れています。いわゆる景品表示法（不当景品類及び不当表示防止法）は、厳密には虚偽でなくとも、消費者が「誤認」しかねない広告や商品の記述を禁止しています。消費者庁のウェブサイトには、あたかもブランド牛かのように見せるラベル、古紙配合率が一〇〇％であるかのように思わせるラベルなどが事例としてあげられています。

「ウソぴょんは嘘つきで～♪　コダイは大げさで～♪　まぎらワシはまぎらわしい～♪」と歌うＪＡＲＯ（日本広告審査機構）のＣＭをテレビやラジオで耳にした人もいるでしょう。「ウソぴょん」だけが悪者になっているのではなく、誇大広告も、紛らわしい広告も、同じように悪質だとして並列されているのです。

ですので、特におおやけの舞台で、政治家などが誤誘導でも嘘でなければそれでよい、といった態度を取ることが許容されるべきではありません（政治家たちが整備した法律がそれを許容していないのに！）。ひたすら言質を取られないようにする、厳密に言えば「嘘ではない」かもしれない発言を繰り返すというのは、嘘をことさら取りあげて禁止し、誤誘導ならまあいいかなと思ってしまう、私たちの考え方の※4バグをついた非常に5陰湿な手法です。

（和泉悠『悪い言語哲学入門』ちくま新書による）

※1　レトリック……修辞法。

※2　ブルシット……でたらめ。

※3　善意の嘘の例……筆者は前項で、相手のことを気遣う嘘など、良い動機にもとづく嘘を「善意の嘘」と定義づけている。

※4　バグ……不具合や誤作動。

問一　傍線部１「これらは大まかな特徴づけであって、正確な定義にはほど遠い」とありますが、筆者が「嘘をついた」と考える具体例として最もふさわしいものを次のア～オの中から選び、記号で答えなさい。

ア　明日の集合時刻が八時だと思っていたので良かれと思って友達にも教えてあげたが、正しくは七時集合だった。

イ　テストで満点だったが、友達から出来を聞かれ、自慢していると思われたくなくて「できなかった」と答えた。

ウ　本当はテニスが得意でないが、好きな子に上手だと思われたくて、自分より弱い相手とのみ試合をして圧勝した。

エ　友達にA君についていくつか質問されたが、詳しく知らなかったので話を全く聞かずに適当にあいづちを打った。

オ　参考にした文献が信頼に足る情報であるかの確認を面倒くさがって怠ったために、事実と異なる内容を発表した。

問二　空欄［Ⅰ］にあてはまる内容として最もふさわしいものを次のア～オの中から選び、記号で答えなさい。

ア　Aはpだと予測することで、Bをだましてpだと思わせようと意図した

イ　Aはpだと予測することで、Bもpであるかのように誤って認識してしまう

ウ　Aはpだと言うことにより、Bをだましてpだと思わせようと意図した

エ　Aはpだと言うことにより、BがAをだましてpだと思わせようと意図した

オ　Aはpだと言うことにより、Bもpであるかのように誤って認識してしまう

問三　空欄［Ⅱ］には次のア～オの文が入ります。適切な順序に並び替えたとき、二番目と四番目になるものをそれぞれ一つ選び、記号で答えなさい。

ア　ただ、謎ルートから仕入れているため、嘘つきにも分からずに、回りまわって、実はその野菜は国産の高級品でありながら、「輸入品」と間違ってラベルづけされていたとしましょう。

イ　しかし、このような場合、嘘つきに対して「嘘をついている」という評価を下すことが適切であるように思えます。

ウ　たとえば、嘘つきが野菜の産地偽装をしようとしているとしましょう。

エ　結局、嘘つきは国産品を「国産だよ」と売っていたことになります。

オ　嘘つきは野菜が輸入品だと思っており、それを「国産だよ」と売り込みます。

問四　傍線部２「問題」とありますが、筆者の考える「欺瞞としての嘘の定義」の問題点を説明した次の文に当てはまる内容を四十字以内で答えなさい。

大戸島は【　（四十字以内）　】という問題。

問五 空欄 Ⅲ と同じ漢字が空欄にあてはまる慣用句を次の中から**二つ**選び、記号で答えなさい。

ア □雲の志。
イ □羽の矢が立つ。
ウ 紺屋の□袴。
エ □子の手をひねる。
オ □菜に塩。

問六 傍線部3「異なる対応」の内容として**ふさわしくないもの**を次のア～オの中から**二つ**選び、記号で答えなさい。

ア 「欺瞞としての嘘の定義」の基準にのっとって、大戸島の発言を嘘であるとはみなさない。
イ 大戸島は広い意味では他者をだましていると考え、条件（3）を満たしているので嘘つきだと考える。
ウ 「正しくないと考えるものを正しいかのように見せたら嘘である」と定義できるような条件に変更する。
エ 定義は変更せずに形を残した上で、大戸島の発言を悪質なものだとみなすことでだまそうとしていると捉える。
オ 大戸島の事例が定義の要件を満たしていると判断できるように、定義を変えつつ拡大解釈していく。

問七 傍線部4「誤誘導の例」とありますが、本文における「誤誘導」の具体例として適当なものを次の中から**すべて**選び、記号で答えなさい。

ア 自社開発した商品の価格を事前に本来の売り値より高く設定し、常に「値下げした商品」だと言って販売する。
イ 火の使用が禁止されている公園で焚火が行われ、火事だと勘違いした近隣住民が消防署に連絡し、大騒ぎになる。
ウ 売れ残り物件を優良物件に見せるため、架空の劣悪物件と比較して売りつけようとする。
エ 『おいしいツナ缶』という商品のラベルにマグロの絵が描かれていたが、使用されている魚はカツオだった。
オ タグには日本製と記されているのに、アメリカの国旗が大きく描かれたTシャツを店頭で販売する。

問八　傍線部5「陰湿な手法」を説明したものとして最もふさわしいものを次のア～オの中から選び、記号で答えなさい。

ア　大袈裟な発言や紛らわしい発言といった誤誘導も嘘と同様に悪質なため、許容されるべきではないと主張する手法。

イ　政治家が公的な場において、嘘とも誤誘導とも言えないが、自らが整備した法律で認められていない発言を繰り返す手法。

ウ　誤誘導とも嘘とも断定できないあいまいな発言を繰り返し、聴衆の思考を混乱させてしまおうとする手法。

エ　嘘とは認定されない発言を公的でない場面で繰り返していくことで、聞き手を誤誘導しようとする手法。

オ　後で自らの発言を失言として追及されないよう、嘘とは言い切れないあいまいな発言を繰り返す手法。

問九　本文の内容に合致するものを次のア～オの中から一つ選び、記号で答えなさい。

ア　天気予報が外れても気象予報士を嘘つきだと考えないのは、聞き手が「欺瞞としての嘘の定義」と照合して、予報が外れたことをただの間違いだと判断しているからである。

イ　欺瞞としての嘘において最も重要なのは、徹底的に言質を取られないようにすることであるが、他者を欺く行為や間違って認識するよう仕向ける行為はするべきではない。

ウ　嘘をつかなければ悪質な発言でないという思考は、論理学の観点から決して正しいとは言うことはできないため、嘘同様、誤誘導も悪質だと捉えられる可能性がある。

エ　「邪悪な誤誘導の例」において遺産を狙った人物が悪質だと考えられるのは、ピーナッツの粒が入っている可能性があるのに、「入っていない」と完全に否定したところにある。

オ　景品表示法があることから誤誘導は悪質であると世間一般に認知されており、消費者庁や日本広告審査機構も国民が誤誘導による被害に遭わないよう啓発している。

令和５年度　入学試験（２月２日実施）

理　科

［40分］

［注意事項］

1．試験開始の合図があるまで、この問題用紙は開かないでください。
2．試験開始後、解答用紙にシールを貼《は》ってください。
3．解答は、すべて解答用紙に記入してください。
4．解答は鉛筆《えんぴつ》などで濃《こ》く記入してください。
5．問題は１ページ～21ページの合計21ページあります。ページが抜《ぬ》けていたら、すみやかに手を挙《あ》げ、監督《かんとく》の先生に申し出てください。

東京農業大学第一高等学校中等部

1　ジオパークは地球科学的に重要で景観として美しい地質や地形をもつ自然公園であり、地形や地質、その上に成り立つ自然、そしてそこに暮らす人間の歴史や文化を、守り・学び・活かすことを目的とした場所を指します。2004年には「世界ジオパークネットワーク」が設立され、2015年には「ユネスコ」の正式な取り組みの一つとなり、基準を満たした世界46カ国177地域のジオパークがユネスコ世界ジオパークに認定されています(2022年4月現在)。日本でも46地域のジオパークのうち9地域がユネスコ世界ジオパークに認定されており(2022年1月現在)、その一つが図1に位置する北海道の日高山脈南西部にあるアポイ岳ジオパークです。

図2に示す日高山脈は、地球規模の変動によるプレートの動き(図3)により、一方のプレートがめくれて形づくられたと考えられています(図4)。そのため、図5に示す地球内部の成分であるマントルの上部から地《ち》殻《かく》の上部までの地質の断面が東西方向の地表に見られます。この日高山脈の南西部に位置するアポイ岳は、全体がマントルの上部をつくっている岩石である「かんらん岩」でできていることが知られています。

現在の科学技術を利用すれば、最短距離で約7528万km離れた火星の岩石を地球に持ち帰ることができます。しかし、最短距離で約30kmの深さにあるマントルの成分からなる岩石は掘り出すことができません。アポイ岳は現在の科学技術では手にすることが難しい地下深くの岩石を手に入れることができる貴重な場所なのです。なお、図2は図1のあ------い断面のうち、日高山脈周辺の地層を南側から見たものです。

図1　アポイ岳の場所

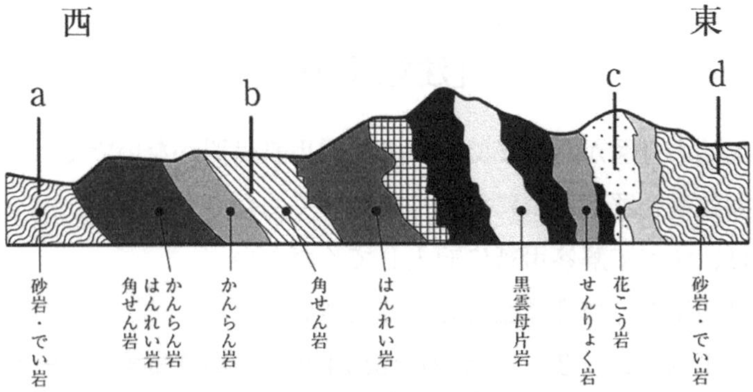

図2　日高山脈東西断面図

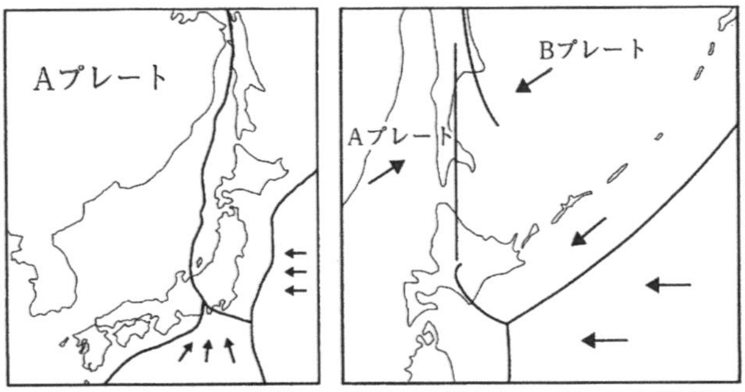

現在のプレート配置　約1300万年前のプレート配置図

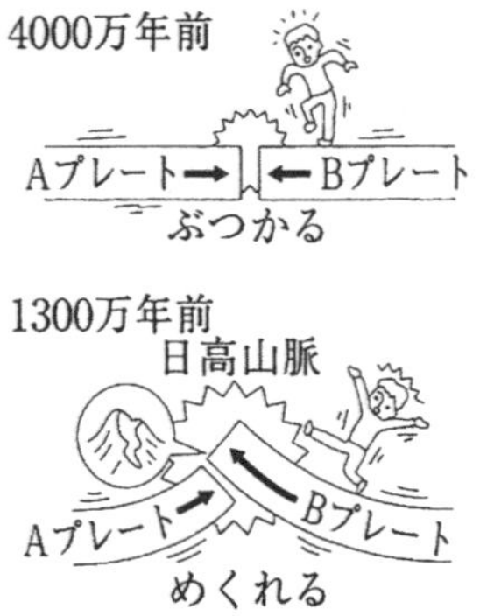

図3　現在と過去のプレート配置

図4　アポイ岳のでき方

（図2～4はアポイ岳ジオパークホームページより一部変更して使用）

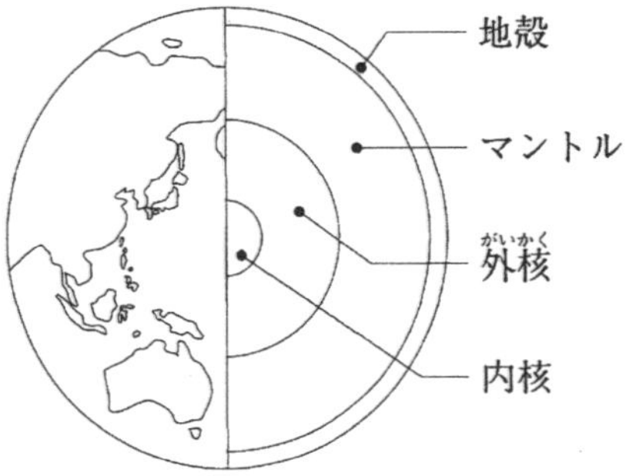

図5　地球の内部構造

問1　かんらん岩のように地下深くで、ゆっくりと冷え固まってできた岩石を何といいますか。

問2　ア、イは地下深くでゆっくりと冷え固まった岩石と、地表付近で急に冷え固まった岩石をそれぞれ削《けず》ってルーペで拡大し、観察してスケッチしたものです。地下深くでゆっくりと冷え固まった岩石として正しいものを次のア、イから選び、記号で答えなさい。また、選んだ理由も答えなさい。

ア　イ

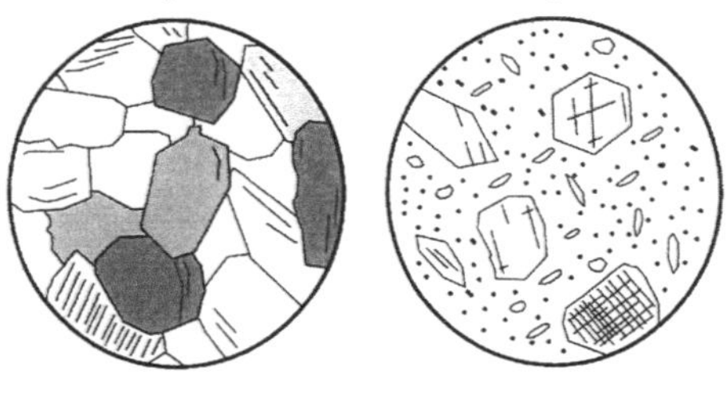

問3　図3のAプレートの名まえを答えなさい。

問4　アポイ岳を含む日高山脈周辺は、図4のようにプレートのめくれ上がりによってできたため、プレートの浅いところから深いところまでの岩石が東西に順序良く横倒しで並んでいます。図2のａ～ｄのうち、最も地下の深い場所でできたと考えられる層を選び、記号で答えなさい。

問5　火星について説明した文として正しいものを次のア～エから選び、記号で答えなさい。

ア．太陽からの距離が地球よりも短く、地球よりも長い時間をかけて太陽の周りを一周する。

イ．太陽からの距離が地球よりも短く、地球よりも短い時間をかけて太陽の周りを一周する。

ウ．太陽からの距離が地球よりも長く、地球よりも長い時間をかけて太陽の周りを一周する。

エ．太陽からの距離が地球よりも長く、地球よりも短い時間をかけて太陽の周りを一周する。

問6　図6はある地層断面を模式的にあらわしたものです。以下の各問いに答えなさい。

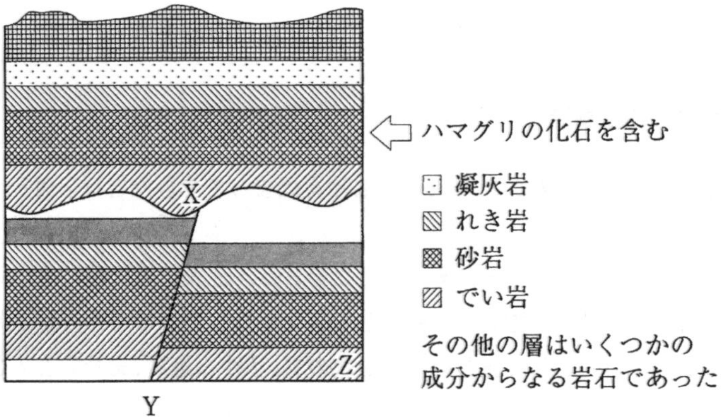

図6

（1） X-Y面ができたときに、地面にはたらいた力の方向と、地層が切れてずれる方向の組合せとして正しいものを次のア～エから選び、記号で答えなさい。

ア
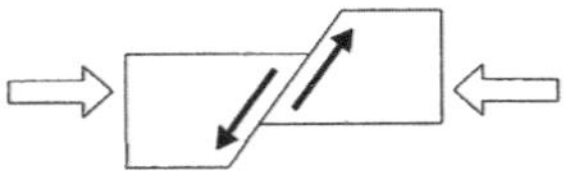

イ
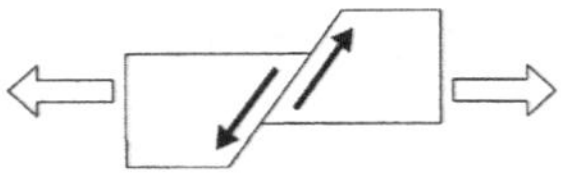

ウ
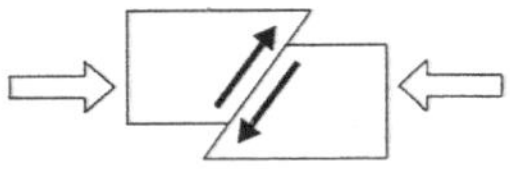

エ

（2） この地層が形成される過程で起こった事象を、時期が古いものから順に並べたとき、２番目と７番目になるものを次のア～オから選び、記号で答えなさい。なお、図６の同じもようの部分は、同じ種類の堆積岩を示しており、ア～オの記号は何度用いても良いものとします。また、ア～オにはこの地層が形成される過程で生じていない事象も含まれていることがあります。

１番目：Ｚの層ができた → ２番目 → ３番目 → ４番目
→ ５番目：水中に入った → ６番目 → ７番目 → ８番目(現在)

ア．火山が噴火した　　イ．地表にあらわれた
ウ．深い海の底から浅い海の底になった　　エ．浅い海の底から深い海の底になった
オ．断層が生じた

（3） ハマグリの化石を含む地層があることから分かることを答えなさい。

（4） ハマグリの化石と同じ役割をする生物の化石をア～エから選び、記号で答えなさい。

ア

サンヨウチュウ

イ

恐竜

ウ

ビカリア

エ
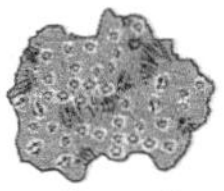
サンゴ

（5） ハマグリの化石を含む岩石にうすい塩酸をかけたところ、気体が発生しました。この気体の名まえを答えなさい。

地層を構成する岩石や地層のつながりから、地質時代を区分することができます。しかし、それが何年前のものなのかを知ることは岩石や地層のつながりからだけではできません。そこで用いられるのが化学物質です。化学物質の中には放射線を出すものがあり、放射線を出すともとの物質から違う物質に変化するものがあります。これらの物質は放射線を出しながら違う物質に変化していくため、時間が経過すると放射線を出す化学物質の割合は減少します。この現象は温度や圧力などの外部環境の影響を一切受けないことが知られています。

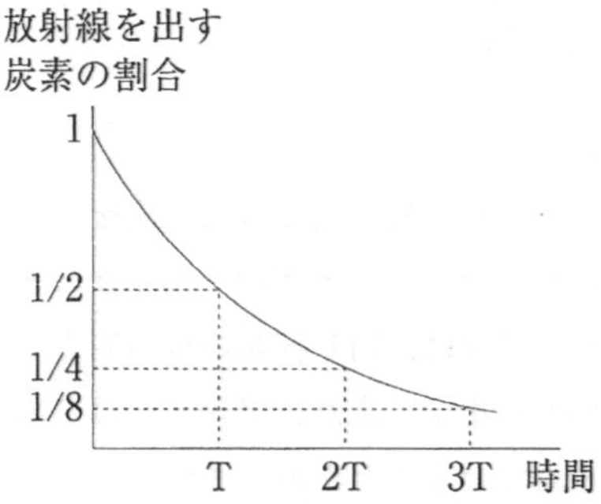

図7

大気中に含まれている炭素にも放射線を出すものがあります。大気中におけるこの炭素の割合は自然界では一定に保たれており、生きている生物の体内や地質中でも大気と同じ割合で一定となっています。生物の化石に含まれる放射線を出す炭素を調べ、大気中の割合からどのくらい減少したかを明らかにすることで、何年前にその生物の生命活動が止まったのかを推定することができます。

放射線を出す炭素の割合の減少の進み方には特徴があり、大気中の割合を1としたとき、$\frac{1}{2}$の割合になるまでにかかる時間をTとすると、$\frac{1}{4}$の割合になるまでには2T、$\frac{1}{8}$の割合になるまでには3Tとなります。なお、放射線を出す炭素の割合が大気中の割合の$\frac{1}{2}$になるために必要な時間を5700年とします。

問7　生命活動をしている生物の体に含まれる放射線を出す炭素の割合は一定ですが、生命活動が止まると図7のように減少します。この理由を答えなさい。なお、大気中に含まれる放射線を出す炭素の割合は、どの時代においても一定とします。

問8　ある地層から見つかった木片に含まれる放射線を出す炭素の割合は、生きているものの$\frac{1}{8}$でした。木片の生命活動が止まったのは今から何年前ですか。

問題は次のページに続きます

2 同じ体積の物体A～Cを水の中に入れたところ、図1のようにAは水中で静止し、Bは水面から一部が出たまま静止し、Cは底に沈《しず》みました。

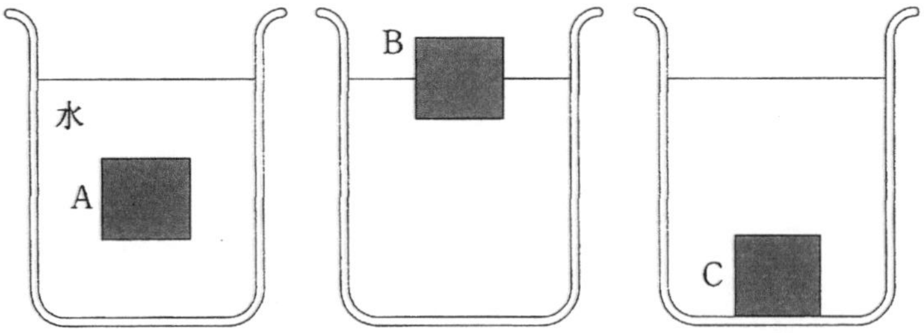

図1

問1　物体Aについて、1 cm^3あたりの重さは何gですか。ただし、1 cm^3あたりの重さは物体の種類によって決まっており、水1 cm^3あたりの重さを1gとします。

問2　1 cm^3あたりの重さが最も小さい物体を図1のA～Cから選び、記号で答えなさい。

問3　それぞれの物体にはたらいている浮力《ふりょく》の大きさの関係を正しく表しているものを次のア～エから選び、記号で答えなさい。

ア．A＝B＝C
イ．A＝C＞B
ウ．B＞A＞C
エ．C＞A＞B

図２の装置はガリレオ温度計とよばれ、容器内を浮《う》き沈みしている球の個数から周囲の温度を知ることができます。ここでは、図３のように容器、球および液体でガリレオ温度計を表し、原理について考えてみましょう。

容器の中は水ではなく、図４と表１に示しているように温度によって１cm^3あたりの重さが変化する液体を使用します。表２にはガリレオ温度計に使用する球Aから球Fの１cm^3あたりの重さを示しています。なお、特に指示がない場合は、容器、球および液体はそれぞれ周囲の空気と自由に熱のやりとりができるものとし、容器内の液体および球の温度は一様《いちよう》であるものとします。また、温度が変化しても球の体積変化はなく、入れた球の順序は浮き沈みにより変化しないものとします。

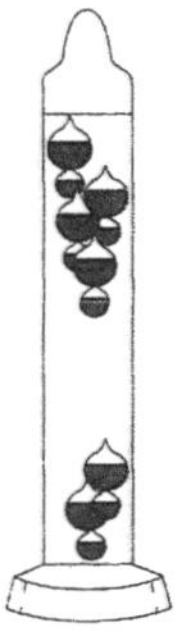

図２

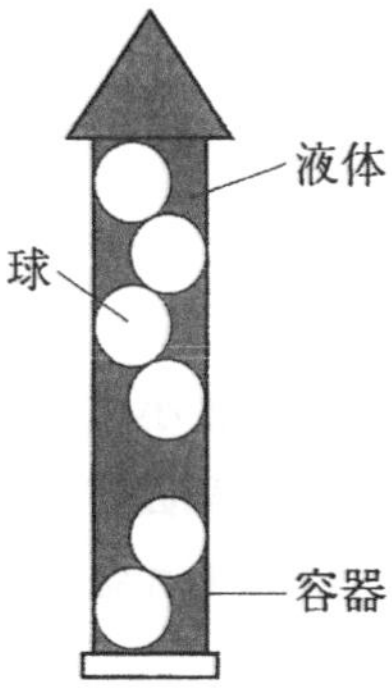

図３

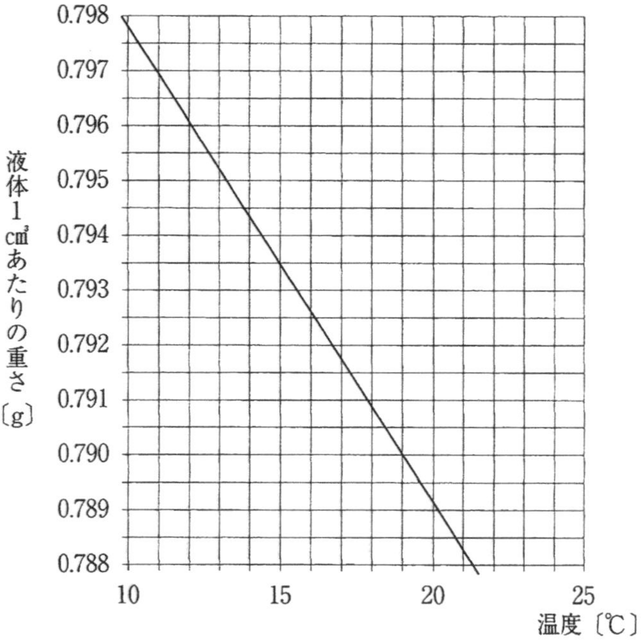

図４

表１　各温度における液体１cm^3あたりの重さ

温度〔℃〕	12	13	14	15	16	17	18	19	20
重さ〔g〕	0.7961	0.7952	0.7944	0.7935	0.7926	0.7918	0.7909	0.7901	0.7892

表２　球１cm^3あたりの重さ

球	A	B	C	D	E	F
重さ〔g〕	0.7965	0.7943	0.7935	0.7918	0.7909	0.7896

表２の球Aと球Bを準備し、球Bが上になるように球Aと球Bを容器に入れました。その後、周囲の温度が10℃から15℃へゆっくり上昇してから、13℃へゆっくり下降しました。

問4　周囲の温度が10℃のとき、球Aと球Bの浮き沈みはどのような状態になっていますか。次のア～ウから選び、記号で答えなさい。

ア．両方とも浮いている。
イ．球Aだけ沈んでいる。
ウ．両方とも沈んでいる。

問5　周囲の温度が10℃から15℃まで上昇する過程で、球Aと球Bの浮き沈みはどのように変化しますか。次のア～エから選び、記号で答えなさい。

ア．球Bだけ浮かぶ。
イ．球Aだけ浮かぶ。
ウ．球B、球Aの順番で浮かぶ。
エ．球A、球Bの順番で沈む。

問6　周囲の温度が15℃から13℃になったとき、球Aと球Bの浮き沈みはどのような状態になっていますか。次のア～ウから選び、記号で答えなさい。

ア．両方とも浮いている。
イ．球Aだけ沈んでいる。
ウ．両方とも沈んでいる。

表2の球A、球B、球C、球Dの4つの球を準備し、1 cm^3あたりの重さが小さい球ほど上になるような順番で容器の中に入れると、浮き沈みしている球の個数から周囲の温度がわかるガリレオ温度計が出来上がります。これ以降に書いてある温度計はガリレオ温度計のこととします。

問7　周囲の温度が15℃より高く、17℃よりも低いときに球Aから球Dの4つの球が入った温度計では何個の球が沈んでいますか。

次に、球A、球B、球C、球Dの4つの球が入った温度計を、温度が一定の値X〔℃〕になるまでしばらく時間を経過させました。そして、温度計に周囲の空気と熱のやりとりが出来なくなるようにしました。その後、ともに温度を30℃にした球Eと球Fを温度計になるように適切な順番で加えて球を6個としました。

しばらく時間が経過すると球が4個沈んでいる状態になり、球を6個とした温度計の温度は一定の値Y〔℃〕になりました。

問8　球が4個沈んでいるとき、一定となった温度Y〔℃〕のとりえる範囲は何℃より高く、何℃よりも低くなりますか。次の①と②に入る数字を整数で答えなさい。

①	℃ ＜ Y〔℃〕 ＜	②	℃

温度計が周囲との熱のやりとりがなくなる前の温度X〔℃〕を求めてみましょう。温度計で使用している液体の重さを200gとし、液体1gの温度が1℃上昇するために必要な熱量を0.5cal《カロリー》、球Aから球Fの球1個を1℃上昇させるために必要な熱量を10calとして、以下の各問いに答えなさい。ただし、容器との熱のやりとりはないものとします。

問9　温度Y〔℃〕が①のとき、2つの球E、球Fから移動した熱量の合計は何calですか。

問10　温度Y〔℃〕が①のとき、温度X〔℃〕の値を求めなさい。小数第二位を四捨五入して、小数第一位まで答えなさい。

問11　問8～問10から温度X〔℃〕の値がとりえる範囲を求めると、温度計で沈んでいた球の個数は何個の可能性が考えられますか。次のア～クから選び、記号で答えなさい。

ア．1個　　イ．2個　　ウ．3個
エ．4個　　オ．1個または2個　　カ．2個または3個
キ．3個または4個　　ク．4個または5個

3 2020年10月、日本政府は2050年までに温室効果ガスの「排出《はいしゅつ》を全体としてゼロ」にする、カーボンニュートラルを目指すことを宣言しました。「排出を全体としてゼロ」とは、二酸化炭素などの温室効果ガスの排出量から、吸収量を差し引いて、合計をゼロにすることを意味しています。世界の平均気温は1850年頃《ごろ》と比べて約1.1℃上昇《じょうしょう》しており、このままの状況《じょうきょう》が続くと更《さら》なる気温上昇がおこると予測されています。このような気温上昇の原因となっている温室効果ガスは、経済活動・日常生活に伴《ともな》って排出されており、持続可能な経済社会をつくるため、カーボンニュートラル、脱炭《だつたん》素《そ》社会《しゃかい》の実現に向けて取り組む必要があります。

そこで注目されているのが水素社会の実現です。水素は利用時に二酸化炭素を排出せず、電気や熱を効率的に取り出すことができます。水素を活用した脱炭素化を進めていくためには、水素をどのようにつくるか、どのように運ぶか、どのように使うかなどの一連の流れを考えていく必要があります。

問1 「排出を全体としてゼロ」を目指して、二酸化炭素の吸収量を増やすためにどのようなことをしたらよいですか。

問2 二酸化炭素についての説明として適当なものを次のア～オからすべて選び、記号で答えなさい。

ア．二酸化炭素は、呼気(口から吐《は》く息)に含《ふく》まれている。
イ．二酸化炭素は、過酸化水素水に二酸化マンガンを加えると発生する。
ウ．二酸化炭素をアンモニア水に通すと白くにごる。
エ．二酸化炭素を水に溶《と》かした液を青色リトマス紙につけると、赤く変化する。
オ．二酸化炭素は、上方《じょうほう》置《ち》換法《かんほう》で集める。

東京農業大学第一高等学校中等部　令和五年度入学試験（二月二日実施）国語　解答用紙

氏名

受験番号

↓ここにシールを貼《は》ってください↓

※100点満点
（配点非公表）

23020213

一

① ハガン
② イサ　んで
③ セイゼン
④ フヨウジョウ
⑤ 苦渋
⑥ 端役
⑦ 辛酸
⑧ 和　んだ

※

二

問一

問二

問三

問四

問五

問六

※

5

ア	イ	ウ	エ	
オ	カ	キ	ク	
ウ と	と	と	と	
ケ	コ	サ	シ	ス

↓ここにシールを貼《は》ってください↓

23020211

※150点満点
（配点非公表）

受験番号	氏　　名

K 教英出版

東京農業大学第一高等学校中等部

5	電池	6		7	

問8	

問9	cm³	問10	(1) 分 秒間	(2) 個

4

問1		問2	と		
問3	倍	問4	mm	問5	
問6	㋑		㋒		
問7		問8		問9	
問10		問11		問12	
問13		問14			

23020212

↓ここにシールを貼《は》ってください↓

※100点満点
（配点非公表）

受験番号	氏　名

東京農業大学第一高等学校中等部

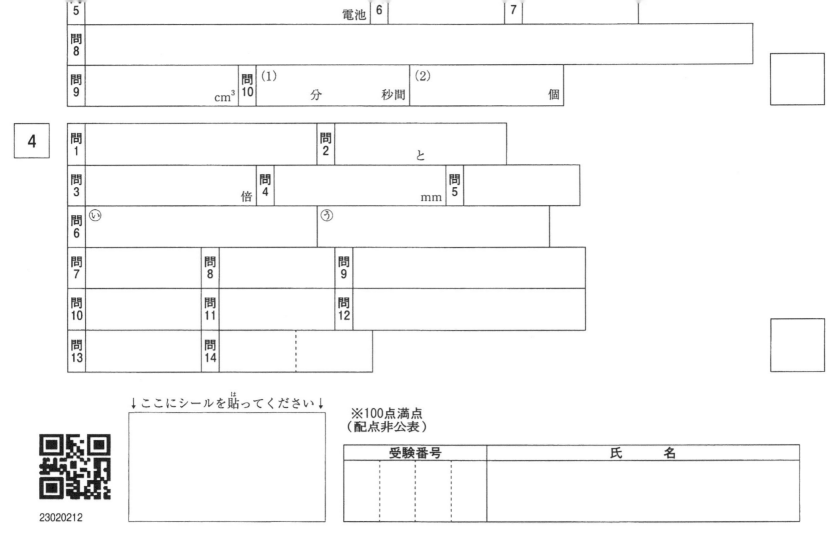

令和５年度　入学試験（２月２日実施）理科　解答用紙

1

問1	
問2	記号 / 理由
問3	プレート
問4	
問5	
問6	(1) / (2) 2番目 / 7番目 / (3) / (4) / (5)
問7	
問8	年前

2

問1	g
問2	
問3	
問4	
問5	
問6	
問7	個
問8	① / ②
問9	cal
問10	℃
問11	

3

問1	
問2	
問3	

令和５年度　入学試験（２月２日実施）算数　解答用紙

1

(1)	(2)	(3)

2

(1)	(2)	(3)
cm^2	cm^2	cm^2

3

(1)	(2)
	A＝　　　　, B＝

(3)	(4)	(5)	(6)
日間	人	km	人

【解答

三

問一

問二

問三

2番目

4番目

問四

問五

問六

問七

問八

問九

※

※

※

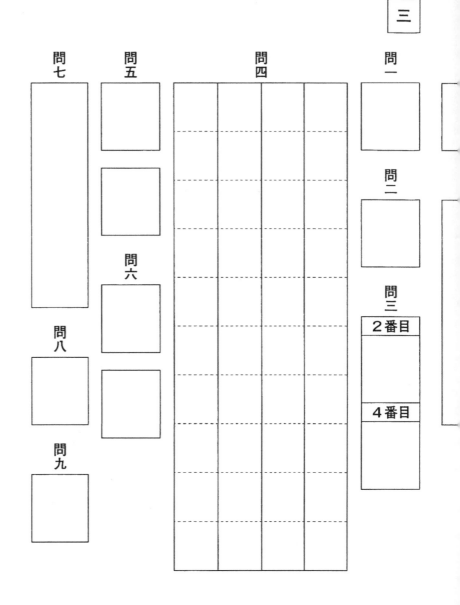

問３　水素は実験室では、以下のどの方法でつくることができますか。次のア～カからすべて選び、記号で答えなさい。

ア．水酸化ナトリウム水溶液にアルミニウムを加える。
イ．水酸化ナトリウム水溶液に鉄を加える。
ウ．水酸化ナトリウム水溶液に銅を加える。
エ．塩酸にアルミニウムを加える。
オ．塩酸に鉄を加える。
カ．塩酸に銅を加える。

問４　水素を発生させたあと、効率よくたくさんの水素を運ぶためには、どのような工夫をすればよいですか。

電気を作り出す方法はいろいろありますが、ガソリンを燃料とする自動車にかわって、電気をエネルギー源として、電気モーターで走行する電気自動車、そして、近年は水素と酸素を反応させて直接電気をつくりだし、その電気で動く水素自動車も現れました。また、家庭において水素と酸素を化学反応させて、電気と熱を同時につくるエネファームも注目されています。

エネファームとは「エネルギー」と「ファーム＝農場」を組み合わせた言葉で、家庭菜園のように家で使うエネルギーを家でつくるというものです。エネファームでつくった電気は、照明等に利用し、発電の際に生じた熱でお湯を沸《わ》かして、キッチンやお風呂《ふろ》などで利用することができるため、利用率がとても良いとされています。

問５　水素と酸素を化学反応させて電気をつくる電池を何電池といいますか。

問６　スマートフォンやパソコンなどに使われている、充電《じゅうでん》が可能で軽くて長時間使うことができる電池を次のア～オから選び、記号で答えなさい。

ア．アルカリマンガン乾電池　　イ．マンガン乾電池　　ウ．酸化銀電池
エ．リチウムイオン電池　　オ．鉛蓄《なまりちく》電池

問7　ガソリンを用いた自動車はガソリンスタンドでガソリンを補給します。水素と酸素の化学反応によって発電した電気エネルギーを用いて、モーターを回して走る水素自動車は、ガソリンスタンドのような場所では何を補給する必要がありますか。次のア～ケから選び、記号で答えなさい。

ア．電気	イ．水素	ウ．酸素
エ．ガソリン	オ．電気と水素	カ．電気と酸素
キ．水素と酸素	ク．電気と水素と酸素	ケ．ガソリンと水素

問8　火力発電所等の従来のシステムによる発電のエネルギー利用率は41％ですが、エネファームはエネルギー利用率が約85～97％と非常に高いとされています。従来のシステムでは利用率が下がってしまう理由を答えなさい。

問9　1gの水の温度を1℃上昇させるのに必要な熱量は1calです。112cm^3の水素と56cm^3の酸素が反応すると340calの熱が発生します。今、エネファームで発生した熱を利用して15℃の水300gを60℃にしました。利用した水素は何cm^3ですか。小数第一位を四捨五入して整数で答えなさい。ただし、エネファームのエネルギー利用率を90%とします。

問10　1A《アンペア》の電流が1秒間に運ぶ電気量を1C《クーロン》とします。スマートフォンのバッテリー1個を完全に充電するために必要な電気量が8500Cであるとするとき、以下の各問いに答えなさい。

（1）8500Cの電気量を得るためには、5Aの電流を何分何秒間流す必要がありますか。

（2）ある量の水素と十分な酸素を反応させて得られる193000Cの電気量のうちの95％を充電に使えると仮定すると、完全に充電できるスマートフォンのバッテリーは何個ですか。整数で答えなさい。

問題は次のページに続きます

4 農大一中の理科の実験では、けんび鏡(図1)を使ってさまざまなものを観察します。次の【手順】A～Hは、けんび鏡の使い方の手順を説明したものです。けんび鏡を使うときは、観察したいものの大きさに合わせて、接眼レンズと対物レンズ(図2)の倍率の組み合わせを変えて観察を行います。

【手順】

A　先に対物レンズを取り付け、その後、もう一方のレンズを取り付ける。

B　最初は、観察する倍率が最も低倍率になる対物レンズにする。

C　接眼レンズをのぞきながら、反射鏡を動かして明るさを調節する。

D　プレパラートをステージにのせクリップでとめる。

E　接眼レンズをのぞきながら調節ねじを回し、対物レンズとプレパラートを近づける。

F　接眼レンズをのぞきながら調節ねじを回し、プレパラートと対物レンズを遠ざけながらピントを合わせる。

G　プレパラートを動かして、観察したいものを視野の中央に移動させる。

H　より拡大して観察するときには、レボルバーを回して接眼レンズの倍率を変える。

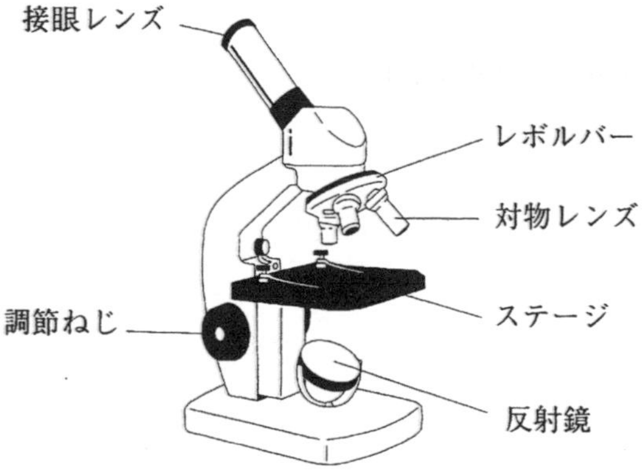

図1

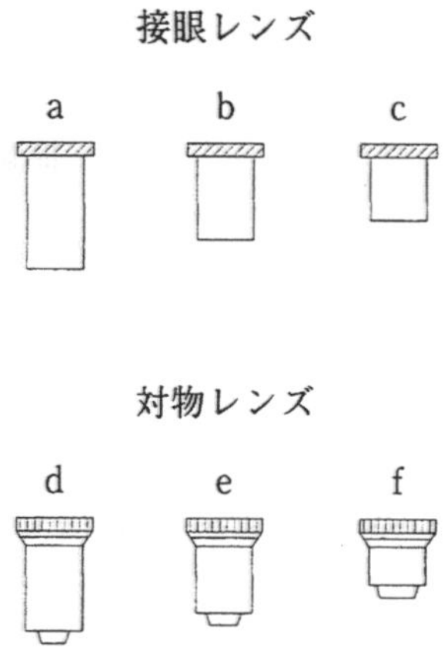

図2

問1　けんび鏡の使い方の手順A～Hの下線部には間違った説明が含まれているものがあります。間違った説明を含んでいるものをA～Hからすべて選び、記号で答えなさい。

問2　観察する倍率を最も高倍率にするには、図2の接眼レンズa～cと対物レンズd～fのどれとどれを組み合わせればよいですか。

問3　接眼レンズの倍率を10倍、対物レンズの倍率を25倍にすると、観察する倍率は何倍になりますか。

問 4　問 3 の倍率で観察したとき、0.05mmの長さは何mmに拡大されて見えますか。

問 5　**【手順】G**に従って、視野の左下にある観察したいものを、視野の中央に移動させるためには、プレパラートをどの向きに動かせばよいですか。次の図のア～カから選び、記号で答えなさい。

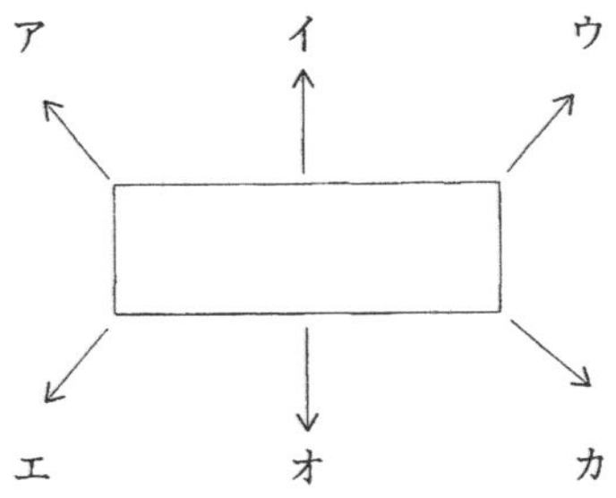

農太くんが農大一中のビオトープの水をけんび鏡を使って観察したところ、図 3 のあ～えの生き物がいました。これらの生き物について詳しく観察してみると、それぞれの特ちょうが異なっていることに気が付きました。観察した生き物について図鑑《ずかん》で調べてみると、これらの生き物は水中で生活しているプランクトンだということがわかりました。また、これらのプランクトンは、その特ちょうから図 4 のようになかま分けができます。

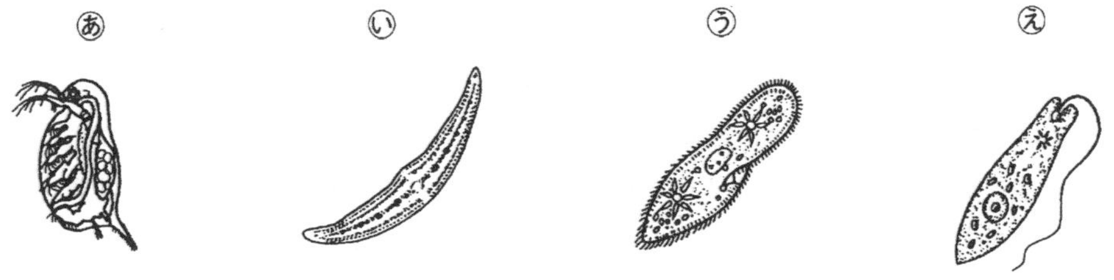

図 3

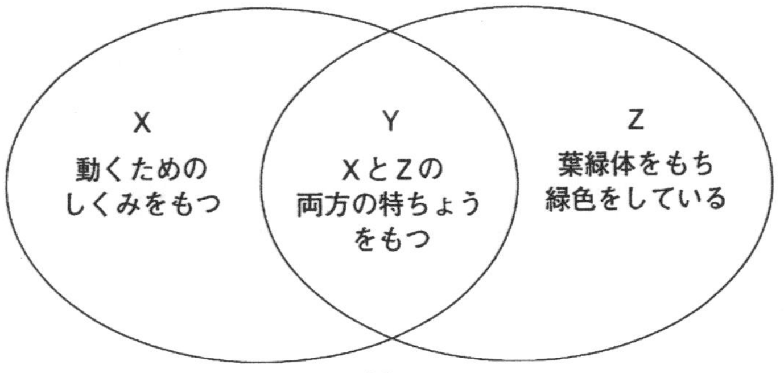

図 4

問6　図3の(い)と(う)の名まえを答えなさい。

問7　図3の(あ)～(え)のうち、実際の大きさが最も大きいものを記号で答えなさい。

問8　図3の(あ)～(え)はそれぞれ図4のX～Zのどのなかまですか。最も適切な組み合わせを次のア～カから選び、記号で答えなさい。

	(あ)	(い)	(う)	(え)
ア.	X	X	Z	Z
イ.	X	X	Z	Y
ウ.	X	Y	Y	Y
エ.	X	Y	X	Z
オ.	X	Z	X	Y
カ.	X	Z	Y	Y

農太くんは、細菌類《さいきんるい》をけんび鏡で観察しようと考え、納豆の豆の周りのねばねばしたものをとってプレパラートを作成し、観察しました。観察したものを図鑑で調べたところ、これは納豆菌であることがわかりました。図鑑には、納豆菌は私たち動物と同じように、外から栄養分をとって生きていると書いてありました。そこで、農太くんは、納豆菌がでんぷんを分解するのかを調べるために、次のような実験を行いました。

【実験1】

寒天とでんぷんをまぜた水を熱して溶かし、そこにA液を加えてシャーレに注ぎ入れました。しばらく冷やすと寒天が固まって写真1のようになりました。これを培地《ばいち》といいます。また、納豆に水を加えてすりつぶしたものを用意し、丸く切ったろ紙にしみこませ、写真2のように培地の中央に置き、納豆菌以外のものの侵入《しんにゅう》を防ぐために、ふたをしました。また、(　a　)も用意してふたをしました。この実験をしたときの部屋の気温は25℃でした。

写真1

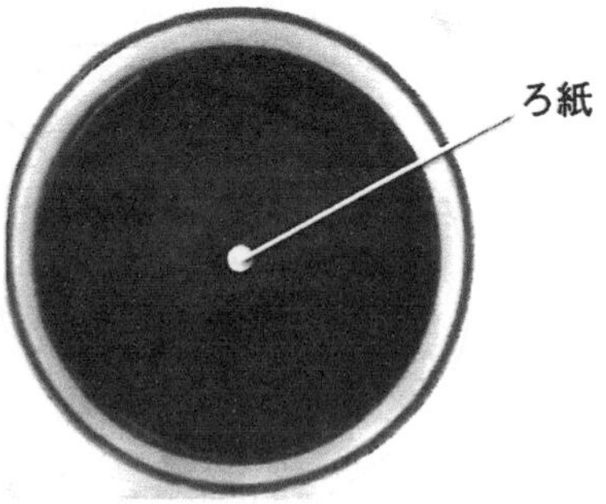

写真2

【結果１】

納豆に水を加えてすりつぶしたものをしみこませたろ紙を置いた培地は、24時間後には写真３のように、ろ紙の周囲の色がなくなりました。また、(　a　)では(　b　)。このことから、納豆菌はでんぷんを分解することがわかりました。

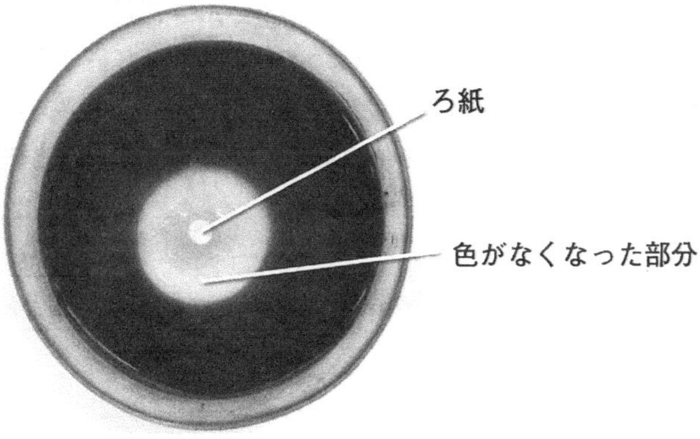

写真３

問９　Ａ液を入れると、でんぷんを含む培地は青紫色《あおむらさきいろ》になりました。Ａ液の名まえを答えなさい。

問10　【実験１】の説明文中の(　a　)に入る文として適切なものを次のア～オから選び、記号で答えなさい。

ア．Ａ液を加えず培地を作成し、乾いたろ紙を中央に置いたもの
イ．Ａ液を加えて培地を作成し、乾いたろ紙を中央に置いたもの
ウ．Ａ液を加えて培地を作成し、ろ紙を置かないもの
エ．Ａ液を加えて培地を作成し、水をしみこませたろ紙を中央に置いたもの
オ．Ａ液を加えず培地を作成し、水をしみこませたろ紙を中央に置いたもの

問11　【結果１】の説明文中の(　b　)に入る文として適切なものを次のア～ウから選び、記号で答えなさい。

ア．培地の色が全てなくなりました
イ．培地の一部の色がなくなりました
ウ．培地はどの部分も色がなくなりませんでした

農太くんは、自分のだ液をしみこませたろ紙を用いて、同じように実験をしたところ、ろ紙の周囲の色がなくなりました。そこで、納豆菌と人のだ液のでんぷんを分解するはたらきに違いがあるかを調べました。

【実験２】

シャーレを２つ用意して、納豆に水を加えてすりつぶしたものをしみこませたろ紙と、だ液をしみこませたろ紙を、それぞれ写真２のように培地の中央に置きふたをしました。24時間後にろ紙の周囲の色がなくなった部分の大きさを、図５の①～④の方向についてそれぞれ測りました。この結果は表１のとおりでした。なお、この実験をしたときの部屋の気温は25℃でした。

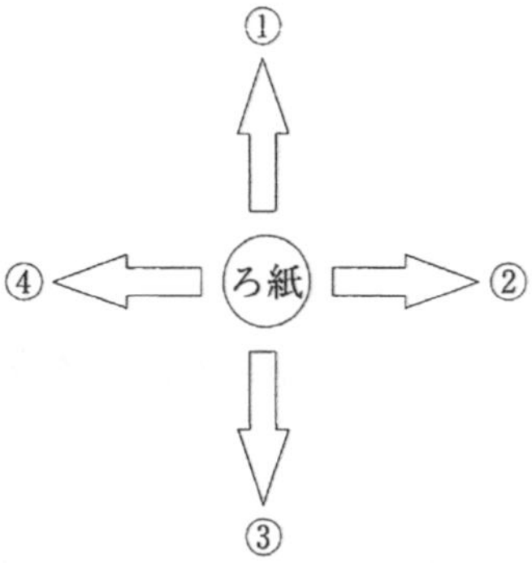

図５

表１　ろ紙の周囲の色がなくなった部分の大きさ〔mm〕

方向	納豆菌	だ液
①	16	10
②	13	9
③	14	11
④	17	10

問12　人のだ液に含まれる、でんぷんを分解する酵素《こうそ》の名まえを答えなさい。

問13　【実験２】の結果について正しく説明しているものを、次のア～エから選び、記号で答えなさい。ただし、農太くんはでんぷんを分解した部分の面積を、①～④の方向の平均の長さを半径とする円の面積として考えたとし、円周率は3.14とします。

ア．だ液は納豆菌に比べて、広い面積のでんぷんを分解した。
イ．納豆菌とだ液は、ともに④の方向のでんぷんを最も分解した。
ウ．納豆菌がでんぷんを分解した部分の面積は、だ液のおよそ2.3倍だった。
エ．だ液がでんぷんを分解した部分の面積は、納豆菌の0.67倍だった。

農太くんは、さらに次のような実験3・4を行いました。

【実験3】

シャーレを2つ用意して、納豆に水を加えてすりつぶしたものをしみこませたろ紙と、だ液をしみこませたろ紙を、それぞれ写真2のように培地の中央に置きふたをしました。これを冷蔵庫に入れて4℃に保ち、24時間後にろ紙の周囲の色がなくなった部分の大きさを、図5の①～④の方向についてそれぞれ測りました。この結果は表2のとおりでした。

表2　ろ紙の周囲の色がなくなった部分の大きさ〔mm〕

方向	納豆菌	だ液
①	2	1
②	3	1
③	3	2
④	2	1

【実験4】

寒天とでんぷんをまぜた水を熱して溶かし、そこにA液を加えて2つのシャーレに注ぎ入れました。このとき、ろ紙を置く位置から④の方向5mmの位置に、厚さ2mmで長さ15mm、高さ10mmのガラス板を差し込んで、しばらく冷やして寒天中に固定しました(図6)。

次に納豆に水を加えてすりつぶしたものをしみこませたろ紙と、だ液をしみこませたろ紙を、それぞれ写真2のように培地の中央に置きました。24時間後に、ろ紙の周囲の色がなくなった部分の大きさを、図5の①～④の方向についてそれぞれ測りました。この結果は表3のとおりでした。なお、寒天の厚さは5mmとし、この実験をしたときの部屋の気温は25℃でした。

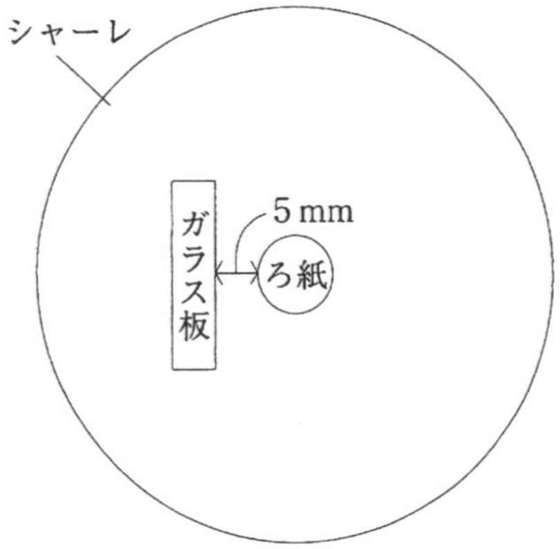

図6

表3　ろ紙の周囲の色がなくなった部分の大きさ〔mm〕

方向	納豆菌	だ液
①	17	9
②	16	10
③	17	10
④	5	5

問14　【実験３】、【実験４】の結果について正しく説明しているものを次のア～カから２つ選び、記号で答えなさい。

ア．納豆菌とだ液がでんぷんを分解する部分の面積は、気温が４℃のほうが25℃よりも広い。

イ．納豆菌がでんぷんを分解する部分の面積は、気温が25℃のほうが４℃よりも広く、だ液がでんぷんを分解する部分の面積は、気温が４℃のほうが25℃よりも広い。

ウ．納豆菌とだ液がでんぷんを分解する部分の面積は、気温が25℃のほうが４℃よりも広い。

エ．納豆菌とだ液のでんぷんを分解する酵素は、培地の寒天中を移動してでんぷんを分解していく。

オ．納豆菌のでんぷんを分解する酵素は、培地の寒天中を移動してでんぷんを分解し、だ液のでんぷんを分解する酵素は、培地の寒天中を移動しない。

カ．納豆菌とだ液のでんぷんを分解する酵素は、培地の寒天中を移動しない。

令和５年度　入学試験（２月２日実施）

算　数

［50分］

［注意事項］

1．試験開始の合図があるまで、この問題用紙は開かないでください。
2．試験開始後、解答用紙にシールを貼《は》ってください。
3．解答は、すべて解答用紙に記入してください。
4．解答は鉛筆《えんぴつ》などで濃《こ》く記入してください。
5．問題は[1]～[5]まであります。ページが抜《ぬ》けていたら、すみやかに手を挙《あ》げ、監督《かんとく》の先生に申し出てください。

東京農業大学第一高等学校中等部

1　次の各問いに答えなさい。

（１）$14.88 \times 1.107 \div 22.32 \div 0.123$　を計算しなさい。

（２）$\left(0.725 - \frac{1}{10} - \frac{1}{8}\right) \div 3 \div \left(\frac{2}{15} + 0.35\right) \times \left(2.5 + \frac{2}{5}\right)$　を計算しなさい。

（３）□ m^2 の２割８分８厘は、7.2 ha の 9.2 ％です。□にあてはまる数をかきなさい。

2　半径12 cmの円の周上を12等分するように点を取ります。図1、図2はそれらの点を結んだ直線でできた図形で、図3は点を結んだ直線の交点と点を結んだ図形です。次の問いに答えなさい。ただし、円周率は3.14とします。

（1）図1の斜線部分の面積を求めなさい。

（2）図2の斜線部分の面積を求めなさい。

（3）図3の斜線部分の面積を求めなさい。

図1

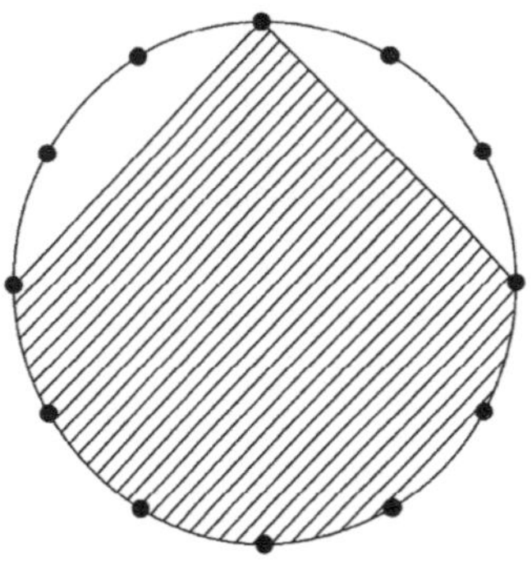

図2

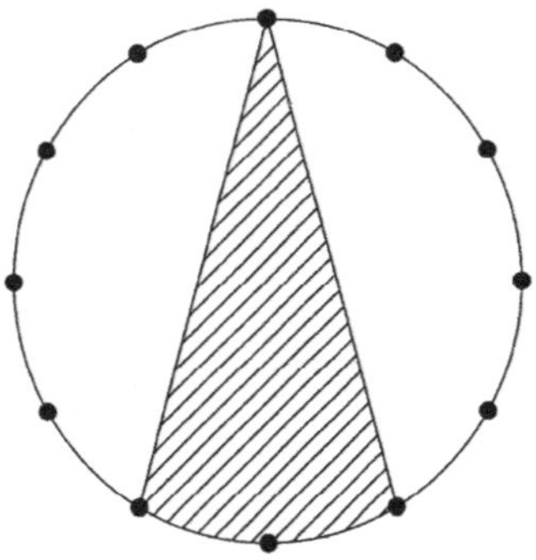

図3

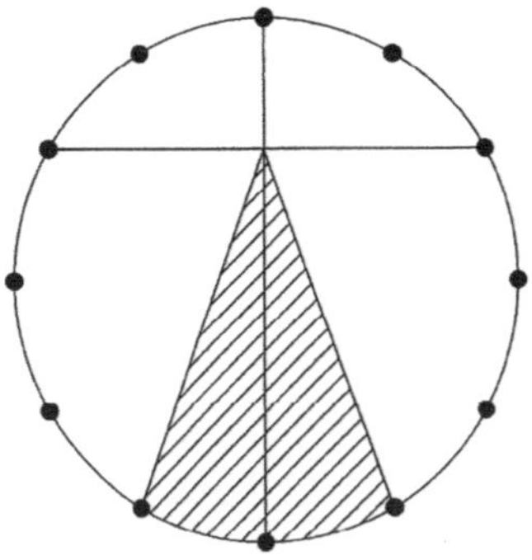

3　次の各問いに答えなさい。

（1）100より小さいある数に9を足すと7の倍数になり、ある数から3を引くと5の倍数になります。ある数をすべて求めなさい。

（2）図1のようなルールで数字を並べていくとき、図2のAとBにあてはまる整数を求めなさい。

図1

1　2
1　3　2
1　4　5　2
1　5　9　7　2
1　6　14　16　9　2

図2

A　B
A　C　B
A　D　E　B
A　F　G　H　B
A　13　32　38　22　B

（3）ある仕事を18人で行ったところ、24日間で全体の$\frac{8}{15}$が終わりました。ここから3人増やすと残りの仕事は何日間で終わるか、答えなさい。ただし、1人ができる仕事の量はみな同じとします。

（4）N中学校の文化祭では、体育館で演劇をします。保護者席として長椅子を用意しました。はじめ1脚に3人ずつ座ってもらいましたが、42人が座れなかったので、長椅子を2脚増やして、1脚に4人ずつ座ってもらったところ、1人分の空きができました。演劇をみた保護者は何人でしたか。

（5）田中さんの家族は、冬休みを利用しておじいちゃんの家に遊びに行きました。行きも帰りもレンタカーを借りて行くことにしました。行きのレンタカーはガソリン1Lあたり10km走り、帰りのレンタカーはガソリン1Lあたり8km走ります。帰りは、観光をしたため行きよりも20km多く走りました。行きも帰りも1Lあたり150円のガソリンを使ったところ、使った分のガソリン代は全部で7800円となりました。田中さんの家からおじいちゃんの家まで行ったときの道のりを求めなさい。

（6） 40 人のクラスの生徒に自分を含めた兄弟の人数を調べたところ、このクラスの平均は 2.4 人とわかりました。その後、表にまとめましたが、一部が破れてしまい、下の表が残りました。自分を含めた兄弟の人数が 4 人いる生徒の人数は何人ですか。

兄弟の人数	生徒数
1	8
2	16
3	
4	
5	2

4　A, B, C, D, E, Fの6人がリレーに出場します。6人はリレーの走る順番について次のように話しています。

Aさん「私は先頭でも最後でもありません。」
Bさん「私はDさんにはバトンを渡しません。」
Cさん「私はDさんからはバトンをもらいません。」
Dさん「Bさんは私よりも先に走り、Cさんは私よりも後に走ります。」
Eさん「私はBさんにバトンを渡します。」
Fさん「私は4番目以降に走ります。」

リレーの走る順番を記入しなさい。

先頭 □→□→□→□→□→□ 最後

5 みどり「ガウスという数学者が子どものころ１から100までの整数の和を、工夫してあっという間に求めたという話を授業で聞いたよ。」

はじめ「どのように工夫をして計算したんだろう。」

みどり「$1 + 2 + 3 + \cdots + 100$ と、順序を逆にした、$100 + 99 + 98 + \cdots + 1$ を次のように筆算の形で書いて足すと

$$
\begin{array}{rrrrrr}
 & 1\,+ & 2\,+ & 3\,+ & \cdots\cdots + & 100 \\
+ & 100\,+ & 99\,+ & 98\,+ & \cdots\cdots + & 1 \\
\hline
 & 101\,+ & 101\,+ & 101\,+ & \cdots\cdots + & 101
\end{array}
$$

となるね。縦に足した数はすべて101となって、これが100個できるから

$100 \times 101 = 10100$ だよね。

これは１から100までの整数の和を２回足しているから、求める和は半分の5050になるのよ。」

はじめ「なるほど、おもしろいね。では１から50までの整数の和はいくつになるのかな。同じように考えればいいから、$1 + 2 + 3 + \cdots + 50 = \boxed{\text{ア}}$ となるね。」

みどり「じゃあ、今度は $1 + 2 + 3 + \cdots$ のように整数を足していって、その和が2023になることがあるかないかどっちだと思う。」

はじめ「やってみるよ。$1 + 2 = 3$，$1 + 2 + 3 = 6$，$1 + 2 + 3 + 4 = 10$，……。何か良い方法はないのかな。」

みどり「文字を使って考えてみるのはどう。」

はじめ「足される最後の整数を n とすると、その一つ前は $(n-1)$、その前は $(n-2)$ になるね。同じように考えるとどうなるかな。

$1 + 2 + 3 + \cdots + (n-2) + (n-1) + n$ と、順序を逆にした

$n + (n-1) + (n-2) + \cdots + 3 + 2 + 1$ を次のように書いて足すと

$$
\begin{array}{ccccccccccccc}
 & 1 & + & 2 & + & 3 & + \cdots\cdots + & (n-2) & + & (n-1) & + & n \\
+ & n & + & (n-1) & + & (n-2) & + \cdots\cdots + & 3 & + & 2 & + & 1 \\
\hline
 & (\boxed{\text{イ}}) & + & (\boxed{\text{イ}}) & + & (\boxed{\text{イ}}) & + \cdots\cdots + & (\boxed{\text{イ}}) & + & (\boxed{\text{イ}}) & + & (\boxed{\text{イ}})
\end{array}
$$

となり、n 個の $(\boxed{\text{イ}})$ ができるから $n \times (\boxed{\text{イ}})$ となるよ。

ということはこれが2023の２倍になるかならないかを考えればいいということだね。」

みどり「そうね。では、n と $(\boxed{\text{イ}})$ という２つの数を掛けて4046になることがあるかどうかを調べてみよう。4046を素数の積で表してみると。」

はじめ　「僕がやるよ。4046 = 2 × [ウ] × [エ] × [エ] だね。」

みどり　「4046 を 2 つの整数の積に分けてみよう。n は 1 ではないから 1 と 4046 は除外すると。」

はじめ　「2 と 2023，[オ]，[カ]，[キ]，[ク] の 5 通りあるよ。」

みどり　「そうね。でもこの 5 通りすべて当てはまらないのよ。」

はじめ　「なんで？」

みどり　「[ケ] から、1 から n までの和が 2023 になるような整数 n はないのよ。」

はじめ　「じゃあ、最初の数が 1 でなくてもよかったら、2023 になることはあるかな。」

みどり　「1011 + 1012 とか？」

はじめ　「そういうこと。それ以外にもあるのかな。」

みどり　「じゃあ、最初の整数も文字で表して考えてみましょう。最初の整数を m，最後の整数を n とするね。」

はじめ　「m が 3 で n が 8 なら 6 個の整数を足して、$3+4+5+6+7+8$ ということだね。」

みどり　「そうね。さっきのようにやってみて。」

はじめ　「式で書いてみると、$m+(m+1)+(m+2)+\cdots+n$ と、順序を逆にした $n+(n-1)+(n-2)+\cdots+m$ を次のように足すよ。

$$
\begin{array}{rcccccccc}
 & m & + & (m+1) & + \cdots\cdots + & (n-1) & + & n \\
+ & n & + & (n-1) & + \cdots\cdots + & (m+1) & + & m \\
\hline
 & (m+n) & + & (m+n) & + \cdots\cdots + & (m+n) & + & (m+n)
\end{array}
$$

すると（[コ]）個の $(m+n)$ ができるから、（[コ]）$\times(m+n)$ となるね。」

みどり　「これが 2023 の 2 倍の 4046 になるかならないかを考えればいいね。」

はじめ　「4046 を 2 つの整数の積に分けることはすでに調べてあるから
2 と 2023，[オ]，[カ]，[キ]，[ク] の 5 通りだね。」

みどり　「（[コ]）と $(m+n)$ では $(m+n)$ の方が大きいことを利用するといいね。」

はじめ　「じゃあまず、2 と 2023 のときを考えてみるよ。$(m+n)$ の方が大きいから、（[コ]）が 2 で $(m+n)$ が 2023 となるけど、文字が 2 つもあるからどう考えればいいんだろう。」

みどり　「([コ])が2ということは $(n - m)$ が [サ] ということだから、次のような線分図をかけば m と n が求まるよ。」

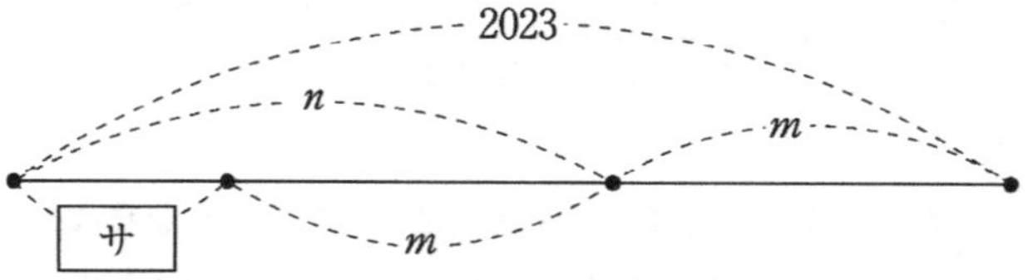

はじめ　「なるほど。$m = 1011$，$n = 1012$ となったよ。あれっ、これってみどりさんが最初に挙げた例じゃない。」

みどり　「そうね。1011 + 1012 という最も単純に見える例を、きちんと式を使って求められたということね。じゃあ次に、[オ] だとどうなるかな。」

はじめ　「同じように線分図をかいて求めると $m =$ [シ]，$n =$ [ス] になったよ。」

みどり　「[カ]，[キ]，[ク] の場合も同じように求めることができるね。」

はじめ　「式や文字を使わなかったら見つからないよ。文字を使うのってすごく便利だね！」

[ア] ～ [ス] にあてはまる数や文字を使った式をかき入れなさい。
ただし、[ケ] には次の①～③の中から適するものを１つ選び記号で答えなさい。

①　２つの和が偶数だ　　②　２つの積が 4046 だ　　③　２つの差が１にならない

令和４年度　入学試験（２月２日実施）

国　語

［40分］

［注意事項］

1. 試験開始の合図があるまで、この問題用紙は開かないでください。
2. 試験開始後、解答用紙にシールを貼《は》ってください。
3. 解答は、すべて解答用紙に記入してください。
4. 解答は鉛筆《えんぴつ》などで濃《こ》く記入してください。
5. 問題は１ページ～13ページの合計13ページあります。
   ページが抜《ぬ》けていたら、すみやかに手を挙《あ》げ、監督《かんとく》の先生に申し出てください。
6. 解答の際、句読点、括弧《かっこ》などの記号は字数に含《ふく》むものとします。

東京農業大学第一高等学校中等部

2022(R4) 東京農業大学第一高中等部　第２回
K 教英出版

一　次の①～④の傍線部のカタカナを漢字に直し、⑤～⑧の傍線部の漢字の読みをひらがなで答えなさい。また、送り仮名が必要な場合は送り仮名を付しなさい。

① 鬼のようなギョウソウって見たことある？
② 父さんが作ってくれた手サゲ袋を大事に使う。
③ 彼女ならノーマークのシュートをヨウイに決める。
④ 長い間病院に通い、ようやく傷がカンチする。
⑤ 話がうますぎるところが曲者だ。
⑥ 内田樹先生から直筆のサインをもらう。
⑦ 疲れがたまっているので、温泉で養生する。
⑧ 野球の試合で脱臼した右肩の骨を接ぐ。

二　次の文章を読んで、後の問に答えなさい。なお設問の都合上、本文の一部に手を加えてあります。

※1モビリティ政策を進めるうえでもっとも重要で、もっとも難しいのは市民の理解と協力だと思う。

自動車社会の進展には、[1]市民の「エゴ」があった。交通弱者のためには、本来、民間経営で成り立っている鉄道・バスといった公共交通を、誰もが利用することで、その事業性を高め、存続させる協力行動が必要である。しかし、雨の日にバスに乗るのは面倒、混んでいるからいや、乗り換えが多いから面倒……等の市民それぞれの意見によって、公共交通は廃れ、自動車社会にシフトしていったのである。たしかに、自動車も魅力的な乗りものである。エアコンが効き、音楽やテレビが見れるし、座っていられる。場合によっては、車内で食事ができるし、駐車していれば昼寝だってできる。自動車はまさに居住空間にほかならない。（①）

モビリティ分野は、鉄道会社、バス会社、自動車メーカーという、各社の市場競争のなかで成立してきた。現状は、各社の知恵比べと技術開発競争のなかで、自動車メーカーに軍配が上がったというだけのことなのかもしれない。市場競争は悪いことではない。競争により、モビリティサービスの質が高まるのだから、それは市民にとっても良いことである。鉄道・バス会社も十分に頑張っていると思う。（②）

モビリティを考えるうえで、もう一つ忘れてはいけないことがある。モビリティは、「都市」という「公共空間」のなかで成り立っているサービスであるということである。道路という「公共空間」を、市民は利用し、移動している。一人の人間が、自身の移動のために大きなスペースを占拠したなら、他の人はどう思うだろうか。電車のなかで、大股を広げて、二人分のスペースを占拠し、座っている人がいたなら、みなさんは何と言うか。[2]それと同じことではないだろうか。移動は、人間が生きるために必要な行為である。すべての人間が移動する権利を持っているし、それは永久に保護されなくてはならない。人びとは、他人の移動権を保全するために、協力行動をとることも必要になる。

A

この話は、モビリティ分野にもあてはまる話ではないだろうか。都市は、まさに「共有地」であり、「牛」は自身の「移動時の満足度」と見ることができる。自身の満足度（牛）を最大化するため、牧草（都市空間、さらには石油･電気などのエネルギーにも波及するであろう）を無尽蔵に消費することは、市民全員が「[3]悲劇」を被ることになるのである。

　このような悲劇を起こさないために必要なことは、やはり市民一人ひとりが、状況を正確に理解し、「無尽蔵な消費」を妨げる「公共心」を持ち合わせること以外にないと思う。すなわち、見識ある良識人としての交通行動をする「モビリティ市民」の育成が必要不可欠だということである。③

　では、市民が「公共心」を持つことができない場合はどうするのか。「コモンズの悲劇」は、もう一つの打開策も示している。このような場合は、「行政政策として有償で利害関係者に所有権、あるいは独占権を与えて管理させる事によって、悲劇を防ぐ事が出来る」というのである。④

　これからの時代のモビリティ政策では、市民の協力を得るための「公共心」の醸成と、それに基づく協力の呼びかけ、そして、このような「お願いと市民の行動変容に〝期待〟する」だけに頼るのではなく、それでもエゴを通したい人には一定の「経済的な負担」を担ってもらう明確な政策方針を示すことが重要だと、私は考えている。⑤

　では、「[4]公共心」を醸成するには、どのような方法があるのか。一言でいえば、「教育」である。

　小学校では社会科の教育があるが、このなかでもっとまちづくりやモビリティ政策に関する教育を充実させてほしいものである。公共交通の利用促進を専門とするモビリティ研究者である谷口綾子准教授（筑波大学）らが行った研究によれば、学校の授業で子供たちに「クルマに乗ることはよくない、公共交通を利用すると環境にも健康にもよい……云々《うんぬん》」と教えるという。すると生徒が帰宅しての夕食時に、家族とこんな会話が交わされるらしい。

「今日は、クルマと電車のお話を聞いたよ。クルマはCO_2をたくさん出すから地球が熱くなるんだって。それでもって、クルマに乗ると交通事故とかにもあうから、危ないでしょ。電車が使えるなら、できるだけ使った方がいいんだって。パパやママはいつもクルマだから心配……」

　子供に諭《さと》されると、親も公共交通を利用するよう努力を始めるらしい。子供教育を充実させることの有効性は、都市計画等の学問分野でも、昔から指摘されていることであり、有効な取組みだと言えそうである。

　一方、大人たちに公共心を育ませる方法はどうか。最近、行動経済学という分野の「[5]ナッジ理論」という手法が、ノーベル経済学賞の受賞で注目されている。「ナッジ」とは、人間が不完全な選択行動に導かれやすいことを理解したうえで、「正しい行動」をとらせるために生み出されたコンセプトである。次のような例がある。

イギリス政府において納税率の低さが問題視されていた。そこでイギリス政府は、税金滞納者に対して「あなたの住む地域のほとんどの人は期限内に納税しています」という趣旨の手紙を送るようにしたところ、滞納者は強い社会的圧力を感じるようになり、結果として納税率は六八%から八三%に増加したという。また、シカゴの学校の例では、生徒たちが野菜など身体に良いものを食べないことが問題視されていたため、利用者が手に取りやすい位置にサラダなどを置くことで、無意識に健康によい食べものを摂るようになり、健康食品を選ぶ人の割合が以前に比べて三五%も増えたという。存在を意識させることで選択させるという手法は、まさに行動経済学に基づく王道のナッジ理論だといわれる。人間は、ある情報を受けることで、本人の自由意志のもとで、正しい行動をとる〝可能性〟(強要ではないことが重要)があるというのだ。

このような取組みは、モビリティ分野では二〇〇〇年ごろから取り入れられてきた。モビリティマネジメントという手法がそれである。

まず市民の住宅に、次のことを記載した広報資料を配布する。自動車を使うことで交通事故に巻き込まれる可能性のリスク、自動車利用が原因の運動不足が健康被害に発展するリスク、さらには地球温暖化の脅威等を示したパンフレットである。そして、それらの理解を促したあとで、広報物の中に、そっと一枚の公共交通チケットを入れ、「よろしければ、ご利用ください」と記して、公共交通の試し乗りを促すのである。すると、自動車利用から公共交通利用に転換する行動が増加することが、学術的にも立証されている。

モビリティに関する意識啓発情報の提供を、ナッジ理論等に基づいて実践するには、政策立案者はつねに市民との接点に配慮し、教育のための※2エビデンス材料を蓄積し、市民に共有できる環境を作っておくことである。

最後に、市民の行動実績を常時捕捉し、どのような情報提供が有効であるのかを考え、適切なタイミングで適切な情報提供を行うことが重要だと言えよう。

これからの時代は、市民に公共心を沸《わ》き立たせることが重要である。都市計画の分野では、古くから[6]NIMBY(〝Not In My Back Yard〟—我が家の裏には御免—)という問題がある。それは、ごみ処理場などの迷惑施設は〝私には必要〟であるが、〝私の家の近くでは困る〟といったような事例がある。交通分野も、このような「自分だけは〇〇しても大丈夫!」という発想が常に市民の中にあるとの認識のもとで、モビリティ政策に取り組む必要がある。従来のモビリティ分野の政策立案者、研究者、技術者が重視してきた交通インフラの整備・維持管理、補助金等の※3支援スキームをあたりまえのこととし、これからの時代は「モビリティ市民の育成」といった取組みが、[7]持続可能なモビリティ社会のために必要になると言えよう。

(日建設計総合研究所　安藤章『近未来モビリティとまちづくり』による)

※1　モビリティ政策……多様な交通機関を活用することで、一人一人の移動が個人的にも社会的にも望ましいものへと自発的に変化することを促す政策。
※2　エビデンス材料……根拠となる材料。
※3　支援スキーム……支援計画。

問一　傍線部1「市民の「エゴ」」の具体例として最もふさわしいものを次のア～オの中から選び、記号で答えなさい。

ア　自宅の周辺の交通環境が整備されておらず、公共交通機関の利用が困難なため、自家用車を利用する。

イ　満員のバスに乗ると酔ってしまい周りの乗客に迷惑をかけてしまうため、自家用車を利用する。

ウ　足を骨折してしまい、松葉づえでは普段利用している満員電車に乗れないため、通学に自家用車を利用する。

エ　病院に通うために利用するバスが半日に一本しか出ていないため、自家用車を利用する。

オ　移動中の時間を友人と大騒ぎして楽しく過ごすために、周りの人を気にしないですむ自家用車を利用する。

問二　本文から次の一文が抜けています。正しい位置として最もふさわしいものを本文中の①～⑤の中から選び、番号で答えなさい。

ただ、自動車という移動可能な居住空間が、市民すなわち市場の利己的なハートを強烈に惹きつけただけのことである。

問三　傍線部2「それと同じこと」とありますが、どのようなことですか。最もふさわしいものを次のア～オの中から選び、記号で答えなさい。

ア　他人に迷惑をかけうる危険な行動はどんな場面でも絶対にしてはいけないということ。

イ　自分勝手な行動をする人は周囲に不快感を与えるので、周りから見放されて孤独になってしまうということ。

ウ　電車に限らず公共空間を利用する際には、他の利用者の利益が最大になるように献身的に行動すべきだということ。

エ　日常生活において嫌なことがあった場合には、何も言わずに我慢して耐えたほうがよいということ。

オ　公共の場では好き勝手にふるまうのではなく、良識ある行動をしなければならないということ。

問四　空欄［A］には次のア～オの文が入ります。適切な順序に並び替えたとき、二番目と四番目になるものをそれぞれ一つ選び、記号で答えなさい。

ア　自身の所有地であれば、牛が牧草を食べ尽くさないように数を調整するが、「共有地」であると、自身が牛を増やさないと他の農民が牛を増やしてしまい、自身の取り分が減ってしまうので、牛を無尽蔵に増やし続けるという結果になる。

イ　農民は利益の最大化を求めてより多くの牛を放牧する。

ウ　「コモンズ（共有化）の悲劇」という話をご存じだろうか。

エ　こうして農民が共有地を自由に利用する限り、資源である牧草地は荒れ果て、結果としてすべての農民が被害を受けることになる。

オ　経済法則の話だが、共有地である牧草地に複数の農民が牛を放牧しているとしよう。

問五　傍線部3「悲劇」とありますが、その具体的な内容として**適当でないもの**を次のア～オの中から一つ選び、記号で答えなさい。

ア　お盆の時期に多くの人が車で帰省しようとして高速道路が渋滞する。

イ　車を所有している人と所有していない人との間の生活水準に差が出る。

ウ　交通量の増加に伴い交通事故が頻繁に起こるようになる。

エ　車を動かすために化石燃料を使用し資源がひっ迫する。

オ　車から出る排気ガスが空気を汚染し、地球温暖化が進行する。

問六　傍線部4「『公共心』を醸成する」とありますが、この結果どのようなことが起こりますか、その説明として最もふさわしいものを次のア～オの中から選び、記号で答えなさい。

ア　家庭での家族間の会話が増え、核家族化を解消することができる。

イ　車しか利用していなかった人たちが車ではなく電車を利用し始める。

ウ　住民が協力して過ごせるようにお互いの行動を監視するようになる。

エ　地域の中で自分のことしか考えない人に対する非難が強まる。

オ　市民が個人の利益を追求しなくなり政府の権力が強化される。

問七 傍線部5「ナッジ理論」とありますが、モビリティ分野における「ナッジ理論」の実践の説明として最もふさわしいものを次のア～オの中から選び、記号で答えなさい。

ア 現在あまり目立っていない公共交通機関の魅力を人々に認識させることによって、その利用者を増やしていくということ。

イ 科学的なデータに基づいて、自動車利用者の行動パターンを特定し、利用者それぞれが抱える問題を解決するということ。

ウ 公共交通機関を利用せず、自動車を利用する人々の行動を厳罰化することで、自動車利用者の意識を変えるということ。

エ 一方的な情報伝達ではなく、双方向のコミュニケーションを重視することによって自動車利用者の意識改革を目指すということ。

オ 自動車利用のデメリットを誇張することで、反論の余地を与えることなく、利用者の行動を制限するということ。

問八 傍線部6「NIMBY（〝Not In My Back Yard〟—我が家の裏には御免—）」とありますが、筆者がこの言葉を用いて言おうとしていることはどのようなことですか。最もふさわしいものを次のア～オの中から選び、記号で答えなさい。

ア すべての市民が平等に暮らせる社会を実現するために、自身ではなく他者を優先する暮らし方に変えていくべきだということ。

イ ごみ処理場などの迷惑施設をどう扱うかという問題は、行政に頼るのではなく、市民の力で解決を目指したほうが良い問題であるということ。

ウ 誰も嫌な思いをしなくてすむようにするためには、市民が日ごろからお互いのことを思いやって生活していく必要があるということ。

エ これまで市民全体に重くのしかかっていた負担を軽減するために、市民と政府が協力しつつモビリティ政策について考えることが重要だということ。

オ 市民の生活を豊かにするには、特定の人が不遇な状況にならないために、みなで負担を分担しようと心掛けていかなければならないということ。

問九　傍線部7「持続可能なモビリティ社会」とはどのようなものですか。最もふさわしいものを次のア～オの中から選び、記号で答えなさい。

ア　市民が自動車の利用制限を受け入れ、公共空間から公共交通機関以外の自動車が姿を消した社会。

イ　市民が自ら公共心を育むことで、モビリティ政策がなくても、積極的に公共交通機関を利用するようになる社会。

ウ　一人ひとりが利己的な考えを捨て、自らの不利益になることを受け入れることを選択することで成り立つ社会。

エ　自動車を利用する人も公共交通機関を利用する人も無理なく快適な暮らしを送ることができる社会。

オ　自動車を利用できないことで生じるデメリットを解決するために、人々が互いに助け合って生活していく社会。

三　**次の文章を読んで、後の問に答えなさい。なお設問の都合上、本文の一部に手を加えてあります。**

日々、他人の視線を怖れる人は、べつにコロナ禍が起こらなくても、以前からいた。花粉症の季節でないのにマスクをする、そんな人がいつのまにかすこしずつ増えていたような気がする。マスクをしている人だけではない。往来でも電車のなかでも、[1]人びとは見えないマスクもつけだしていた。まわりを「ないこと」にするというマスク。エレベーターのなかでたがいに視線が合わないよう宙を見つめる人。前に高齢者や妊婦が立っていても、近くで騒いでいる人がいても、気づいていないふりをしてスマホに見入る人。いや、気づいていないふりではなく、ほんとうに気づいていないのかもしれない。透明の耳栓で耳を塞ぐこと。あえてまわりの人に関心をもたないようにすること。そのことにわたしたちは知らぬまに慣れきっていたのかもしれない。

関心を英語でいえばインタレスト、それはラテン語 inter-esse に由来する語で、直訳すれば、たがいに関係しあって (inter) あること (esse)。だから利害とも訳す。その意味では、まわりを「ないこと」にするとは、文字どおり関係をもつこと、他人に関与することを拒むということだ。

[2]でも、これを異例な事態と考えないほうがいい。マスクにあたるものをわたしたちはこれまでもずっとつけてきた。たぶんそこには二つの A があった。

一つは、「感染予防」。呼吸とともにウイルスが体内に入るのを防ぐというわけだ。何かを入れて何かを入れない。「感染」というのは、ここでは、たがいに別であるべきものが入り交じらないということ。そういう意味でなら、私生活や家族の生活を知られないように閉じる玄関のあの厳重な鉄製のドアがそうだった。登校が完了するとすぐに閉ざされるあの学校の門扉もそうだし、国という単位でいえば厳重な出入国管理もそうだ。ひとは個人や家族や国の内／外の境をこんなふうに強く意識し、また規制してきた、あるいはそうさせられてきた。集合住宅のあの鉄の扉など、まるで社会のいろんなほころびは最後は家族で処理しなさいと、中から開けるのではなくて外から閉められているみたいに見える。人と人の交わりを規制する仕切り、そういう関所のようなものが社会のいたるところにある。もちろん、むやみに入り交じってはならない「別にあるべきもの」は、わたしたちが選んだというよりは、社会の暗黙の約束としてあるものだ。[3]だからほんとうはそういうかたちでしかありえないというようなものではないはずだ。

もう一つ。じぶんをむきだしにしないという意味では化粧や衣服もマスクと本質的に変わらない。マスクはたしかに、じぶんというものを護るために、じぶんとは異なる〈他〉との接触を遮《さえぎ》る[B]ではある。いいかえると、〈他〉との仕切りをきちんとしておかないという強い意識があるからひとはマスクを装着する。そうだとしても、しかし、マスクはじぶん（たち）の〈内〉を〈外〉にたいして隠すものだとは単純にはいえない。

マスクは今でこそ異例に見えるが、顔をむきだしにすることのほうが、文明社会ではずっと異例だった。これはやんごとなき[C]の人たちだけかもしれないが、かつて公家は眉を消してそのすこし上にそれこそ繭型《まゆがた》に額に描きなおした――表情の微妙な変化が眉の線に出ない――し、婦人は横髪を垂らしたり、扇子を当てたりして表情を隠した。西洋では20世紀になるまで、男性なら髭で表情を見取られにくくするのがあたりまえだった。現代でも、女性は丹念な化粧で「すっぴん」を人前では見せないようにしている。

つまり、マスク姿が異様に映るのは、顔をむきだしにするのが世間の「普通」になったからだ。他人と至近距離で接するのがあたりまえとなった都市生活では、たがいに妙な[D]がないことを証明するために素顔を晒《さら》す。それは、武器を持っていないことを証するために素手で握手をするのと似ている。

現代の化粧といえば、一時期、「ナチュラルメイク」という、それまでの化粧よりいっそう手の込んだ化粧法が流行ったことがある。まるでメイクしていない自然のままの顔みたいに見せるというのがそれ。ナチュラル（自然のままの顔）をメイクする（拵《こしら》える）というわけだ。素顔の擬装である。このとき素顔じたいが仮面になっている。いや、そもそも本音を表情で隠すときも顔はすでに偽りの仮面である。その点では、[4]マスクもメイクも基本的には変わらない。だから、極端なことをいえば、いずれマスクの装着が不要になっても、顔の下半分を白く、あるいは黒く塗りたくるようなメイクが現れても不思議ではない。いやじっさい、マスクにメッセージを描き入れて、Tシャツのようにそれを身につける人も出てきている。

ここで思い起こしたいのは、マスクという言葉じたいが顔と仮面をともに意味するということだ。マスカレードが仮面舞踏会を意味するように、マスクは顔を覆う仮面であるが、同時に「彼は甘いマスクをしている」と言うように、顔そのものをも意味する。日本語なら「おもて」（面）がそうで、「おもて」は人が被るお面をいうとともに、「おもてをあげぇ」というように素顔も意味する。

①

②

③

④

⑤

これらに共通しているのは、表に出していいものといけないものとが※1峻別されているということ。峻別するといっても、ここに何か［E］のようなものがあるわけではない。そのようにみなすのもまた暗黙の約束だということでしかない。というのも、そもそも自然には絶対に隠しておかねばならないものなどないからだ。でもその暗黙の約束を破ることは許されない。社会の秩序というものがそれによって崩れるからだ。

秩序とは、人びとが世界をどのようなものとみなし、区切っているかということだ。[5]世界のさまざまの流動的な要素を一つ一つ、不同のもの（対象）の集合として捉えなおしてゆくこと、よいものとわるいもの、正しいことと正しくないこと、有益なものと有害なもの、敵と味方をしかと区別すること。生存を安定的なものにするために、人びとはずっとそういう共有できる秩序をつくり、修正し、維持してきた。混じってはならないもの、区別をあいまいにするものは、きびしく遠ざけられた。だからそういう秩序には、人種差別や身分差別、異邦人の排斥というのがついてまわった。じぶん（たち）とは違う者の排除だ。それらは「身の安全を確保する」という名目で、マンションのドアや学校の門扉、都市の区画などに形を変えて今も残る。眼をよくこらさないとそうとは見えないバリアーとして。

【中略】

マスクはたしかにそれを装着している人の存在を不明にする。けれどもそこには、消失の不安とともに、人を魅入らせる妖《あや》しさもある。他人が、そしてじぶんが、何者でもなくなるという、ぞくっとするような妖しさだ。それは世界がこれまでのかたどりを失ってしまうことの不安であるとともに、世界が別なふうにかたどられなおすことへの誘惑でもあるからだ。「もうぼくはあんな仕切りや区別にわずらわされなくていい。ずっとこのままの同じじぶんでなくてもいいのだ」という、[6]これまでの「普通」がもはや「普通」でなくなることへの密やかな願望といってもいい。仮面の妖しさには、そういう未だ見たことのない光景へと世界を組み換える、そういう誘いがある。

ウイルス禍は、わたしたちが共有している生きものとしての秩序が、これとはまったく別の野生のいのちの秩序と接触したところから発生したといわれる。その接触の機会が世界各地の森林開発によって格段に増えた。それまで人びとは、野生の自然とのあいだに、「里山」など、一種の緩衝地帯を設けていた。それもまたマスクとおなじく境界を標《しる》す場だった。そこにはたんに「身の安全を護る」だけでなく、野生という「化け物」にもどこかその「顔」を取り戻させる、そんなリスペクトの気持ちもあったにちがいない。ともにそれぞれに生きるという、〈棲《す》み分け〉と〈共生〉の思いである。それは人びとが長いつきあいのなかで編みだした緩衝地帯であって、むやみにいじってはならないものなのである。

こういう緩衝地帯の設定の仕方というのは多様にありうる。はたしてこれから、野生とのつきあいのなかで、人と人との交わりのなかで、どんな緩衝地帯のあり方を探ってゆけばいいのか？　あるいはまたこれを裏返していえば、どんな緩衝地帯なら取っ払ったほうがいいのか？　そのことをあらためて考えるきっかけだと思えば、あの鬱陶しいマスクの装着にも意味はある。人と人がともに生き延びるにあたっていちばん大事にしなければならないことは何かと、じっくり考える機会として。

（鷲田清一「マスクについて」による）

※1　峻別……厳しく区別すること。

問一　傍線部1「人びとは見えないマスクもつけだしていた」とありますが、なぜですか。その説明として最もふさわしいものを次のア～オの中から選び、記号で答えなさい。

ア　他人とのかかわりをなるべく避けて、万が一の感染リスクに備えようとするから。
イ　人に対して無関心のふりをすることで、かかわり合いにならないようにするから。
ウ　周囲からの視線を怖がり、他人と接触して傷つくことを避けようとするから。
エ　人とのかかわりを避ける現代の人びとは、関心を持たないことに慣れているから。
オ　他人から関心を持たれることを避け、外ではできるだけ一人でいようとするから。

問二　傍線部2「でも、これを異例な事態と考えないほうがいい」とありますが、なぜですか。四十字以内で説明しなさい。

問三　空欄［A］～［E］に入る語句として最もふさわしいものを次のア～オの中からそれぞれ選び、記号で答えなさい。

ア　階層　　イ　思惑　　ウ　仕様　　エ　根拠　　オ　皮膜

問四　傍線部3「だからほんとうはそういうかたちでしかありえないというようなものではないはずだ」とありますが、どういうことですか。その説明として最もふさわしいものを次のア～オの中から選び、記号で答えなさい。

ア　私たちの社会の中では内／外を明確に区別し、「別にあるべきもの」が、間違えて入ってこないようあらかじめ決めているということ。
イ　社会の暗黙のルールとして決まっている「別にあるべきもの」とは、何かしらの必然性があって決まっているものではないということ。
ウ　ウイルスが体内に入ることを防ぐためにマスクをするように、本来「別にあるべきもの」はむやみに入り混じるべきではないということ。
エ　「別にあるべきもの」とは、明確な理由があって決まっているものではないため、区別をなくし、「ともにあるべきもの」に変えるということ。
オ　社会のいたるところにある「別にあるべきもの」を分けるというルールは、歴史的に形成されてきたが、見直す必要が出てきたということ。

問五 傍線部４「マスクもメイクも基本的には変わらない」とありますが、何が「変わらない」と言えるのですか。その説明として最もふさわしいものを次のア～オの中から選び、記号で答えなさい。

ア 他者の視線を意識し、周囲との間に壁をつくろうとすること。

イ 自らの本音を隠し、相手をだまして利益を得ようとすること。

ウ 素顔をよそおうことで、どのような状況にも対応できること。

エ 他人の視線から自分を守り、人に関心を持たないようにすること。

オ 見た目を変えて、相手から本心をさとられないようにすること。

問六 空欄[①]～[⑤]には、次のア～オの文が入ります。適切な順序に並び替えたものとして最もふさわしいものを後の選択肢１～６の中から選び、番号で答えなさい。

【文】

ア 便所といえばドアがつきものだが、そのドアがなくて代わりにお面が用意してあり、用を足すときにそれを装着するという文化もあったのである。

イ さらに、顔をすっぽり隠すのがあたりまえの地域もあれば、顔をすっぽり覆えば罰せられる地域もある。

ウ マスクには、隠すこととは逆に隠されたものがより強く意識させられるという面もある。

エ しかも、身体のどこを秘せられるべき部位とみなし、隠すのかは、時代によって、さらに地域によって大きく異なる。

オ 人が何かを隠せば隠すほど見たくなるという心根もそうだろう。

【選択肢】

1 ウ→オ→ア→エ→イ

2 ウ→オ→イ→エ→ア

3 ウ→オ→エ→ア→イ

4 オ→ウ→エ→ア→イ

5 オ→ウ→ア→イ→エ

6 オ→ウ→イ→ア→エ

問七　傍線部5「世界のさまざまの流動的な要素を一つ一つ、不同のもの（対象）の集合として捉えなおしてゆくこと」とありますが、この部分を解釈したものとして最もふさわしいものを次のア～オの中から選び、記号で答えなさい。

ア　「流動的な要素」という、常に変化するという点を意識することで、物事を良い面と悪い面に分け、適切な判断を下すことができるようになる。

イ　世界にあるさまざまな要素は、「不同のもの」とそうでないものに分けることができるため、適切な視点で「捉えなお」すことが必要となる。

ウ　秩序を作り出す過程では、人種差別や身分差別が容認され、それが「正しいこと」として捉えられてきた。

エ　「捉えなお」すというのは、身の回りにあるものを二つの「集合」に分け優劣をつけることであり、それによって社会の秩序が形成されてきた。

オ　「捉えなお」すとは「流動的なもの」と「不同のもの」を比べ、両者の優劣を決めることで、社会に秩序をもたらすことである。

問八　傍線部6「これまでの「普通」がもはや「普通」でなくなることへの密やかな願望といってもいい」とありますが、どういうことですか。その説明として最もふさわしいものを次のア～オの中から選び、記号で答えなさい。

ア　マスクをして本当の素顔がわからなくなることで、これまでの世界の見え方が変化し、別の景色が見えてくるということ。

イ　常時マスクを装着することは、これまでの「普通」ではなかったが、今後、新しい「普通」を自分たちで作り出せるということ。

ウ　マスクをすることでこれまでの自分の存在が薄れ、社会の中にある仕切りや区切りを無効なものとすることができるということ。

エ　マスクは顔半分を隠すことで、その人の新たな魅力を引き出すため、これまでの人とのかかわり方の「普通」の基準が変わるということ。

オ　マスクの装着はその人の存在をあいまいなものにすることで、これまでの世界を過去の視点から捉えなおすことになるということ。

問九　本文の内容に合致しているものを次のア～オの中から二つ選び、記号で答えなさい。

ア　ひとは、秩序を保つために、マスク以外にも内と外とを明確に区別する仕切りを社会の中に作り出してきた。

イ　歴史的に見れば、人前で顔を出す方がむしろ異例なことであったため、今後マスク文化が根付く可能性は高い。

ウ　現代の化粧は、他人をだます目的のために、あえて素顔に近いメイクを施すことで自らの本心を隠す役割がある。

エ　本来、人間と自然は一線を画しそれぞれ生きていたが、そうした場が失われたことで、ウイルスの流行につながった。

オ　社会の中に秩序をもたらすための仕切りは、一方で自分たちとは異なる性質を持つ者の差別や排除と不可分であった。

問十　次の会話は、この文章を学んだあとに「共生」について教室で話し合っている場面です。先生のセリフに入る語句を本文中の傍線6以降から抜き出しなさい。また、生徒の発言内容ア〜オの中から**本文の主張に合致しないもの**を一つ選び、記号で答えなさい。

先生：この文章の最後では、人間と自然のかかわりが述べられています。古来より人間と自然は、それぞれの住むべき場をわきまえて生きていました。そうした［　X　］によって分けられつつ「共生」することが求められていますね。

生徒：先生のおっしゃった［　X　］とは、たとえば神社などにある鳥居などにもあてはまりますね。

先生：そうですね。ではみんなでコロナ禍の「共生」について意見を言いましょう。

ア　やはり私たちが生き延びるには、ウイルスと距離を取るためにも、今後も人とのかかわりを極力減らすことも必要なんだね。

イ　それが筆者の言う「大事にしなければならない」ことなのかな。私はむしろ逆で経済的に困っている人もたくさんいるから、なるべく外に出て人とのかかわりを増やすほうがいいと思うな。

ウ　その際には、感染対策がきちんとなされる必要がありますね。手を洗うことが今の私たちが取れる防御策です。ワクチンの接種という方法もありますね。

エ　もちろんです。ワクチン接種はこれから生きる社会の中でマナーというより、むしろルールにするべきだと思います。

オ　実は私はまだ打っていないの。持病があって接種できない人もいるのよね。そういうさまざまな事情を考えることが筆者の言う「大事にしなければならないこと」なんじゃないかな。

令和４年度　入学試験（２月２日実施）

理　科

［40分］

［注意事項］

1．試験開始の合図があるまで、この問題用紙は開かないでください。
2．試験開始後、解答用紙にシールを貼《は》ってください。
3．解答は、すべて解答用紙に記入してください。
4．解答は鉛筆《えんぴつ》などで濃《こ》く記入してください。
5．問題は１ページ～20ページの合計20ページあります。ページが抜《ぬ》けていたら、すみやかに手を挙《あ》げ、監督《かんとく》の先生に申し出てください。

東京農業大学第一高等学校中等部

1 アンモニアや水酸化ナトリウムの性質について、いくつかの実験を通して考えてみましょう。

Ⅰ　７％の濃度《のうど》の塩酸とアンモニアを用いて、この２つを混合する実験を行いました。

表１には、塩酸とアンモニアの量を変えて実験を行った際の様子を表しました。なお、実験後、塩酸もアンモニアも残っていない場合には○、どちらかが残っている場合には×を記してあります。

表１　塩酸とアンモニアの反応

実験番号	７％の塩酸の体積〔cm^3〕	アンモニアの体積〔cm^3〕	反応後
1	5	120	×
2	5	240	○
3	5	360	×
4	5	480	×
5	10	240	×
6	10	480	○
7	10	720	×
8	10	960	×

問１　アンモニアは右下の図のどのグループにあてはまりますか。①～⑧より選び、番号で答えなさい。

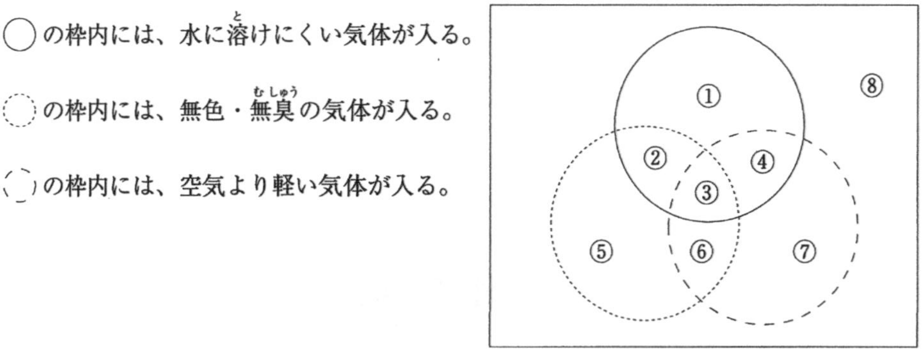

の枠内には、水に溶《と》けにくい気体が入る。
の枠内には、無色・無臭《むしゅう》の気体が入る。
の枠内には、空気より軽い気体が入る。

図　気体のグループ分け

問２　問１の図（気体のグループ分け）の③にあてはまる気体の名まえを１つ答えなさい。

問3　７％の塩酸５cm^3中の塩化水素の重さは何gですか。７％の塩酸の密度をA〔g/cm^3〕として、数字や文字を使って答えなさい。

問4　表１の実験番号１の反応後の溶液《ようえき》に、ムラサキキャベツ液を入れると、何色になりますか。次のア～オから選び、記号で答えなさい。

ア．黄色　　イ．緑色　　ウ．紫色　　エ．赤色　　オ．青色

問5　表１の実験番号７について、塩酸とアンモニアを混合した後の溶液に鉄を加えました。そのときの変化として最も正しいものはどれですか。次のア～エから選び、記号で答えなさい。

ア．変化は見られなかった　　イ．酸素が発生した
ウ．水素が発生した　　エ．二酸化炭素が発生した

問6　７％の塩酸80cm^3を、すべて反応させるために必要なアンモニアの体積は、少なくとも何cm^3ですか。

Ⅱ　7％の濃度の塩酸と水酸化ナトリウムを用いて、Ⅰと同様の実験を行いました。

表2には、塩酸と水酸化ナトリウムの量を変えて実験を行った際の様子を表しました。なお、実験後、塩酸も水酸化ナトリウムも残っていない場合には○、どちらかが残っている場合には×を記してあります。

表2　塩酸と水酸化ナトリウムの反応

実験番号	7％の塩酸の体積〔cm^3〕	水酸化ナトリウム〔g〕	反応後
9	5	0.1	×
10	5	0.2	×
11	5	0.3	×
12	5	0.4	○
13	10	0.4	×
14	10	0.8	○
15	10	1.2	×
16	10	1.6	×

問7　5gの水酸化ナトリウムを、すべて反応させるために必要な7％の塩酸の体積は、少なくとも何cm^3ですか。

問8　表1の実験番号5の反応後の溶液には、最大で何gの水酸化ナトリウムを反応させることができますか。

Ⅲ　7％の濃度の塩酸400cm^3に、（　あ　）gの水酸化ナトリウムを反応させましたが、塩酸が残っていることが確かめられたため、さらに、アンモニアを加えたところ、反応が完了するまでに1200cm^3のアンモニアが必要でした。

問9　文中の下線部について、塩酸が残っていることを**確かめられないもの**を、次のア～オからすべて選び、記号で答えなさい。

ア．フェノールフタレイン溶液　　イ．BTB溶液　　ウ．ヨウ素液
エ．青色リトマス紙　　オ．赤色リトマス紙

問10　文中の（あ）にあてはまる数値を、表1と表2をもとに求めなさい。

Ⅳ　三大栄養素には、(　X　)とたんぱく質としぼうがあり、ビタミンとミネラルを加えたものは、五大栄養素と呼ばれています。

ある食品中に含《ふく》まれているたんぱく質の量を調べる一般的な方法に、たんぱく質に含まれている窒素《ちっそ》をアンモニアに変化させて求めるという方法があります。Ⅰ～Ⅲで使用した薬品を用いた実験をもとに考えると次のような実験手順になります。

手順1　200gの牛乳中のたんぱく質を分解して、その窒素を完全にアンモニアに変化させた。

手順2　発生したアンモニアを7％の塩酸60cm^3とすべて反応させた。

手順3　残った塩酸を反応させるには、1.6gの水酸化ナトリウムが必要であった。

考え方1　240cm^3のアンモニアには、0.14gの窒素が含まれている。

考え方2　たんぱく質中に含まれている窒素の割合は16％である。

問11　文章中の(X)にあてはまる語句を答えなさい。

問12　Ⅰ～Ⅲの問い、Ⅳの手順1～3および考え方1と2をもとに、200gの牛乳中に含まれるたんぱく質の割合を求めることにしました。次の文章中の(　)にあてはまる数値を答えなさい。

1.6gの水酸化ナトリウムと反応した7％の塩酸の体積は(①)cm^3である。アンモニアと反応した7％の塩酸の体積より、塩酸と反応したアンモニアの体積は(②)cm^3であり、このアンモニアの量から、含まれる窒素の重さを求める。そして、たんぱく質中の窒素の割合より、たんぱく質の重さを求めることができる。その結果、200gの牛乳中に含まれるたんぱく質の割合は(③)％であると求められる。

2 鳥類について、次の各問いに答えなさい。

問1　鳥類には以下の①～④の４つの特ちょうがあります。①～④の特ちょうを最も多くもつ生物を次のア～エから選び、記号で答えなさい。

①　一生を通して肺で呼吸する　　②　心臓のつくりが二心房二心室である
③　背骨がある　　④　かたい殻の卵をうむ

ア．ウシ　　イ．フナ　　ウ．テントウムシ　　エ．カエル

問2　動物学者のローレンツは、アヒルなどのひながふ化した後、視覚が十分に機能する時期に、はじめて見た動く物体に対して愛着をしめし、その物体についていく行動を発見しました。

このことを利用して、ジュウシマツを手乗りに育てることができる場合があります。写真１のようなジュウシマツのひなを手乗りにするための育て方を説明した以下の文のうち適しているものを、次のア～エから選び、記号で答えなさい。なお、ふ化直後のジュウシマツのひなの目は、開いていません。

写真１　手乗りジュウシマツ

ア．ひなの目が閉じている間のみ、人が親鳥のかわりにひなの口にエサを入れる。
イ．ひなの目が開き、視覚が十分に機能しはじめる時期に親鳥と別に飼育し、他の鳥に育てさせる。
ウ．ひなの目が開き、視覚が十分に機能しはじめる時期に親鳥と別に飼育し、人が親鳥のかわりにひなの口にエサを入れる。
エ．ひなの目が開き、親鳥を親と認識している時期に、人が親鳥のかわりにひなの口にエサを入れる。

問3　ひなを育てている時期のジュウシマツにコマツナを与えました。しばらくして親鳥のほおを見ると、緑色に染まっていました。これは、ほおにコマツナの葉の汁《しる》がついたものでした。人が親鳥のかわりに、コマツナをエサとしてひなに与える場合の方法として最も正しいものを、次のア～エから選び、記号で答えなさい。

ア．コマツナの葉を細かくしないで、そのまま与える。
イ．コマツナの葉を細かくしないで、親鳥の体温と同じぐらいの温度のお湯をかけて与える。
ウ．コマツナの葉を細かくして、親鳥の体温と同じぐらいの温度のお湯と混ぜて与える。
エ．コマツナの葉を氷と一緒に細かくして、混ぜたものを与える。

手乗りジュウシマツは手を鳥かごに入れてもあわてることはなく、手に乗ってきます。しかし、手乗りではないジュウシマツは手を鳥かごに入れるとあわてて逃げます。手乗りジュウシマツと手乗りではないジュウシマツの警戒心《けいかいしん》の程度には、違いがあるかもしれないと考えて次のような実験を行いました。

写真２　鳥かご

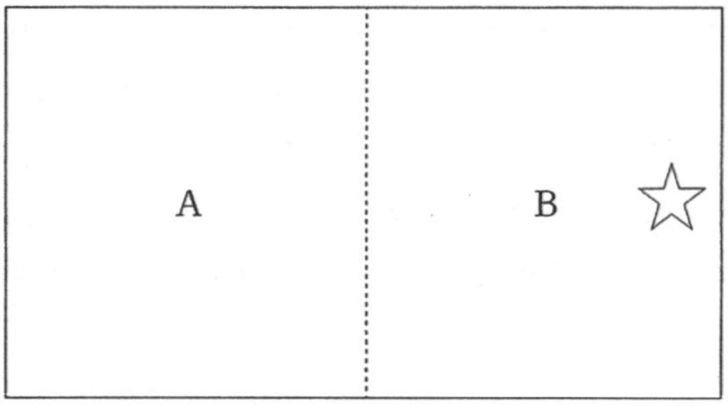

図１　鳥かごを上からみた図
☆は赤ペンを置く位置

【実験内容】

１つの鳥かごを上から見て左半分をA区、右半分をB区とします。実際にはA区とB区の間に図１のように境はなく、鳥はその間を自由に移動することができます。
まず、B区の☆の位置にジュウシマツがうまれて初めて見る赤ペンを置きます。その鳥かごにジュウシマツ１羽を60秒間入れ、A、Bそれぞれの区にいる時間を測定しました。また、B区に赤ペンを入れずにA区に赤ペンを入れる場合についても同様に測定し、それぞれ３回くり返しました。この実験では、うまれて初めて見る物体に接近するほど、警戒心が弱いとします。表１は、手乗りジュウシマツと手乗りではないジュウシマツについての結果を示したものです。数値はその区にジュウシマツがいた時間を秒で示しています。

表１　ジュウシマツがA区B区にいた時間〔秒〕

A区に赤ペン

手乗りジュウシマツ	A区にいる時間〔秒〕	20	17	18
	B区にいる時間〔秒〕	40	43	42
手乗りではないジュウシマツ	A区にいる時間〔秒〕	1	6	2
	B区にいる時間〔秒〕	59	54	58

B区に赤ペン

手乗りジュウシマツ	A区にいる時間〔秒〕	41	44	42
	B区にいる時間〔秒〕	19	16	18
手乗りではないジュウシマツ	A区にいる時間〔秒〕	60	55	56
	B区にいる時間〔秒〕	0	5	4

問4　この実験について次の各問いに答えなさい。

（1）　下線部のような実験を行った理由を答えなさい。

（2）　60秒間の測定の間に、手乗りジュウシマツと手乗りではないジュウシマツが、赤ペンが置いてある区にいた時間の平均を、それぞれ求めなさい。

（3）　この実験結果から考えられることとして正しいものを、次のア～オから選び、記号で答えなさい。

ア．手乗りジュウシマツは、赤ペンがない区にいる時間が、手乗りではないジュウシマツに比べて２倍以上あり警戒心が弱い。
イ．手乗りではないジュウシマツは、赤ペンがない区にいる時間が、手乗りジュウシマツに比べて２倍以上あり警戒心が強い。
ウ．手乗りジュウシマツは、赤ペンがある区にいる時間が、手乗りではないジュウシマツに比べて２倍以上あり警戒心が弱い。
エ．手乗りではないジュウシマツは、赤ペンがある区にいる時間が、手乗りジュウシマツに比べて２倍以上あり警戒心が強い。
オ．手乗りジュウシマツと手乗りではないジュウシマツの警戒心は同じ程度である。

問５　鳥類のひなは、ふ化してからしばらくの間親に育てられます。しかし、すべての生物が親に育てられるわけではありません。

また自然界の生物は、食物の不足、ほかの生物に食べられる、病気になるなど、さまざまな原因によりうまれた子のうち一部しか親になることができません。表２は、うまれてから親の保護を受けないある生物の集団の、年齢《ねんれい》ごとの生存数・死亡数・生存率をまとめたものです。同じ時期にうまれた集団の個体の数が、時間の経過とともに変化していくことを示しています。

表２　ある生物の年齢ごとの生存数・死亡数・生存率

年齢《れい》	期間初めの生存数	期間内の死亡数	期間内の生存率(%)
0	8000	6000	25
1	2000	A	30
2	600	360	B
3	240	120	50
4	C	30	75
5	90	90	0

（１）　Bにあてはまる数値を答えなさい。

（２）　この生物について説明した以下の文のうち、正しいものを、次のア～エから選び、記号で答えなさい。

ア．生存率は年齢が増すごとに低くなる。
イ．集団の個体の数が最も減るのは年齢が０のときである。
ウ．生存率は年齢に関係せず一定である。
エ．集団の個体の数が最初にうまれた数の半分になるのは、年齢が２のときである。

（３）　親の保護を受ける鳥類は、この生物と比べてどのような特ちょうをもつと考えられますか。次のア～ウから選び、記号で答えなさい。

ア．親の保護を受ける期間内の死亡率は、親の保護を受けない生物に比べて高い。
イ．生存率が時間と共に変化していく様子は、親の保護を受けない生物と同じ傾向《けいこう》である。
ウ．一生をとおして一匹のめすがうむ子の数は、親の保護を受けない生物に比べて少ない。

都会では鳥類のカラスの数が増えたため、人との間でさまざまな問題が生じています。生ゴミを食べることで生ゴミを散乱させることはその代表例です。しかし、カラスの数が増えたのは、人が捨てる生ゴミの量が増えたことが原因の一つとされています。図2は、ある地域で人が出す生ゴミを食べる生物たちの「食べる－食べられる」の関係を示しています。図中の矢印は「食べられる」ものから「食べる」ものに向かっています。

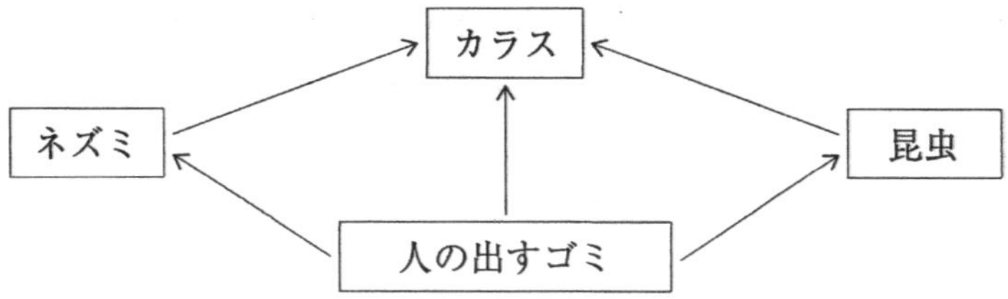

図2

問6　図2について次の各問いに答えなさい。

（1）カラス・ネズミ・昆虫の間にみられるような「食べる－食べられる」の関係を何といいますか。

（2）次の文のようなことを行うと、そのあと一時的に、この地域でどんなことが起きると予想できますか。文章中の①～③にあてはまる言葉の組み合わせとして正しいものを次のア～クから選び、記号で答えなさい。ただし、カラス・ネズミ・昆虫には図2に示された関係のみが成り立つとします。

・人が多くのカラスのひなをつかまえて駆除《くじょ》すると、カラスの数は(① 増加・減少)し、ネズミの数は(② 増加・減少)する。
・ヒトが生ゴミを出すときのマナーを守り、カラスに生ゴミをあらされないように工夫するとカラスの数は(③ 増加・減少)する。

	①	②	③
ア.	増加	増加	増加
イ.	増加	増加	減少
ウ.	増加	減少	増加
エ.	増加	減少	減少
オ.	減少	増加	増加
カ.	減少	増加	減少
キ.	減少	減少	増加
ク.	減少	減少	減少

3　地下に埋もれた林を埋没林《まいぼつりん》と呼びます。写真は魚津港(富山県魚津市)を建設する際に発見された埋没林の木の樹根の一つです。漁港建設のため海岸を掘《ほ》り下げたところ、海面より低い地層からおよそ2000年前の木の根が約230株も発見されました。林が埋もれる原因には、火山の噴火に伴う火山灰や火さい流、河川のはんらんによる土砂のたい積、地しんなどに伴う地すべり、海面上昇などさまざまなものがあります。

埋没林は、その森林が生育していた場所の全体が地下に密閉《みっぺい》され、木の株だけでなく種子や花粉、こん虫などが残っているため、当時のかん境を推定する大きな手がかりとなります。

図1は魚津市の埋没林付近の地形を示したものです。色が濃《こ》い程、標高が高いことを示しています。このような地形の場所は地下水が地表付近を流れていることが多く、埋没した林のすき間を地下水が満たすことで、海水などによる林の腐食《ふしょく》を防ぎ、保存されると考えられています。

写真　魚津埋没林
(魚津埋没林博物館にて撮影《さつえい》)

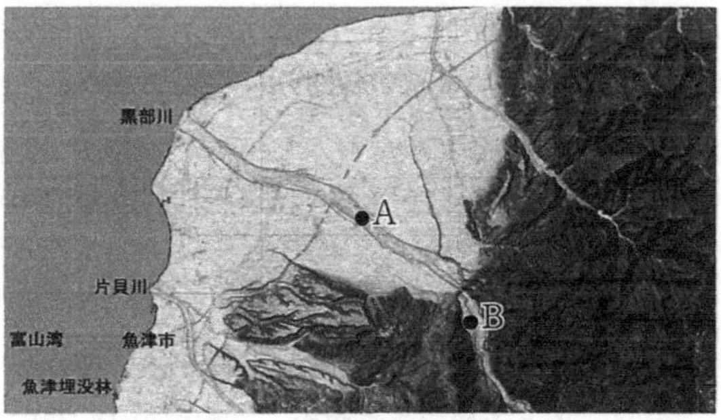

図1　(引用：国土地理院)

問1　図1中の地点Aと地点Bの様子の違いを説明した文として正しいものを、次のア～エから選び、記号で答えなさい。

ア．地点Aで見られる石は地点Bのものよりも大きく、角がある。
イ．地点Aで見られる石は地点Bのものよりも大きく、丸みがある。
ウ．地点Aで見られる石は地点Bのものよりも小さく、角がある。
エ．地点Aで見られる石は地点Bのものよりも小さく、丸みがある。

問2　当時のかん境を知る大きな手掛《てが》かりとなるような化石を、何というか答えなさい。

問3　問2の例として正しいものを、次のア～エからすべて選び、記号で答えなさい。

ア．サンゴ　　イ．ホタテ　　ウ．ブナの葉　　エ．サンヨウチュウ

東京農業大学第一高等学校中等部　令和四年度入学試験（二月二日実施）国語　解答用紙

氏名

受験番号

↓ここにシールを貼《は》ってください↓

※100点満点
（配点非公表）

22020213

一

① ギョウソウ

② サゲ

③ ヨウイ

④ カンチ

⑤ 曲者

⑥ 直筆

⑦ 養生

⑧ 接ぐ

※

二

問一

問二

問三

問四
2番目
4番目

問五

問六

※

5

(1)		
ア	イ	ウ
(2)		(3)
エ	オ	カ

↓ここにシールを貼《は》ってください↓

※150点満点
（配点非公表）

受験番号	氏　　名

22020211

東京農業大学第一高等学校中等部

問8	(3) 時　分　秒	問9	
問10	マントル	外かく	

4

問1	(1)		(2)		
問2	図2	図3	問3	図2	図3
問4	図4 A	図5 A	問5		問6 ℃
問7	大　→　→　→　→　小				

問8

X

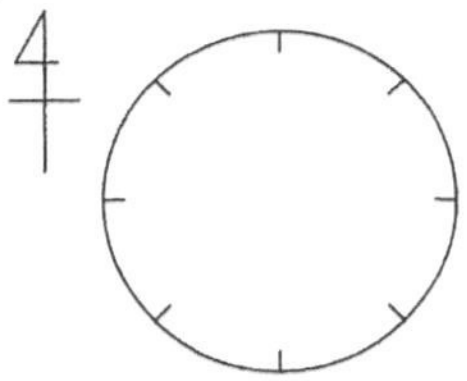

Y

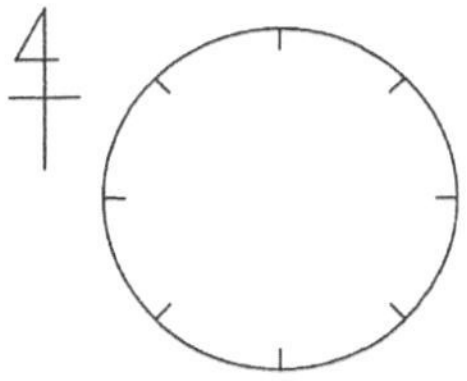

↓ここにシールを貼《は》ってください↓

22020212

※100点満点
（配点非公表）

受験番号	氏　　名

東京農業大学第一高等学校中等部

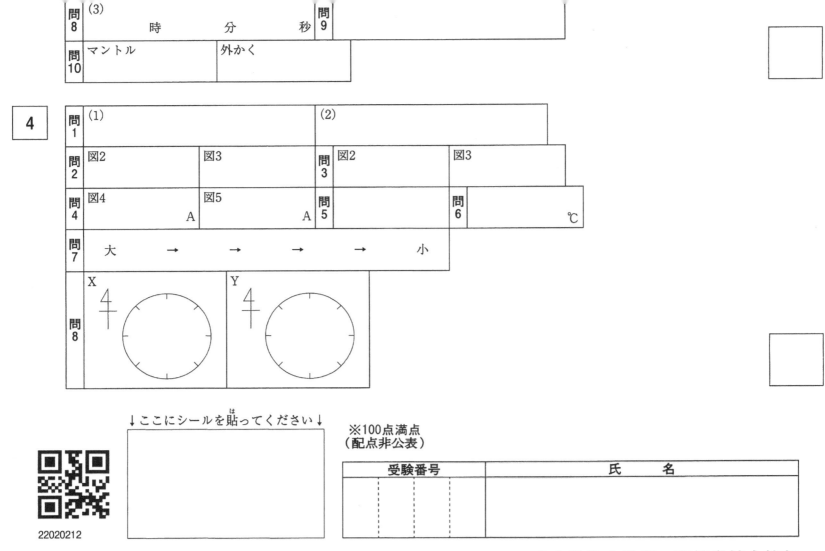

令和４年度　入学試験（２月２日実施）理科　解答用紙

1

問1　　問2　　問3　g

問4　　問5　　問6　cm^3

問7　cm^3　問8　g　問9

問10　　問11

問12　①　②　③

2

問1　　問2　　問3

問4　(1)

問4　(2) 手乗りジュウシマツ　秒　手乗りではないジュウシマツ　秒　(3)

問5　(1)　(2)　(3)

問6　(1)　(2)

3

問1　　問2　　問3

問4　　問5　　問6

令和４年度　入学試験（２月２日実施）算数　解答用紙

1

(1)	(2)	(3)

2

(1)	(2)	(3)	
		平均値	中央値
	%		

3

(1)	(2)
°	cm

4

(1)		(2)
0	2	
個	個	個

【解答

三

問一

問二

問三

A

B

C

D

E

問四

問五

問六

問七

問八

問九

問十

X

※

※

※

図２は断層運動によって埋没林ができる過程を模式的に示したものです。また、断層が生じる際、多くの場合は地しんも同時に起こることが知られています。

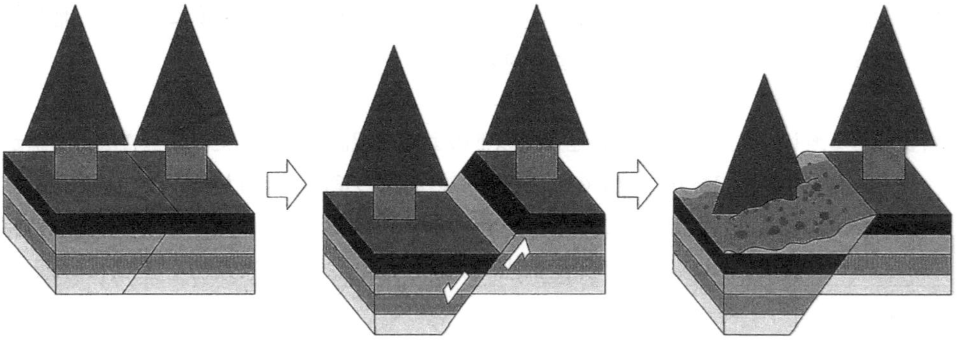

図２

問４　図２のような断層を特に何というか答えなさい。

問５　図２のような断層は、どのような力が加わってできた断層であると考えられますか。次のア～エから選び、記号で答えなさい。

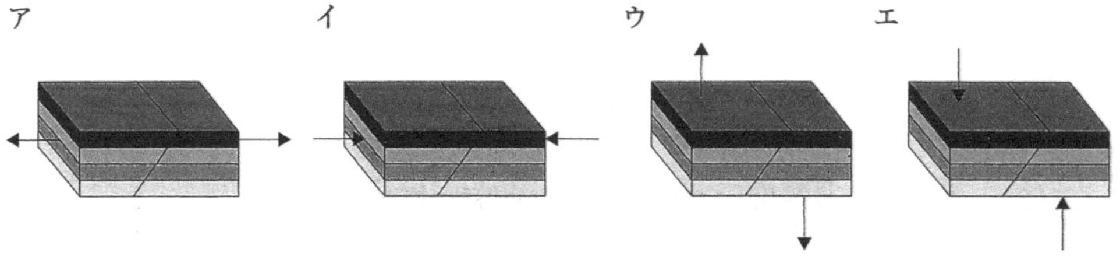

地しんが生じるときには岩ばんがずれ動くことによって地中に振動が生じ、周囲に波として伝わります。この波のことを地しん波と呼びます。地しん波が地表に到達し、地面が揺《ゆ》り動かされることによって、私たちは地しんの揺れを感じます。

地しん波は、P波とS波の２つに分けられ、P波は縦波（波の進行方向と同じ方向に振動する波）であり、S波は横波（波の進行方向に対して垂直な方向に振動する波）です。ふつう、地しんは、P波により上下方向の小刻みな揺れが伝わった後にS波により横方向の揺れが伝わります。これは、P波がS波よりも速く伝わるためです。P波とS波の到達時間の差から、しん源までのおよその距離《きょり》がわかるので、しん源の決定に利用されています。

問6　日本では観測地点で感じた地しんの揺れの大きさをしん度として表しています。しん度は何階級に分かれるか数値で答えなさい。

問7　しん度は観測地点における揺れの大きさを表しています。しん度に対して、地しんそのものの大きさを示すものを何というか答えなさい。

問8　ある地しんがA、B、Cの３地点で以下のように観測されました。地点Aはしん源からの距離が600kmであり、AとCのしん源からの距離の差は400kmだということがわかっています。なお、しん源からこれらの地点までの地盤《じばん》はほぼ均一であり、地しん波の到達にかかる時間としん源からの距離は比例するものとします。次の(１)～(３)に答えなさい。

地点A：11時17分15秒から先に到達する波の揺れが75秒間続き、後に大きな揺れが始まった。

地点B：11時17分40秒に遅れて到達する波による大きな揺れが始まった。

地点C：11時16分25秒から先に到達する波の揺れが25秒間続き、後に大きな揺れが始まった。

（１）　先に到達する小さい揺れを引き起こす波の伝わる速さは秒速何kmか答えなさい。

（２）　地点Bのしん源からの距離は何kmか答えなさい。

（３）　この地しんが発生した時刻は何時何分何秒か答えなさい。

問9　駿《する》河《が》湾《わん》（静岡県）から日《ひゅう》向《が》灘沖《なだおき》（宮崎県）までのフィリピン海プレートとユーラシアプレートが接するところに溝状の地形がみられます。この地形がある区域は30年以内に巨大地しんが発生する可能性が高いといわれています。この地形を何というか答えなさい。

地しん波はいろいろな性質をもっており、地しん波の伝わり方を知ることで地球内部のことを調べることができます。P波とS波はそれぞれ性質が異なる波であり、P波は液体中でも固体中でも伝わることができますが、S波は固体中のみにしか伝わることができません。

問10　図3は地球内部の地しん波の伝わり方を模式的に示したものです。P波とS波の伝わり方からマントル、外かくの物質の状態はどのようになっていると考えられますか。図をもとに考え、正しいものを次のア、イからそれぞれ1つずつ選び、記号で答えなさい。

ア．固体　　　イ．液体

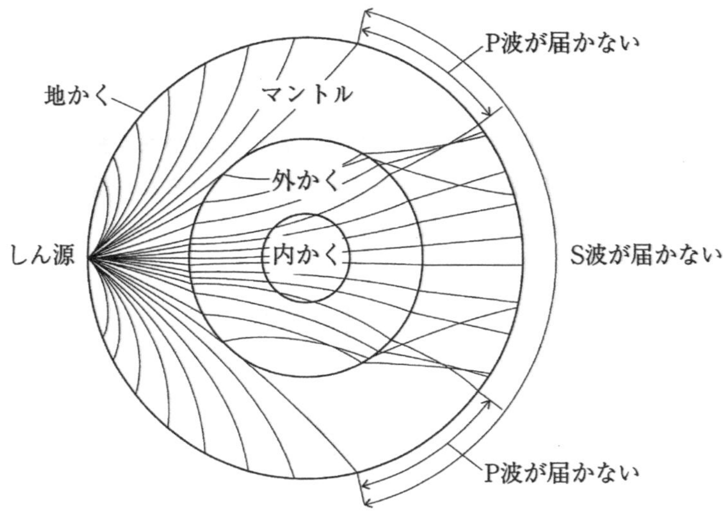

図3

4 **19世紀、ハンス・クリスティアン・エルステッドは電流が流れている導線付近の方位磁針が北を向かないことに疑問をもち、電流と磁石の関係を発見しました。**

問1　(1)、(2)のそれぞれにあてはまるものを、次のア〜キからすべて選び、記号で答えなさい。

(1)　電気をよく通す物体。

(2)　磁石を近づけたとき、磁石にくっつく物体。

ア．スチール缶　　イ．ペットボトル　　ウ．アルミニウムはく　　エ．消しゴム
オ．銅球　　カ．木片　　キ．ニッケル板

電流と磁石の関係を知った農太君は夏休みの自由研究としてさまざまな実験を行いました。まず、導線の上に方位磁針を置き、大きさが5Aで向きがわからない電流を導線に流しました。すると、方位磁針は図1のように振《ふ》れました。

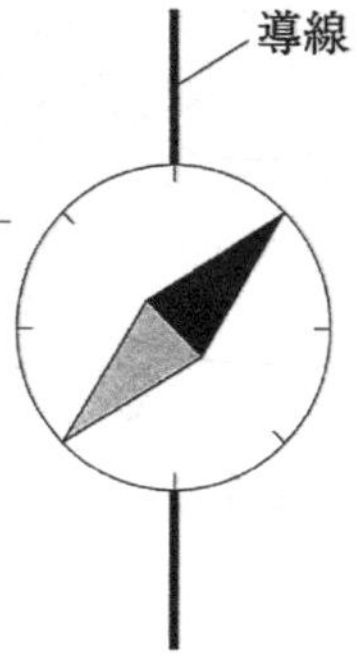

図1

問2　図2、3の導線に大きさ5Aの電流が流れていたとき、方位磁針の針の振れはどのようになると考えられますか。次のア～キからそれぞれ1つずつ選び、記号で答えなさい。

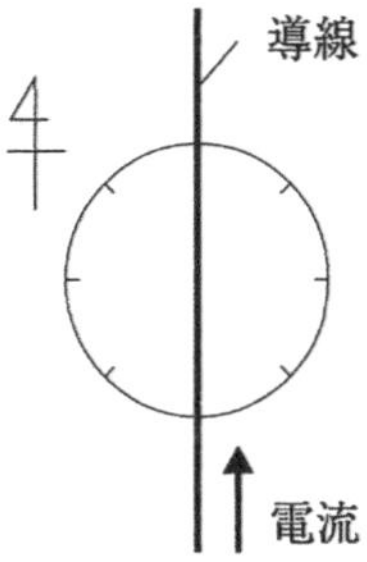

図2

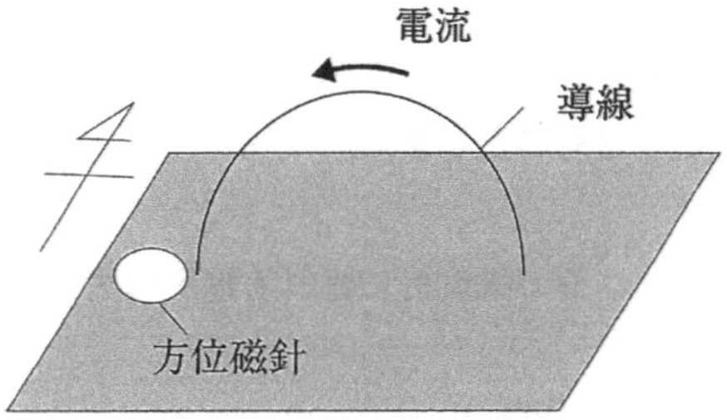

図3

ア

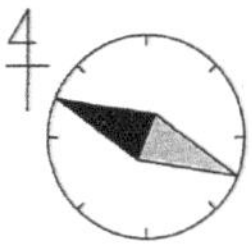

イ

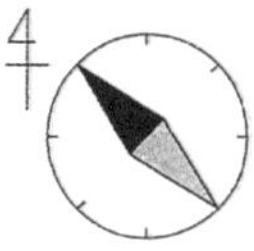

ウ

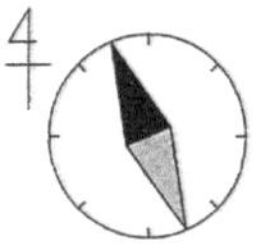

エ

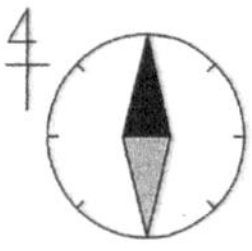

オ

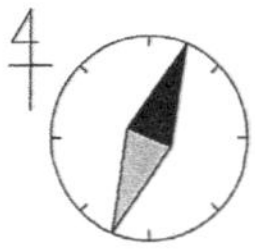

カ

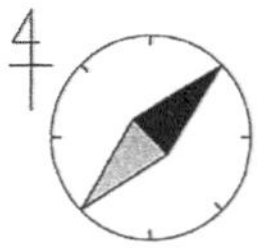

キ

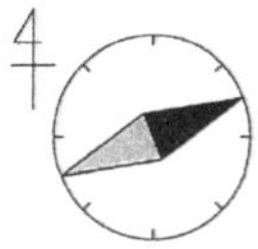

問3　図2、3の導線に流す電流をわずかに大きくしたとき、針の振れはどのようになると考えられますか。次のア～キからそれぞれ1つずつ選び、記号で答えなさい。

ア

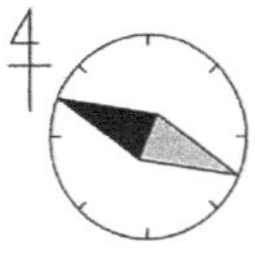

イ

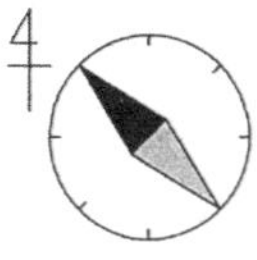

ウ

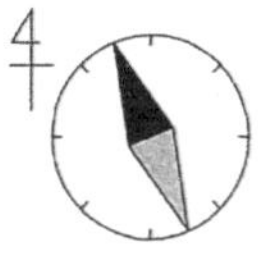

エ

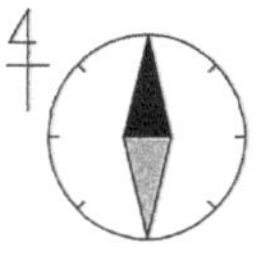

オ

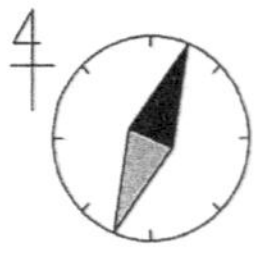

カ

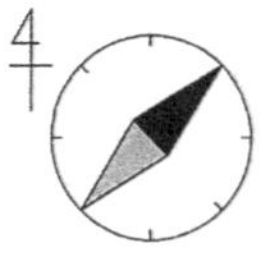

キ

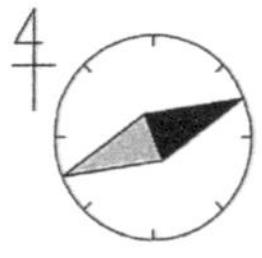

1学期に、回路の形によって流れる電流の大きさが変化することを学んだ農太君は、そのことを利用して複数の回路をつくり、いろいろな実験を行いました。

回路は、電圧の大きさが9Vの電池、電気抵抗《ていこう》の大きさが3Ωの電熱線A、電気抵抗の大きさが6Ωの電熱線B、電流計、導線を用いてつくりました。また、電熱線は電流が流れると熱を放出します。この熱で水を温めるとき、熱はすべて水温上昇に使われ、水全体が均一に温まるものとします。

問4　図4、5の電流計に流れる電流の大きさは何Aですか。それぞれ答えなさい。

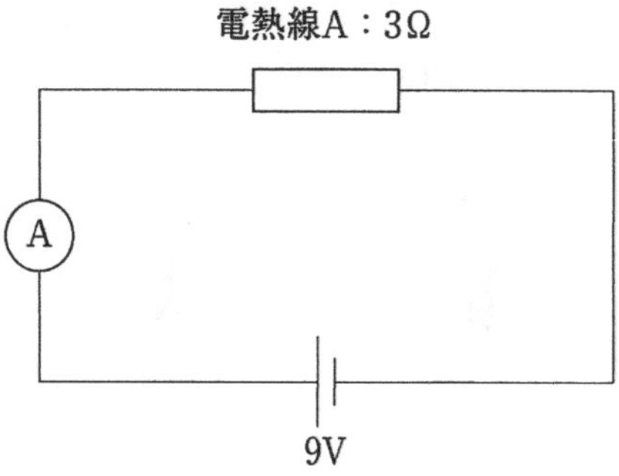

図4

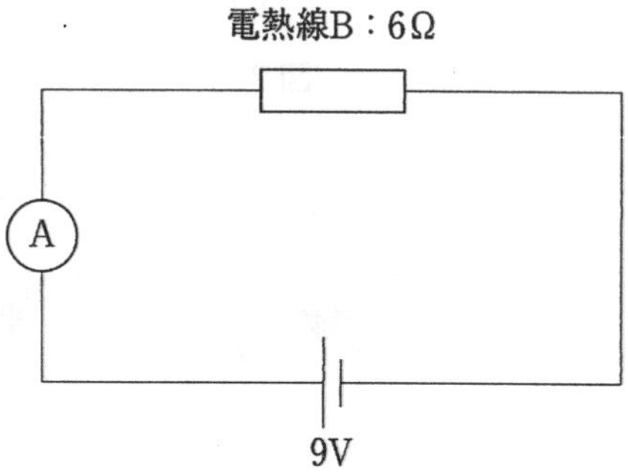

図5

問5　図４、５の回路の電熱線A、Bを水100gに入れ電流を流したとき、電流を流した時間と、水の上昇温度の関係を表すグラフとして正しいものはどれですか。次のア～エから選び、記号で答えなさい。

ア

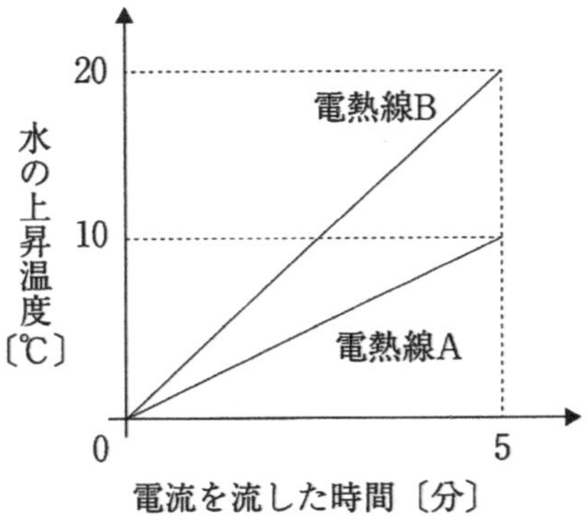

イ

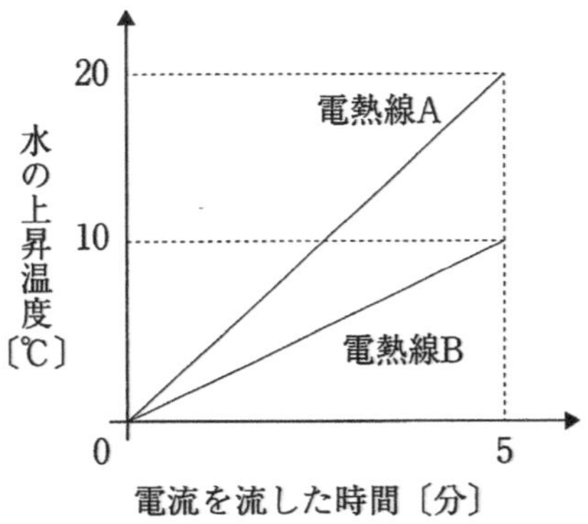

ウ

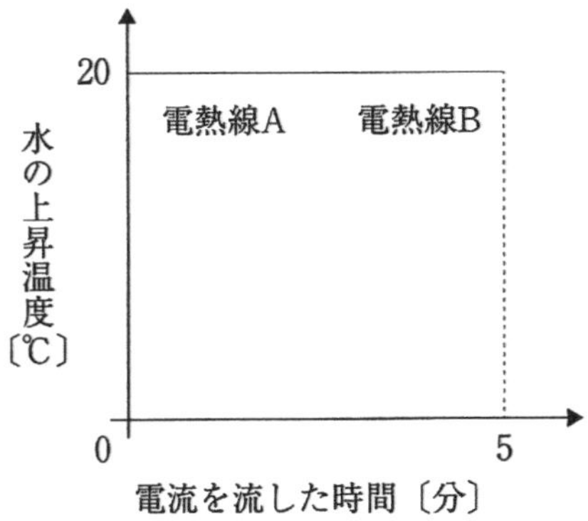

エ

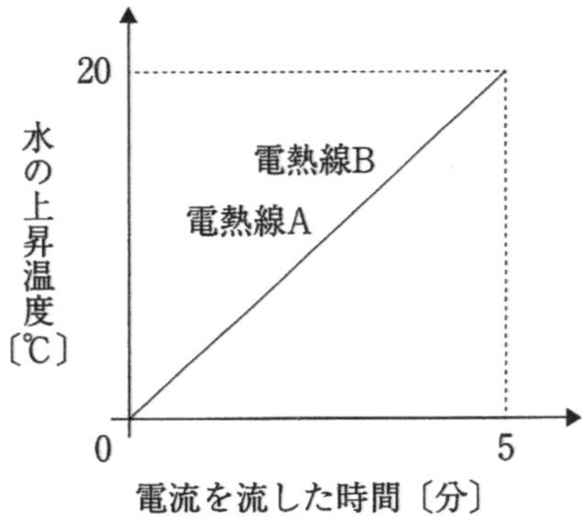

問6　図6の電熱線A、Bを水200gに入れて電流を10分間流しました。このとき、問5の結果から水の上昇温度は何℃になると考えることができますか。

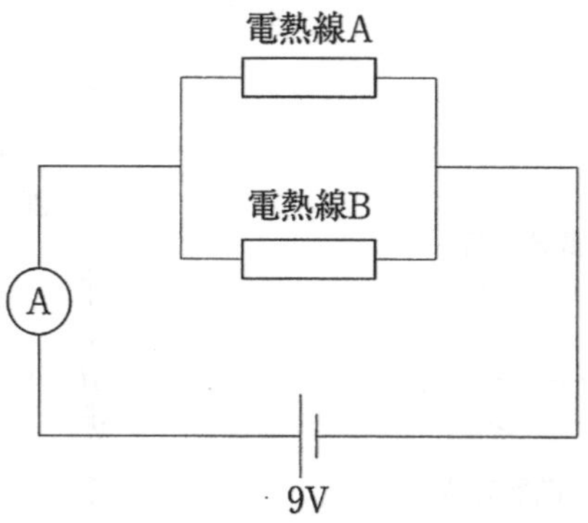

図6

問7　図7のように回路(a)～(e)をつくり電流を10分間流したとき、水の上昇温度が大きい回路から順に並べなさい。なお、電池の電圧はすべて9Vとします。

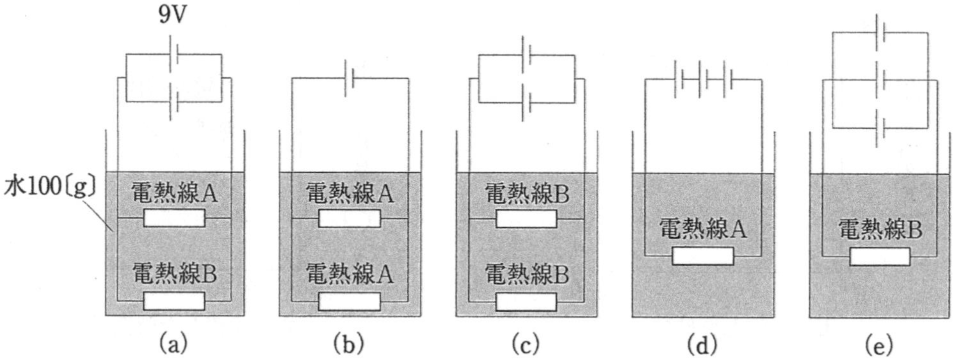

図7

問8　図８のように方位磁針X、Yを回路上に置いて電流を流したとき、方位磁針の針の振れはどのようになると考えられますか。おおよその位置をN極、S極がわかるようにそれぞれ作図しなさい。ただし、方位磁針は真下にある導線に流れる電流からの影響《えいきょう》は受けるが、周囲の導線からは影響を受けないものとします。

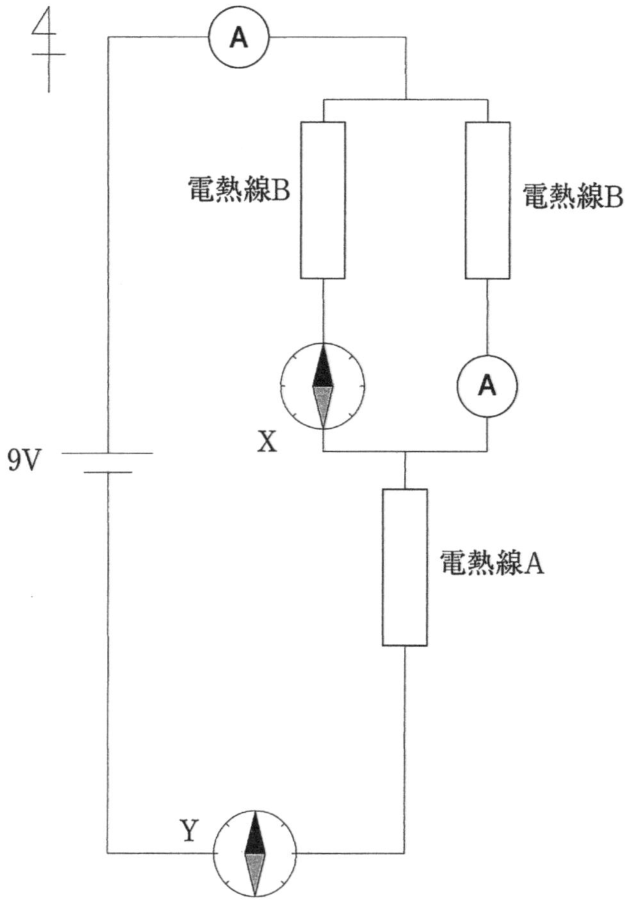

図８

令和４年度　入学試験（２月２日実施）

算　数

［50分］

［注意事項］

1．試験開始の合図があるまで、この問題用紙は開かないでください。
2．試験開始後、解答用紙にシールを貼《は》ってください。
3．解答は、すべて解答用紙に記入してください。
4．解答は鉛筆《えんぴつ》などで濃《こ》く記入してください。
5．問題は[1]～[5]まであります。ページが抜《ぬ》けていたら、すみやかに手を挙《あ》げ、監督《かんとく》の先生に申し出てください。

東京農業大学第一高等学校中等部

1 次の各問いに答えなさい。

（1） $5.6 \div \left(\frac{3}{5} \div \frac{9}{14} - 0.4\right) - 5\frac{1}{4}$ を計算しなさい。

（2） $\frac{4}{15} - \left(\square - \frac{19}{20}\right) \times 7 = \frac{1}{4}$ のとき、□にあてはまる数を答えなさい。

（3） $8 \times \left(660000\,\mathrm{mg} + 3140\,\mathrm{g} + 21\frac{1}{5}\,\mathrm{kg}\right) = \square\,\mathrm{t}$ のとき、□にあてはまる数を答えなさい。

2　下の表は、あるバスケットボールチームにおける1試合ごとの3ポイントシュートの打った数と成功した数を示したものです。次の各問いに答えなさい。

試合	A	B	C	D	E	F	G	H	I	J
打った数(本)	27	31	29	35	38	38	39	33	22	31
成功した数(本)	13	9	14	11	11	10	19	14	11	8

(1)　シュートの成功率が1番高かった試合はどの試合か、A～Jの記号で答えなさい。

(2)　全試合を通して、シュートの成功率は何%ですか。小数第2位を四捨五入して小数第1位までで答えなさい。

(3)　成功した数における、平均値と中央値をそれぞれ求めなさい。

3　次の各問いに答えなさい。

（1）下の図で、三角形 ABC は正三角形、四角形 BDEC は正方形です。角 x の大きさを求めなさい。

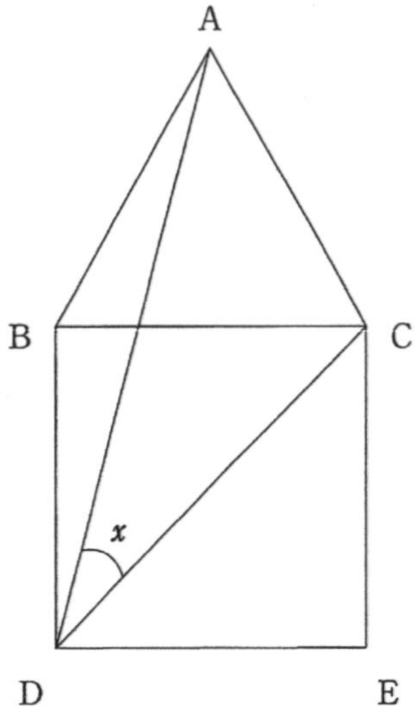

（2）下の図のような水平な台の上に置かれた容器に水が 6 cm の高さまで入っています。この容器に底面積が 12 cm^2、高さが 9 cm の鉄製の角柱を底面が容器の底につくように、まっすぐ入れると水面の高さは何 cm になりますか。ただし、容器の厚さは考えないものとします。

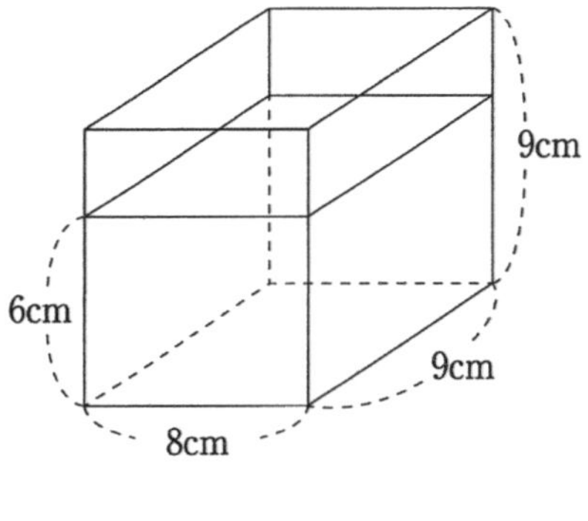

4　数字の「0」「2」を、次のように「2022」のかたまりが連続してできるように左から横一列に並べます。次の各問いに答えなさい。

2　0　2　2　0　2　2　0　2　2　0　2　2　………

（1）「2022」のかたまりをちょうど10個連続して並べました。数字の「0」と「2」はそれぞれ何個ありますか。

（2）「2022」のかたまりを連続して並べたところ、数字の「2」は47個ありました。「2022」のかたまりは全部で何個ありますか。

（3）「2022」のかたまりを連続していくつか並べたとき、左から2019番目、2020番目、2021番目、2022番目の数字を書きなさい。

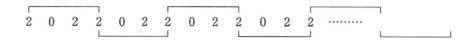

5 図1のように、地面からの高さが300 cmの位置に電灯があります。電灯の真下から120 cm離《はな》れた場所に200 cmの棒が垂直に立っています。はじめ君とみどりさんはこの棒に沿ってボールを動かして、ボールの影《かげ》の動き方を調べます。

図1

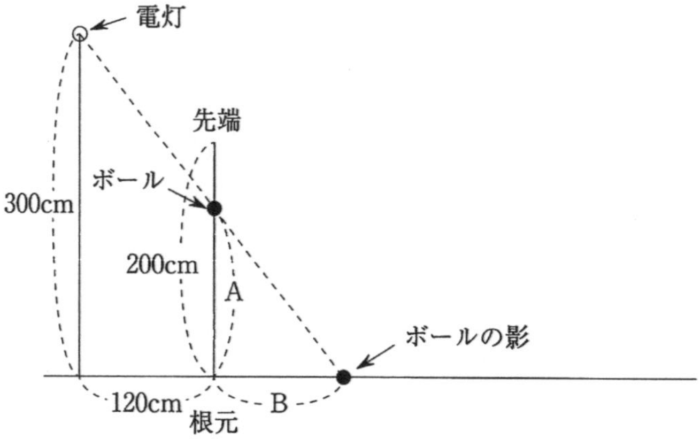

はじめ君　「棒に沿ってボールを動かすと影の位置がどうなるか調べてみよう。」

みどりさん　「棒の根元からのボールの高さをA、棒の根元からボールの影までの長さをBとするね。ボールを棒の先端《せんたん》の位置に動かしてみるね。」

はじめ君　「棒の根元からどれくらい離れているか、実際に測ってみると、Bはちょうど［ア］cmになったよ。」

みどりさん　「実際に長さを測らなくても、図2のように考えると長さがわかるんじゃないのかな。計算してみると［ア］cmとなったよ。」

図2

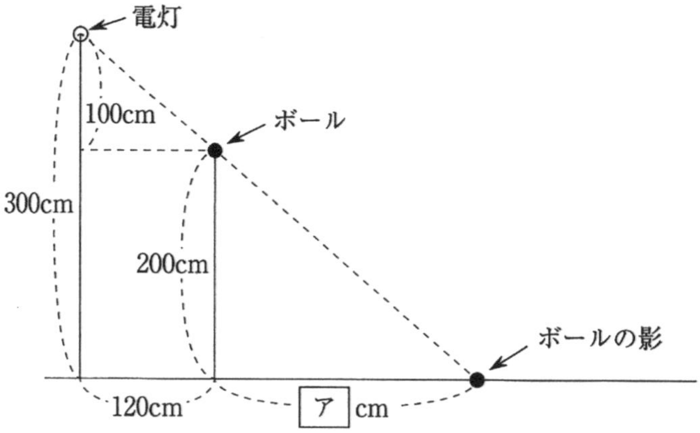

はじめ君　「実際に測らなくても図で考えればいいんだ。」

みどりさん「そうね。A をいろいろ変えて B を求めてみよう。」

はじめ君　「そうしよう。A を 140 cm にすると B は［イ］cm になって、A を 100 cm にすると B は［ウ］cm になったよ。でも、毎回図をかいて求めるのは大変だよ。なにかいい方法はないかな。」

みどりさん「こういうときは、文字を使って考えるといいよ。A が変わるので、A を x cm とするよ。」

はじめ君　「A を変えると B も変わるね。」

みどりさん「そうね。B を x を使った式で表せるといいね。」

はじめ君　「さっきと同じように図をかいてみるよ。」

みどりさん「その図に、長方形 R と 2 つの直角三角形 S, T をかき加えたら、図 3 のようになったよ。」

はじめ君　「図 3 の三角形 T の高さ(たての長さ)を x を使った式で表すと［エ］cm だ。」

図 3

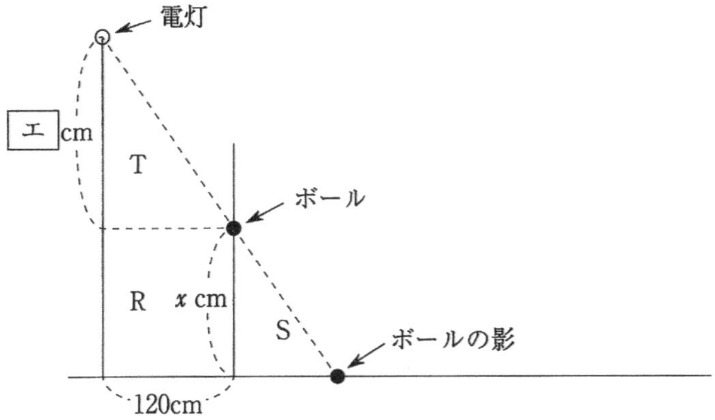

みどりさん「次に三角形 S と T をみてみると、S と T は拡大図と縮図の関係になっているね。」

はじめ君　「そうすると、B は $\frac{\boxed{\text{オ}}}{\boxed{\text{エ}}}$ cm となるね。」

みどりさん「このように B を x を使った式で表すことができると、x に具体的な値をあてはめて計算するだけで B を求めることができるね。」

はじめ君　「じゃあ、x にいろいろな値をあてはめてみよう。」

みどりさん「A と B の関係をグラフで表すことができれば、ボールの影の動き方がわかるね。」

はじめ君　「やってみるね。グラフで表すと［カ］になったよ。」

みどりさん「グラフを見ると、ボールの高さと影までの長さの関係がよくわかるね。」

次の各問いに答えなさい。

（１） ア、イ、ウにあてはまる数を答えなさい。

（２） エ、オにあてはまるような、文字で表された式を答えなさい。

（３） カにあてはまるグラフとして正しいものを、次の①～④の中から１つ選び、番号で答えなさい。

①

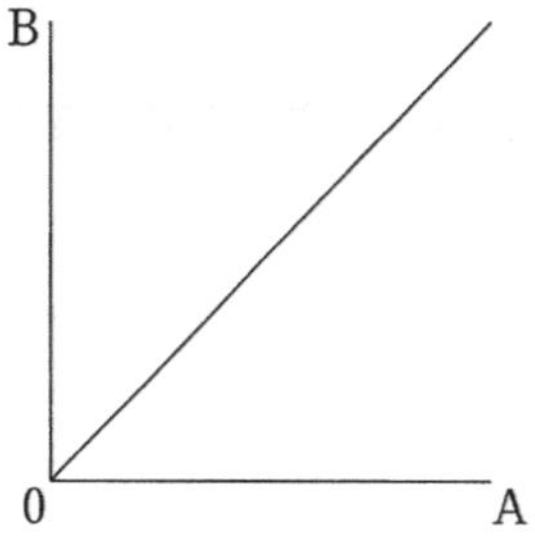

②

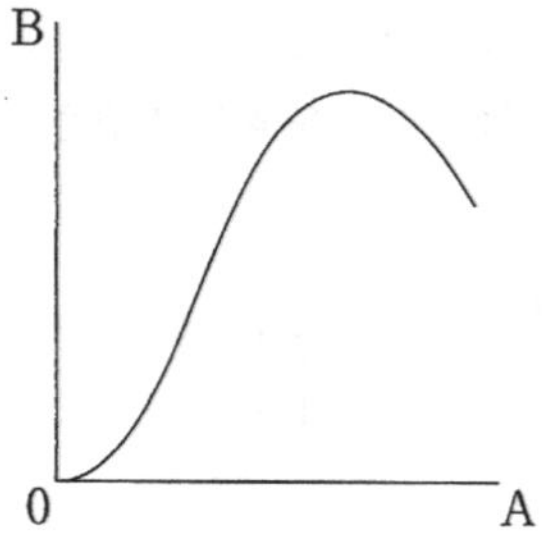

③

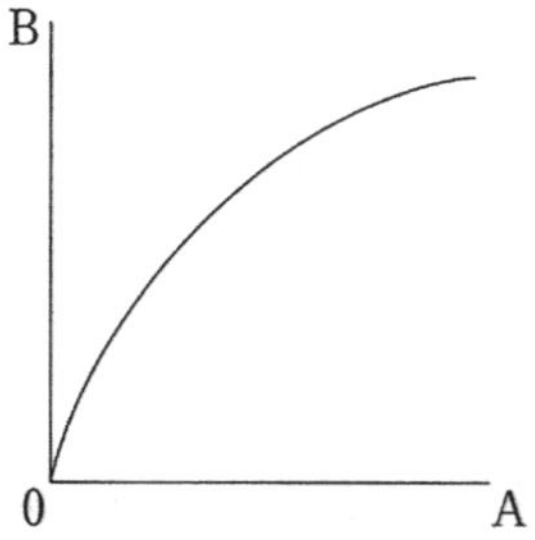

④

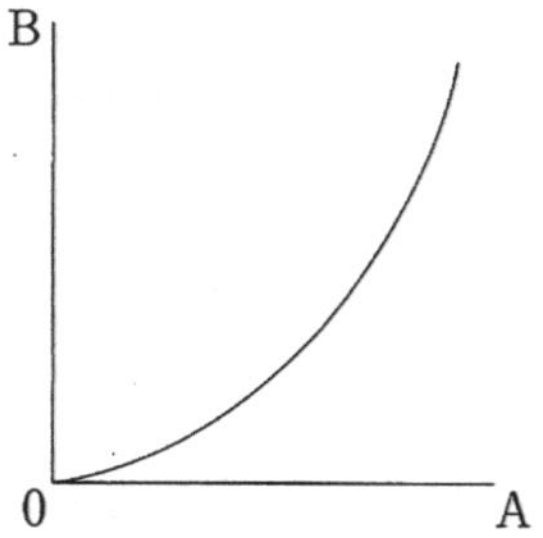

令和３年度　入学試験（２月２日実施）

国　語

［40分］

［注意事項］

1. 試験開始の合図があるまで、この問題用紙は開かないでください。
2. 試験開始後、解答用紙にシールを貼《は》ってください。
3. 解答は、すべて解答用紙に記入してください。
4. 解答は鉛筆《えんぴつ》などで濃《こ》く記入してください。
5. 問題は１ページ～13ページの合計13ページあります。
   ページが抜《ぬ》けていたら、すみやかに手を挙《あ》げ、監督《かんとく》の先生に申し出てください。
6. 解答の際、句読点、括弧《かっこ》などの記号は字数に含《ふく》むものとします。

東京農業大学第一高等学校中等部

一

次の①〜④の傍線部のカタカナを漢字に直し、⑤〜⑧の傍線部の漢字の読みをひらがなで答えなさい。また、送り仮名が必要な場合は送り仮名を付しなさい。

① 人々に重税をシイル政策。
② 頑張ってセイセキをのばす。
③ 体育の時間にジキュウソウをする。
④ 入学をイワウために外食する。
⑤ 大規模な工事が始まる。
⑥ 悲しい出来事に号泣する。
⑦ 魚をさばくために包丁を研ぐ。
⑧ 国王の命令に背く行動。

二

次の文章を読んで、後の問いに答えなさい。（設問の都合上、本文を一部省略してあります。）

人間にとって「知」とは何だろうか。専門知と集合知の問題を考えるためには、まずそこから始めなくてはならない。

二一世紀は「知識社会」だという声がある。二〇世紀までは土地、労働、資本などが富をうむ源泉だったのだが、今後は知識が鍵をにぎるという。なるほど、たとえば投資金融で利益をえようとすれば、各企業の製品開発力をただしく把握《はあく》し、成長の可能性について的確な判断ができなくてはならない。そのための評価表のようなものが、「知識」と見なされているのである。具体的にいうと、評価表の各項目をなす［A］データのようなものが「情報」であり、この情報（データ）群を体系的にまとめあげたのが、いわゆる「知識」だと常識的に定義されているのである。

こういう「知識社会」ないし「情報社会」のとらえ方は、近年、非常にひろく受け入れられるようになった。その内容はおよそ次のようなものだ。評価の基準をきちんと定め、第三者からなる委員会などの機関をつくり、できれば数値指標にもとづいて正しく評価し結果を公表すれば、1世界はますます透明になっていく。ネットは情報共有のために不可欠な重要手段であり、ネットを活用すれば、幾らでも知識を入手することができる。あとは市場での競争にまかせれば、ものごとは万事うまく進んでいくはずである……。

いかなる知識も情報も、こうしてグローバルな経済秩序のなかにたちまち組みこまれてしまう。換言《かんげん》すれば、2うまく組みこめないような知識や情報は、あっても無きものとされてしまうのである。この種の考え方が、市場原理を奉《ほう》じる新自由主義的なグローバリズムの潮流によってもたらされたことは、今さら言うまでもない。いまや、企業活動だけでなく、行政も、教育も、医療も、福祉も、文化芸術などの活動も、ことごとくそういう社会的なメカニズムの一要素と見なされるようになったのだ。

だが、知識や情報とは本当にそういうものだけなのだろうか。こういった知のとらえ方は、いかにも実践的で［B］なもののように見える。だが実は、[3]生命体としての人間の活動における知の役割というものを、［C］なところでとらえ損なっているのではないか。少なくとも、市場原理にもとづく「知識社会」や「情報社会」というイメージは、あまりに［D］すぎはしないだろうか。

断っておくが、ここで市場原理を頭から否定するつもりはない。※1マルキシズムにもとづく計画経済のほうが、市場経済よりすぐれているなどというのは懐古趣味である。情報学的に考えると、つねに変動するローカルな状況をふまえず、一部のエリートが※2イデオロギーにもとづいて大風呂敷《おおぶろしき》をひろげる計画経済は、ほぼ間違いなく失敗する。企業や個人などの経済主体がローカルな最適化をおこなってグローバル市場に自由参加するほうが、一部のエリートが［X］で国家規模・世界規模の最適化を押しつけるより、たぶん苦しむ人は少なくて済むことだろう。

にもかかわらず、である。ただ外部委員会をつくって分厚い評価書類をつみあげれば、それで世界が透明に見えてくるというのは、あまりに安易で愚劣《ぐれつ》な思考ではないのか。正確にいえば、評価書類の内容は一つの解釈であり、対象のある側面に光をあてる以上のものではない。評価自体はひとまず尊重すべきだとしても、それだけを「真理」として信じこむのは新たな権威主義にすぎないのである。

その証拠に、もし米国流の外部評価のシステムが正しく機能していたなら、いったいなぜ二〇〇八年の※3リーマンショックは起きたのか。投資銀行リーマン・ブラザーズの倒産は、恐ろしい地球規模の金融危機をひきおこした。米国だけでなく、日本の経済もまだこのショックから立ち直っていない。周知のようにリーマンショックの原因は前年の※4サブプライム・ローンつまり米国の住宅バブルの破綻《はたん》である。

常識的に考えれば、大して収入もなく信用度の低い労働者たちの持ち家願望に乗じて住宅ローンを押しつけ、そのローン債権を証券として売りさばくなどというのは、詐欺まがいのビジネスである。いつか破綻するのは目に見えているではないか。

そういった危ない証券に、米国の一流格付け会社は非常に高い評価点をあたえていた。この種の証券は高い価値があるというのが、貴重な「知識」だったのだ。もちろん、格付け会社の社員が怠けていたわけではない。彼らはみな秀才で、難しい数式を駆使《くし》し、大量のデータを用い、コンピュータをブン回して「厳密で公正な評価作業」をおこなっていた。だが実は、彼らのしていたことは、ウォール街にたむろする一握りの投資家たちの金銭欲を一時的に満足させるための、[4]歪《ゆが》んだ資料づくり以上のものではなかったのである。

リーマンショックによる不況の影響は、この国でもひきつづき深刻である。もうそろそろ、米国流の知識社会の幻想から覚めてもよい頃なのだが、どうもわれわれは未だに欧米信仰にとりつかれ、あまりに想像力が欠けているのだ。

こんなことをのべると、グローバル・ビジネス推進派から※5守旧派《しゅきゅうは》扱いされるかもしれない。言うまでもないが、米国流のオープンな市場主義を全面否定するのは間違いである。この国には伝統的に内向きで閉鎖的な風土があり、とかくムラをつくって仲間内に都合のよい談合をしたがる。なにも※6原子力ムラだけの話ではないのである。だから、情報公開や外部評価の意義を叫ぶことの意義は十分あるのだ。

しかし、忘れてはならないことは、情報公開や外部評価を※7ご託宣《たくせん》のように信奉するのは、狭いムラの内部規律を後生大事に信奉するのと、まあ五十歩百歩だということである。手間も費用もかかるのは困るけれど、ムラの弊害《へいがい》が深刻な場合には効果的な場合もある、というくらいに考えておいたほうがよい。

言いかえると、公開された情報にもとづいて外部機関が評価作業をおこなっても、非合理的な悲劇がもたらされる可能性は十分にある。リーマンショックなど単なる一例にすぎない。完全なデータと論理にもとづく評価などありえない以上、当然のことである。

いちばん問題なのは、客観的な世界が存在し、しかるべき評価作業をおこなえば透明度がまして、世界の様子がわかってくるはずだ、という単純な思いこみである。この思いこみは、客観的な世界の様子を記述する知識命題が存在し、それらを上手にあつめて記憶し編集すれば世界をより深く正確に知ることができるようになり、さらには世界を操作できるようになる、という常識的な考え方につながっている。

だが、実際には知識命題とは、それを学校で習おうとネットから検索してこようと、所詮《しょせん》は誰かがおこなった一種の解釈にすぎないのではないか。とすれば、所与の知識命題がネットに海のようにあふれることで、かえって判断が混乱し、思考力が衰える恐れもあるだろう。もっと大切なのは、手際よく所与の知識命題をあつめてくることではなく、自分が生きる上でほんとうに大切な知を、主体的に選択して築き上げていくことのはずである。

【中略】

肝心なことは、ここでいう知識命題とは、自分の行為や生活から練り上げた体験知ではなく、天下りにあたえられ、自分が手をふれて変更することなど不可能な「所与の知」だという点である。両者のあいだには5本質的ちがいがある。この相違を理解するには、母語と外国語の学習の相違を考えればわかりやすい。

母語を学ぶ幼児は、周囲にある事物を名指ししながら、何とか家族とコミュニケーションをとろうと努める。そして生活のなかで試行錯誤をくりかえしながら、次第に事物の概念と音声記号の関係を身につけていく。一方、外国語の初心者はそうではない。初心者の努力はもっぱら、母語と外国語との対応関係を暗記することにそそがれる。つまり、外国語の初心者は、表向き外国語をつかっているように見えても、実はそれを頭のなかで翻訳《ほんやく》し、母語の概念をもとに思考しているのである。だから外国語学習の場合、母語とちがって、家族や仲間内でしか通用しない※8ジャーゴンを創りだしたりはできない。「それは日本人のよくやる誤りです」とネイティブに言われればそれまでだ。外国語の知識はあくまで「所与の知」なのである（もちろん、外国語に熟達してくれば話はちがってくるのだが）。

「所与の知」は、外国語の知識だけにかぎらない。当然ながら、いわゆる専門知の大半は、このなかに含まれる。たとえば、自分では不法行為だと感じたとしても、法律家ではない普通の人は、法律の条文の専門的解釈がおかしいとは思わない。異議をとなえられるのは、裁判官や法学者だけなのだ。実はネットのなかにあふれる知識命題のうちかなりの部分は、こういった専門知なのである。

だが、時代は変わり、すでに裁判員制度も導入されている。受け身の発想にとらえられているかぎり、集合知の可能性は限られてしまう。もし専門知にかかわる集合知という新たな知の枠組みを本気でもとめるなら、単にネットから所与の知識命題をあつめてくればよいというわけにはいかない。誰しもが、6知の構築という困難な作業と向き合わなくてはならなくなるのである。

（西垣通『集合知とは何か　ネットの時代の「知」のゆくえ』による）

※1　マルキシズム……社会主義思想の一つ。
※2　イデオロギー……政治的・社会的なものの考え方。
※3　リーマンショック……二〇〇八年に米国のリーマン・ブラザーズという投資銀行が倒産し、それに伴って世界の金融、経済市場が大きく混乱した出来事。
※4　サブプライム・ローン……信用度の低い、所得の少ない人に貸し出す住宅ローン。
※5　守旧派……昔からの習慣や制度を守る人々。
※6　原子力ムラ……原子力発電をめぐる利権によって結ばれた社会的集団。
※7　ご託宣……神仏のお告げ。
※8　ジャーゴン……部外者には理解できない隠語、専門語。

問一　空欄 A ～ D に入る語として、最もふさわしいものを次のア～エの中からそれぞれ選び、記号で答えなさい。ただし、同じ記号を用いてはいけません。

ア　効率的　　イ　断片的　　ウ　一面的　　エ　根本的

問二　傍線部1「世界はますます透明になっていく」とはどういうことですか。説明したものとして、最もふさわしいものを次のア～オの中から選び、記号で答えなさい。

ア　情報を公開し、評価基準をきちんと定めれば、隠し事がなくなり、悪いことをするような人がいなくなるということ。

イ　数値に基づいた一定の評価基準を定め、情報を公開すれば、一見誰から見ても平等で公平な世界になるということ。

ウ　一定の評価基準を作るために、分厚い資料を用意し、様々な情報を入手することが必要であるということ。

エ　世界を一定の評価基準でまとめ、ネットから様々な情報を入手することで、誰でも簡単に富裕層になれるということ。

オ　第三者による評価を重要視し、その評価を上げることを目的に行動すれば、誰にとっても素晴らしい世界ができるということ。

問三　傍線部2「うまく組みこめないような知識や情報」の例として、最もふさわしいものを次のア～オの中から選び、記号で答えなさい。

ア　近所のラーメン屋には一日に五百人以上の客が来る。
イ　この建物はとても暗く、雰囲気が悪い。
ウ　天気予報で今日は三十五度の猛暑日と言っていた。
エ　日本では毎年四千二百万トンのごみが出ている。
オ　医療に関する企業の株価が大きく上がった。

問四　傍線部3「生命体としての人間の活動における知」の例として、最もふさわしいものを次のア～オの中から選び、記号で答えなさい。

ア　各企業の製品開発力を数値化したもの
イ　決まった答えのない問題に取り組む能力
ウ　サブプライム・ローンに対する高い評価
エ　ローン契約の際に必要な人々の信用度
オ　第三者による外部評価システム

問五　空欄 X に入る四字熟語として最もふさわしいものを次のア～オの中から選び、記号で答えなさい。

ア　一期一会　イ　上意下達　ウ　相互補完　エ　切磋琢磨　オ　暗中模索

問六　傍線部4「歪んだ資料づくり以上のものではなかった」とありますが、なぜそう言えるのですか。その理由を説明したものとして、最もふさわしいものを次のア～オの中から選び、記号で答えなさい。

ア　大量のデータを用いて公平な情報処理をしていたつもりが、いつの間にか収入の低い人に合わせた基準になってしまったから。
イ　秀才と呼ばれる人々が、信用度の低い人々をターゲットにしたサービスに対して、あえて高い評価を与えていたから。
ウ　一部の投資家を満足させるために、自分たちに都合のよい評価基準を作り、みながそれに従わなければならなかったから。
エ　格付け会社が、データを基に公正な評価基準を作っていたはずが、一部の投資家が利益を得るための評価基準になっていたから。
オ　公正な評価のために分厚い評価書類を積み上げ、大量のデータを使う必要があると感じていたから。

問七　傍線部５「本質的ちがい」とありますが、どのような「ちがい」のことですか。最もふさわしいものを次のア～オの中から選び、記号で答えなさい。

ア　「体験知」とは、自らの生活をもとに見つけ出した自然法則のことを指すが、「所与の知」とは、自らの生活とは全く関係のない知識という違い。

イ　「体験知」とは、自らが体験した変えることのできない事実であり、「所与の知」とは、状況により使い方が変わる人間の本能であるという違い。

ウ　「体験知」とは、人間が様々な経験の中から獲得した力であり、「所与の知」とは、もともと世界に存在する変えることができない知識であるという違い。

エ　「体験知」とは、人間の歴史の中で生まれた一般常識のようなもので、「所与の知」とは、客観的な事実に基づき場面によって使い方が変わる知識であるという違い。

オ　「体験知」とは、人間が生きるうえで必要な手放すことのできない知識であるが、「所与の知」とは、誰とでも交換可能な知識であるという違い。

問八　傍線部６「知の構築という困難な作業」とありますが、どういうことですか。最もふさわしいものを次のア～オの中から選び、記号で答えなさい。

ア　ニュートンの万有引力や、アインシュタインの相対性理論のような誰かが唱えた知識を使うのではなく、それまでになかった全く新しい知識を発見するということ。

イ　最新の科学研究に基づく知識を得るのではなく、日本人が初めて外国語を学ぶ時のように、すでに持っている知識と新しい知識を比較するということ。

ウ　インターネットに溢《あふ》れる誰かが解釈した知識を機械的に身につけるのではなく、自分が生きるために必要な知恵を主体的に身につけるということ。

エ　外国語を初めて学ぶ日本人のように、母語との対応関係を学ぶのではなく、法律の条文を丸暗記するように、知識そのものを学ぶということ。

オ　難しい数式や、大量のデータを駆使して問題を解決するのではなく、数式や、大量のデータそのものを自ら作り出し、世界に広めるということ。

問九　筆者の主張に合致するものを次のア～オの中から二つ選び、記号で答えなさい。

ア　現在「知識」とは、「情報」の集合体と考えられており、ほとんどの知識は市場原理の中に組み込まれてしまっている。

イ　グローバリズムの発展により、インターネットからいくらでも知識を得ることができ、その知識を使えば誰でもエリートになることができる。

ウ　日本人の持っている閉鎖的な傾向をなくし、情報公開や外部評価作業を行えば、グローバル化が進み、日本がますます豊かになる。

エ　世界のエリートが一定の評価基準で評価作業をすれば、誰でも世界を見通すことができ、多くの人にとって平等な社会を作ることができる。

オ　集合知という新たな知の可能性を広げるためには、インターネットにあふれる専門知を集めるだけではいけない。

三　次の文章を読んで、後の問いに答えなさい。（設問の都合上、本文の一部を省略してあります。）

科学者は観測や実験によって得られた客観的な事実をもとに仮説を立て、自然界の現象を忠実に再現できるような理論モデルをつくっています。どんなに美しい仮説も、自然と合致していなければ幻想でしかありません。

［A］ときには、科学者の思想のようなものが先にあって、それを再現するため、いわば[1]主観的に立てられた仮説もあります。スタインハートとトゥロックが※1サイクリック宇宙を着想したきっかけは、なぜ時間には「始まり」があるのかという疑問でした。時間が始まる前は「無」だったとすると、宇宙がなぜできたのかを説明するには、万能の創造主である「神」のような存在を認めざるをえなくなることが、受け入れられなかったのです。

ビッグバン、あるいはインフレーションという考え方が登場して以来、物理学者たちは否応《いやおう》なく、時間や宇宙の始まりという問題と向き合わなくてはならなくなりました。なかでも私が敬愛してやまない二人のスターは、とりわけ[2]先鋭的にこの問題に立ち向かったのです。

アインシュタインは実験をしなかったことでも有名です。彼の実験場は、つねに彼の頭の中にありました。［B］思考実験です。彼の革命的な発見の多くは、ひらめきとともに、自然や宇宙はこうあるはずだという思想をも理論化して生まれたのです。

なかでも、特殊相対性理論に続いてつくりあげた[3]一般相対性理論は、アインシュタイン自身が「わが人生で最良のアイデア」と自画自賛する会心作でした。それまでの空間や時間の概念を、根こそぎ変えてしまったのですからそれも当然でしょう。

しかし、彼はあることに気づき、深く悩みはじめます。この※2方程式を宇宙に応用して、宇宙という「器」の中に物質があると考えると、宇宙自体が物質の引力に引っ張られて、将来的に収縮してしまう可能性があるのです。彼は当時の常識として、宇宙は収縮も膨張《ぼうちょう》もせず静止していると確信していました。これだけ革命的な思考の持ち主にしては不思議な気もしますが、宇宙が絶対的に静粛《せいしゅく》なる空間であることを信じて疑っていなかったのです。

　彼はついに、自然現象とは関係なく勝手に、つまり人為的に、方程式に定数を導入することを決意します。ただし勝手にといっても、定数というものはある程度は自由に入れることが許されるので、けっして反則というわけではありません。こうしてアインシュタイン方程式が示す宇宙は、彼の望むとおりに静止しました。この定数を「宇宙項」といいます。

　ところが、ルメートルという物理学者が、宇宙項の存在を知らずにアインシュタイン方程式を解いたところ、宇宙は膨張するという解になりました。すると、時間を逆戻りさせれば宇宙は小さな点になる！　そう考えたルメートルは、宇宙は高温で高密度の微小《びしょう》な粒子が爆発し、膨張してできたとする、のちに「ビッグバン」と呼ばれる膨張宇宙論を提唱するのです。

　それを知ったアインシュタインは、[4]露骨に嫌悪感を示しました。その理由には、ルメートルがカトリック教会の神父であり、小さな粒子の爆発が『創世記』の「光あれ」を連想させたこともあるといわれています。[5]キリスト教に強く反発していたアインシュタインは、宇宙に「始まり」があるという考えを断固として否定しました。

　ところが、大事件が起こります。一般相対性理論の発表から14年後の１９２９年、イギリスの天文学者ハッブルは宇宙が膨張していることを観測します。それを受けてガモフがルメートルの膨張宇宙論を発展させ、[6]眉唾《まゆつば》ものとされていたビッグバンは本当にあった現象と考えられるようになったのです。

　本書のテーマ「時間の逆戻り」が人生においても可能だったら……と思うことは私自身、少なくありませんが、それは天才アインシュタインも同じでした。あんな辻褄《つじつま》合わせをせず、方程式が示す動的な宇宙をちゃんと受け入れてその理由を考えていれば、ビッグバン理論も自分が発見できたのに――彼は宇宙項を入れたことを「[7]わが生涯最大の過ち」と悔やみつづけました。

　とはいえビッグバンまで発見していたら、もはやアインシュタインが「神」レベルになってしまいますが、彼の残念な気持ちは痛いほどよくわかります。

　しかし、ここからが面白いところです。[8]アインシュタインの宇宙項は、じつは失策ではありませんでした。それどころか、ノーベル賞ものの大発見だったのです。

　彼が世を去ってから40年余りがたって、宇宙は加速膨張していることが発見されました。ふつうは宇宙にある物質の重力に引っ張られて膨張速度は減速するはずなのに、逆に加速していたのです。この異様な事態は、ダークエネルギーのしわざであると考えられています。インフレーションを引き起こしたものと同様の、宇宙最大の〝暗黒キャラ〟です。その後のくわしい観測によって、宇宙は「始まり」において急激に加速膨張（インフレーション）したあと、減速膨張に転じましたが、約40億年前から再び加速膨張を開始したこともわかりました。この加速膨張こそは「第二のインフレーション」とも呼ばれているもので、発見したパールムッターらには２０１１年、ノーベル物理学賞が与えられました。

　ところが、じつはこのダークエネルギーこそは、アインシュタインが方程式に挿入した宇宙項そのものだったのです。宇宙を静止させるために導入された宇宙項は、ビッグバン理論によって宇宙像が一変したことで、宇宙を加速膨張させるエネルギーとして約100年越しに再認識されることになりました。宇宙に「始まり」があることを忌避《きひ》したアインシュタインは、結果として、みずからの手で「宇宙の始まり」の原動力を発見していたのです。さすがというべきか、皮肉というべきなのか。死後のアインシュタインにしてみれば、結果的に大発見をしていたことはうれしくても、あなたのつくる宇宙はやっぱり膨張するじゃないかと言われているようで、「宇宙項ってやつは俺をどれだけ振り回すんだ」と複雑な気持ちかもしれません。

C

自然界の四つの力のうち、重力を除く三つには引力と※4斥力《せきりょく》があってバランスがとれています。重力だけが引力しかなく、このことが重力を特別な力とみなす理由の一つとなっています。ダークエネルギーは現在、重力における斥力、つまり反重力かもしれない唯一の例です。では、その正体は何なのか？　これは宇宙最大級の謎といえます。

なにしろダークエネルギーが宇宙全体の物質（エネルギーを含む）に占める割合は69%にもなるので、影響力は絶大です。これが宇宙を加速的に広げるため、宇宙の将来は空っぽな虚無であることが確実視されています。スペースアクションものなら、さしずめ悪の破壊神でしょう。

「宇宙を空っぽになんてさせるものか！　俺たちがこの宇宙を守ってみせる！」

世界中のヒーローがそう言って力を合わせて戦っても、地球人などは、宇宙の5%にも満たない※3バリオンしか使えないマイノリティー種族です。すでに破壊神は宇宙を掌握《しょうあく》してしまっているので、残念ながら現状では勝負にもなりません。これからの地球人の物理学は間違いなく、この破壊神――ダークエネルギーの解明が、最重要テーマとなるでしょう。

古代インドの宇宙観では、人間は宇宙の中心である須弥山《しゅみせん》の上に住んでいて、山がある大地の下には3頭の象がいて、象の下には亀がいるという話をしました。いまの宇宙の全物質に占める割合にあてはめれば、※5ダークマターを亀とすると、ちょうどその3倍程度のダークエネルギーが3頭の象ということになります。地球人はまだ、正体不明なものの名前を亀や象からダークマターやダークエネルギーと言い換えただけです。観測によって、9それらが「ある」ことはわかったものの、それが「なに」かは、皆目わからないのです。後世の人たちからみれば私たちも、象や亀がいる宇宙を考えた古代の人と、ほとんど変わりがないのかもしれません。

（高木裕一『時間は逆戻りするのか』による）

※1　サイクリック宇宙……宇宙にはそもそも時間的な起点などなく、収縮→衝突（ビッグバン）→膨張→収縮→……というサイクルを何度も繰り返しているという奇抜なモデル。
※2　方程式……ある結論を導き出すための決まった方法。
※3　バリオン……通常の物質を構成する粒子。
※4　斥力……二つの物体が互いにはね返そうとする力。
※5　ダークマター……ダークエネルギーと同様に現時点では正体が解明されていない物質。

問一　空欄 A 、 B に入る語として、最もふさわしいものを次のア～オの中からそれぞれ選び、記号で答えなさい。ただし、同じ記号を用いてはいけません。

ア　たとえば　　イ　なぜなら　　ウ　つまり　　エ　もし　　オ　しかし

問二　傍線部１「主観的に立てられた仮説」についての説明として、最もふさわしいものを次のア～オの中から選び、記号で答えなさい。

ア　科学者が実験から得た客観的なデータを無視して主張する、根拠の不明な仮説。
イ　科学的な分析を行うことなく、科学者が自分の信念をもとに打ち出した仮説。
ウ　科学者が他の科学者の主張を参考にせず、一人で考え導き出した独創的な仮説。
エ　常識に縛られず、あるがままの自然現象を再現するために科学者が考案した仮説。
オ　科学者が直面した問題について、生涯をかけて答えを導き出し理論化した仮説。

問三　傍線部２「先鋭的」、４「露骨に」、６「眉唾もの」の本文中での意味として、最もふさわしいものを次のア～オの中からそれぞれ選び、記号で答えなさい。

２「先鋭的」
ア　進んで現状を変えようとするさま
イ　互いに切磋琢磨し競い合うさま
ウ　先人たちの思想を継承するさま
エ　多角的に物事を見極めようとするさま
オ　熱心に物事に取り組むさま

４「露骨に」
ア　強烈に
イ　即座に
ウ　隠さずに
エ　遠慮がちに
オ　無礼に

６「眉唾もの」
ア　人をだますことを目的に偽造されたもの
イ　真偽が不明で嘘か本当か判断できないもの
ウ　現実味がなく人々から非難されるもの
エ　理論上実現不可能とされているもの
オ　非論理的で矛盾を抱えているもの

問四 傍線部3「一般相対性理論」とはどのように位置づけられている理論ですか。ふさわしいものを次のア〜オの中から**二つ選び**、記号で答えなさい。

ア 現実世界での実験ではなく、頭の中での思考実験によって生み出された理論。

イ 宇宙が収縮も膨張もせず、絶対的に静粛であることを証明した理論。

ウ 宇宙の謎を解き明かし、万物の創造主である「神」の存在を発見した理論。

エ 当時の時間や空間についての一般的な常識を変えることになった理論。

オ 宇宙には起源があるという主張が後に否定される決定打となった理論。

問五 傍線部5「キリスト教に強く反発していたアインシュタインは、宇宙に「始まり」があるという考えを断固として否定しました」とありますが、どういうことですか。最もふさわしいものを次のア〜オの中から選び、記号で答えなさい。

ア アインシュタインは半信半疑で「神」の存在について調べたが、結局キリスト教の思想は理解できず、自分と異なる立場の意見を認められなかったということ。

イ アインシュタインはキリスト教を受け入れることができず、キリスト教徒に新たな価値観を示そうとして一般相対性理論を提唱したということ。

ウ アインシュタインは、ルメートルがキリスト教徒であったため、彼の提唱する、宇宙は膨張しないという主張を批判したということ。

エ アインシュタインは、自画自賛するほど自信のあった一般相対性理論を否定することになるキリスト教の思想を、どうしても受容できなかったということ。

オ アインシュタインほどの天才であっても、キリスト教を認めたくないという思いから自説にこだわり、客観的な事実と向き合えなくなったということ。

問六 傍線部7「わが生涯最大の過ち」の内容を三十字以内で説明しなさい。

問七　傍線部8「アインシュタインの宇宙項は、じつは失策ではありませんでした」といえるのはなぜですか。最もふさわしいものを次のア～オの中から選び、記号で答えなさい。

ア　ガモフがルメートルの膨張宇宙論を発展させ、ビッグバンが本当にあった現象だと示したことによって、アインシュタインの一般相対性理論も見直されることになったから。

イ　宇宙が加速膨張していることが判明した結果、それまでは宇宙の膨張を減速させる力を持つと考えられていたアインシュタインの宇宙項が、実際には真逆の力を持つことが明らかになったから。

ウ　長い間、アインシュタインは宇宙に始まりがあるとは考えていなかったと思われていたが、近年の研究の結果、実はアインシュタインは動的な宇宙に対して肯定的だったことがわかったから。

エ　アインシュタインが用いた宇宙項は、当初、宇宙が動的であることを否定するためのものであったが、後になってから、宇宙を膨張させるエネルギーだったことが判明したから。

オ　宇宙の大部分を占めるダークエネルギーは謎に満ちた物質であり、その正体をあばくための手掛かりとしてアインシュタインの宇宙項が再び注目されることになったから。

問八　空欄 C には次の1～5の文を並べ替えた文章が入ります。1～5を正しい順に並べ替えたものとして、最もふさわしいものを次の【選択肢】ア～カの中から選び、記号で答えなさい。

【文】

1　ドラえもんのタケコプターにも利用されているようですが、本当にそんな力があるかもしれないのです。

2　しかし、重力には引力しかないのに、ダークエネルギーは宇宙を広げる外向きの力、すなわち斥力です。

3　さて、その宇宙項すなわちダークエネルギーですが、「力」という意味では、時空におよぼされるものなので、重力と同じといえます。

4　反重力といえば、SFファンにとっては宇宙船の動力などでおなじみかもしれません。

5　ということは、重力とは反対向きの「反重力」である可能性があります。

【選択肢】

ア　3→2→5→4→1
イ　3→5→4→1→2
ウ　2→5→1→3→4
エ　2→1→3→5→4
オ　4→1→3→2→5
カ　4→2→1→3→5

問九 傍線部9「それらが「ある」ことはわかったものの、それが「なに」かは、皆目わからない」とありますが、どういうことですか。最もふさわしいものを次のア～オの中から選び、記号で答えなさい。

ア 古代の人も現代を生きる私たちも、宇宙が加速膨張していることは知っているが、その理屈は理解していないという点において同じであるということ。

イ 古代の人も現代を生きる私たちも、理解できないものについては客観的な観測をせずに、主観的な意味付けをするという点において同じであるということ。

ウ 古代の人も現代を生きる私たちも、ダークエネルギーがあることはわかっていても、それがどういったものかは知らないという点において同じであるということ。

エ 古代の人も現代を生きる私たちも、正体不明なものを身近なものでたとえることで、その謎を解こうとしているという点において同じであるということ。

オ 古代の人も現代を生きる私たちも、宇宙に関心を持っているが、その大部分はわからず、理解もできていないという点において同じであるということ。

問十 本文の内容に合致するものを次のア～オの中から**二つ選び**、記号で答えなさい。

ア 宇宙は収縮や膨張を繰り返していると長い間考えられてきたが、アインシュタインの発見により宇宙は静止していることが証明された。

イ アインシュタインは思考実験により、宇宙は静止していると結論付けたが、ハッブルは宇宙が膨張していることを実際に観測した。

ウ アインシュタインは一般相対性理論に宇宙項を入れたことを一度は後悔したが、後に宇宙項がダークエネルギーであることがわかると、自らの発見を喜んだ。

エ 反重力の唯一の例として考えられるダークエネルギーによって、宇宙が加速的に広げられるため、今後宇宙は虚無になることが予想される。

オ 頭の中で行う思考実験によって立てた仮説は、実際に実験を行い、客観的なデータを得て、それを根拠としているわけではないため、信頼してはならない。

令和３年度　入学試験（２月２日実施）

理　科

［40分］

［注意事項］

1．試験開始の合図があるまで、この問題用紙は開かないでください。
2．試験開始後、解答用紙にシールを貼《は》ってください。
3．解答は、すべて解答用紙に記入してください。
4．解答は鉛筆《えんぴつ》などで濃《こ》く記入してください。
5．問題は１ページ～19ページの合計19ページあります。ページが抜《ぬ》けていたら、すみやかに手を挙《あ》げ、監督《かんとく》の先生に申し出てください。

東京農業大学第一高等学校中等部

1 次の文章を読み、以下の問いに答えなさい。

Ⅰ 東京の八王子市のある公園では、毎年6月にモリアオガエル(写真1)というカエルの卵塊《らんかい》(写真2)を見つけることができます。この卵塊のあわの中には、卵がつつまれて入っています。卵塊の大きさは直径15cmほどです。モリアオガエルの親はこの卵塊を、池の上にせりだしている木の枝などに産み付けます。卵塊の中で卵はふ化しておたまじゃくしが出てきます。卵塊は池の上にあるので、出てきたおたまじゃくしは池に落ちて、しばらく池で暮らします(図1)。農太郎くんは、このモリアオガエルの卵塊について調査を行うことにしました。

まず、卵塊から何匹のおたまじゃくしが出てくるのかを調べることにしました。まだおたまじゃくしが出てきていない8個の卵塊を水そうに浮かべて、何匹のおたまじゃくしが出てくるのかを数えました。結果は次のとおりです。

【結果】 卵塊から出てきたおたまじゃくしの数

卵塊	1	2	3	4	5	6	7	8
おたまじゃくし(匹)	226	151	275	231	305	269	240	303

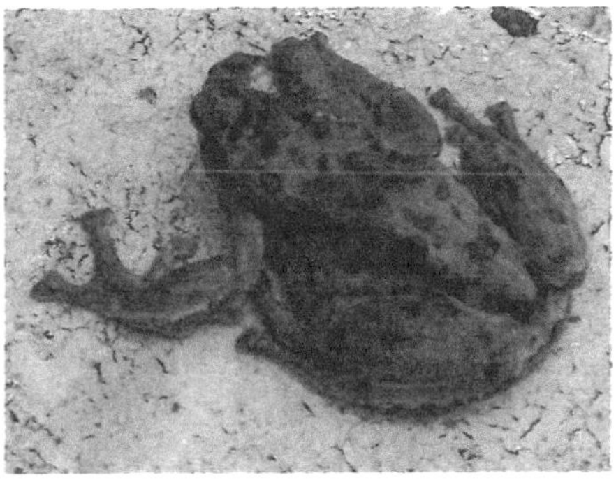
写真1

写真2

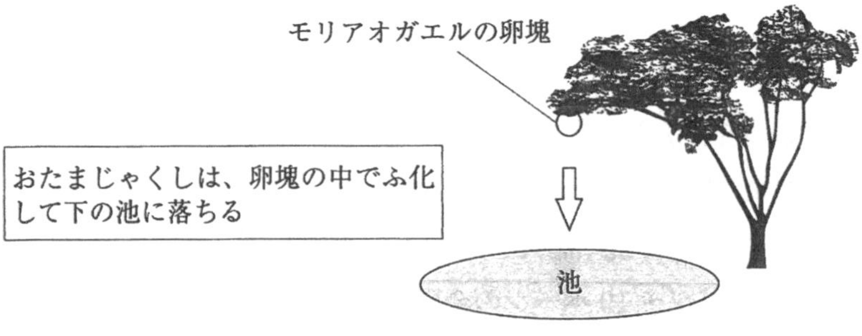

図1

問1　動物のなかま分けをするとき、背骨があるかどうかで区別します。カエルには背骨がありますが、そのような動物をまとめて何と言いますか。

問2　おたまじゃくしの呼吸は、親とは異なる器官を使います。その器官の名まえを答えなさい。また、背骨がある動物で、カエルのように成長するにしたがって呼吸に使う器官が変わる動物のグループをまとめて何と言いますか。

問3　卵塊から出てきたおたまじゃくしの数の平均を求めなさい。

問4　モリアオガエルの卵塊に含《ふく》まれている卵の大きさはおよそ2.5～３㎜です。次にあげる動物の卵を、大きいものから順に並び替えて、記号で答えなさい。

ア．ウズラ　　イ．メダカ　　ウ．モリアオガエル　　エ．ヒト　　オ．ニワトリ

問5　農太郎くんは、卵塊から出てきたおたまじゃくしを、水そうで育てることにしました。自然界にはおたまじゃくしを食べる生物がいて、すべてカエルになることはできません。生きているおたまじゃくしを食べる生物として正しいものを、次のア～オからすべて選び、記号で答えなさい。

ア．メダカ　　イ．ヤゴ　　ウ．ミジンコ　　エ．ミカヅキモ　　オ．タガメ

Ⅱ　農太郎くんがおたまじゃくしを育てていると、卵塊から出てきたおたまじゃくしが水に浮かんでいる卵塊のあわを食べているところが観察できました(写真3)。びっくりした農太郎くんは、このあわをキンギョやイモリに与えたところ、キンギョやイモリも食べました。農太郎くんは卵塊にはデンプンが含まれているかもしれないと予想し、実験を行いましたが、結果はデンプンが含まれていないことを示すものでした。次に、タンパク質が含まれているかを確かめるために、高校生のお兄さんと一緒に実験を行ったところ、タンパク質が含まれていることがわかりました。卵塊のあわは、卵の入れ物としての役割だけではなく、おたまじゃくしの食物としての役割ももつことがわかりました。

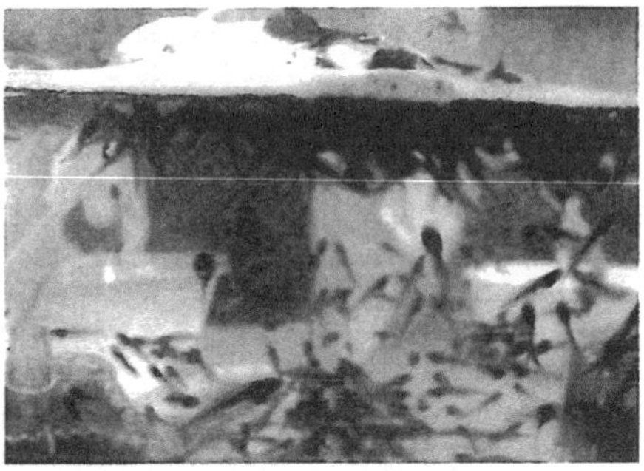

写真3

問6　下線部の実験の方法と結果について最も正しいものを、次のア～カから選び、記号で答えなさい。

ア．水酸化ナトリウム水溶液《すいようえき》を卵塊にたらしたところ、水酸化ナトリウム水溶液の色が変化しなかった。

イ．水酸化ナトリウム水溶液を卵塊にたらしたところ、水酸化ナトリウム水溶液の色が青むらさき色に変化した。

ウ．エタノールを卵塊にたらしたところ、エタノールの色が変化しなかった。

エ．エタノールを卵塊にたらしたところ、エタノールの色が青むらさき色に変化した。

オ．ヨウ素液を卵塊にたらしたところ、ヨウ素液の色が変化しなかった。

カ．ヨウ素液を卵塊にたらしたところ、ヨウ素液の色が青むらさき色に変化した。

問7　モリアオガエルのおたまじゃくしは卵塊のあわを食べていましたが、そのあわがなくなったあとは、どのようなものを食べますか。また、カエルになるとどのようなものを食べますか。その組み合わせとして正しいものを、次のア～エから選び、記号で答えなさい。

	おたまじゃくし	カエル
ア	水草	水草
イ	水草	バッタ
ウ	タニシ	ドングリ
エ	ゲンゴロウ	水草

問8　農太郎くんがおたまじゃくしを育てていくと、おたまじゃくしは写真4のように変化しました。この写真4の前と後で起こるおたまじゃくしのからだの変化について正しいものを、次のア～オからそれぞれ選び、記号で答えなさい。

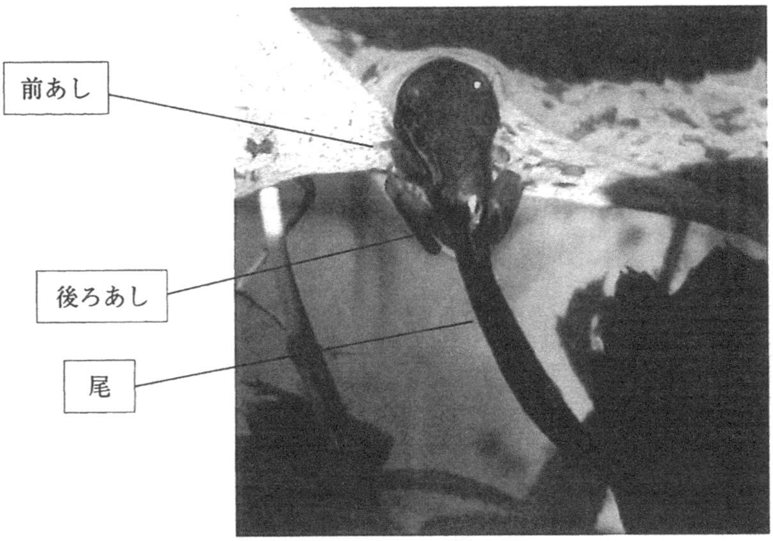

写真4

ア．尾が2本になる。
イ．尾が短くなる。
ウ．前あしが出てから、後ろあしが出てくる。
エ．後ろあしが出てから、前あしが出てくる。
オ．背中にひれがはえる。

Ⅲ　農太郎くんがモリアオガエルの卵塊を公園の中で探すと、池の木以外のさまざまな場所にも産み付けられていることがわかりました。おどろいたことに、下に水のない場所にも産み付けられていました。それは、常に水があるわけではない排水溝《はいすいこう》の上に産み付けられていた卵塊です。この卵塊の中でおたまじゃくしが育って、下に落ちるとそこに水はなく死んでしまう恐れがあります。農太郎くんはモリアオガエルの産卵の条件として水の深さと時刻に注目して、どのような場所にモリアオガエルが卵塊を産むのかを家族の協力を得て調べることにしました。

【方法】　Ａ～Ｅの各地点の水の深さを、０時から23時まで１時間ごとに測定し、卵塊が産み付けられたかを同時に調べました。

【結果】　各地点の水の深さは次のグラフのとおりです。地点ＡとＣとＥでは、測定していた地点の上のかべに卵塊が観察されました。

地点A

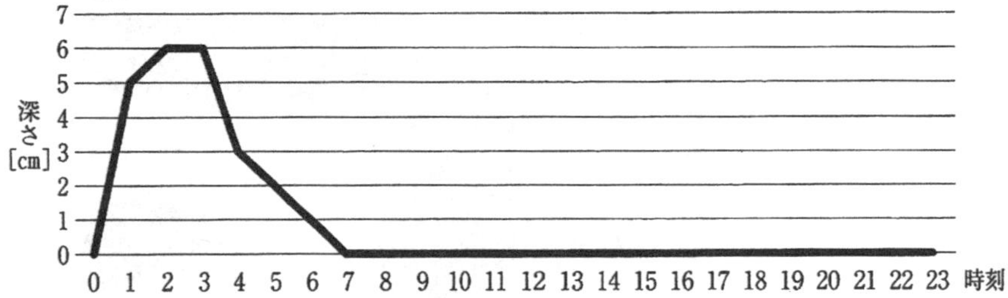

地点B

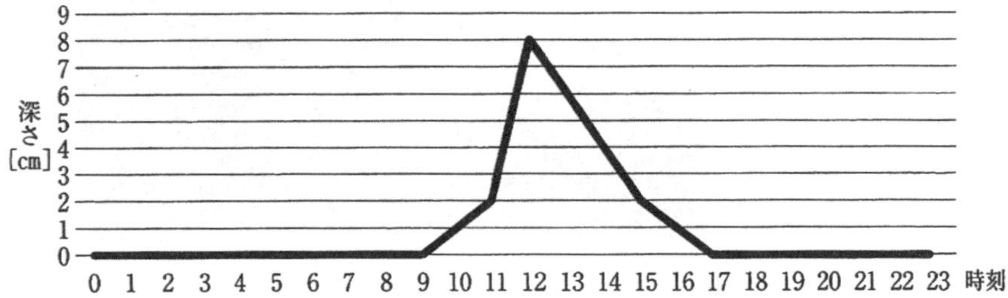

地点C

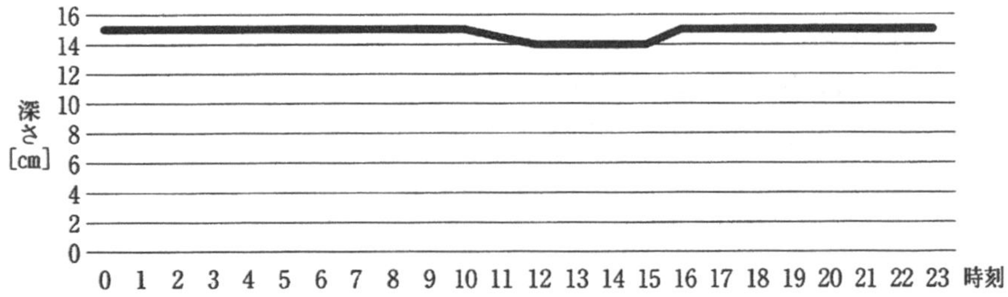

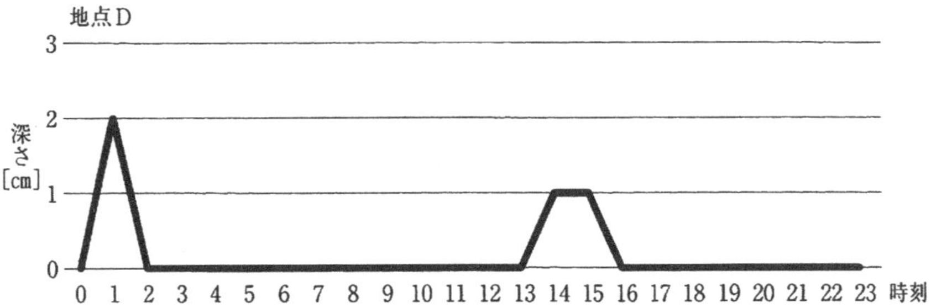

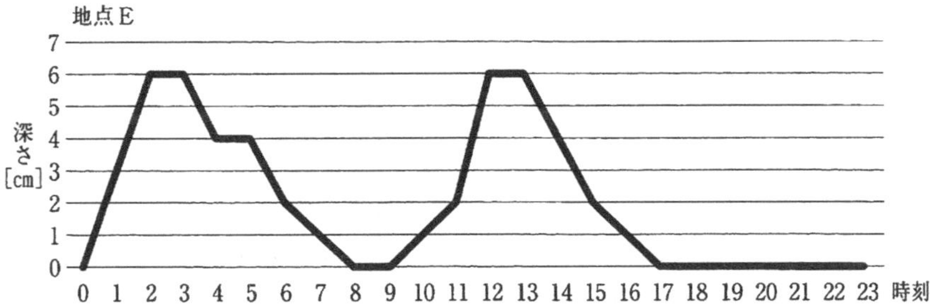

問9　この調査結果からモリアオガエルの産卵する条件として考えられるものを、次のア～カから選び、記号で答えなさい。

ア．水の深さが夜に1cm以上ある時間が1時間続くとその場所の上で産卵する。
イ．水の深さが昼に1cm以上ある時間が1時間続くとその場所の上で産卵する。
ウ．水の深さが10cm以上ないと産卵しない。
エ．水の深さが4cm以上ある時間が2時間続くとその場所の上で産卵する。
オ．水の深さが夜に4cm以上ある時間が2時間続くとその場所の上で産卵する。
カ．水の深さが昼に4cm以上ある時間が2時間続くとその場所の上で産卵する。

農太郎くんたちは、この調査から得られたことをいかして、下に水のないところに産み付けられてしまったモリアオガエルの卵塊を保護することにしました。

2 水溶液《すいようえき》に関する以下の問いに答えなさい。

Ⅰ　７本の試験管Ａ～Ｇに以下に示した７種類の水溶液を入れましたが、これらの水溶液はいずれも無色なので、区別がつかなくなってしまいました。そこで、Ａ～Ｇのそれぞれの試験管にどの水溶液が入っているかを調べるためにさまざまな実験をしました。

①　うすい塩酸　②　砂糖水　③　アンモニア水　④　食塩水
⑤　炭酸水　⑥　アルコール水　⑦　水酸化ナトリウム水溶液

【実験１】　それぞれのにおいをかいでみたところ、ＢとＣから鼻をさすようなにおいがした。また、Ａからはあまいにおいがした。
【実験２】　リトマス紙を使って調べたところ、ＣとＤの２つが同じ変化をし、ＢとＦの２つが同じ変化をした。また、Ａ、Ｅ、Ｇは変化が見られなかった。
【実験３】　Ａ、Ｅ、Ｇの水溶液を器具ａに移し、加熱したところ、Ａは火が付いた。また、水分がなくなると、Ｅは白い固体が残り、Ｇは黒っぽい固体が残った。
【実験４】　Ａ～Ｇの試験管に石灰水を加えたところ、Ｄの水溶液では白くにごった。

問１　実験２の調べ方として最も正しい方法はどれですか。次のア～エから選び、記号で答えなさい。

ア．リトマス紙を試験管内の水溶液に直接つける。
イ．蒸留水（純粋《じゅんすい》な水）でリトマス紙をぬらし、それを試験管の口にかざす。
ウ．試験管を傾《かたむ》けて少量の水溶液をリトマス紙にたらす。
エ．ガラス棒の先端《せんたん》を試験管内の水溶液につけ、それをリトマス紙につける。

問２　実験３の器具ａとして最も適当なものはどれですか。次のア～オから選び、記号で答えなさい。

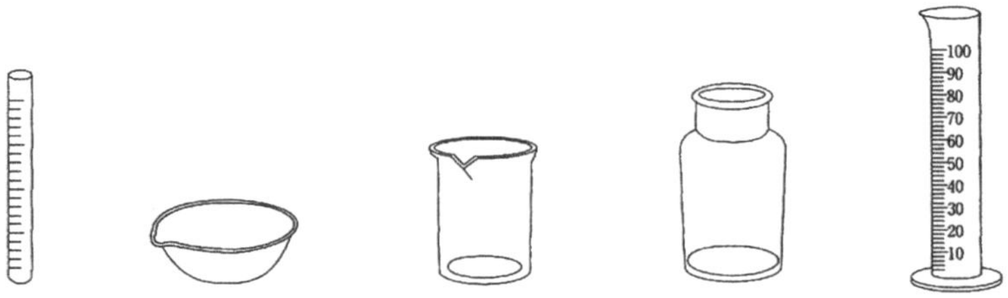

ア　イ　ウ　エ　オ

2021(R3) 東京農業大学第一高中等部　第２回
K 教英出版

問３　Ａ～Ｇの水溶液は、①～⑦のどれですか。それぞれ番号で答えなさい。

問４　身近なものの中で、リトマス紙につけたときにＢ、Ｆと同じ変化をするものを答えなさい。

Ⅱ　試験管を10本用意して、Ｈ～Ｑの記号を付けました。それぞれの試験管に、ある濃《こ》さの塩酸を５cm^3入れ、ある濃さの水酸化ナトリウム水溶液を下の表のように体積を変えて加えた。その後一定量をとり、BTB液で色の変化を調べました。

試験管記号	H	I	J	K	L	M	N	O	P	Q
塩酸[cm^3]	5	5	5	5	5	5	5	5	5	5
水酸化ナトリウム水溶液[cm^3]	1	2	3	4	5	6	7	8	9	10
BTB液	黄	黄	黄	黄	緑	青	青	青	青	青

問５　Ｍ～Ｑの水溶液は何性ですか。

問６　Ｈにムラサキキャベツ液を入れると何色になりますか。

問７　Ｑの水溶液の水分をすべて蒸発させると、白い固体が残りました。残った固体の名まえをすべて答えなさい。

問８　Ｈ～Ｌの水溶液の水分を蒸発させた時に、固体が最も多く残るものを、Ｈ～Ｌの記号で答えなさい。

問９　Ｈ～Ｑの試験管にスチールウールを入れました。反応して気体を発生した試験管をすべて選び、記号で答えなさい。

問10　塩酸５cm^3のみを入れた試験管とＨ～Ｑの試験管に十分な量のアルミニウム片を加えたときに発生する気体の体積をグラフで表したとき、おおよその形はどのようになりますか。次のア～コから選び、記号で答えなさい。ただし、グラフの縦軸《たてじく》は発生する気体の体積、横軸は加えた水酸化ナトリウム水溶液の体積[cm^3]を表しています。

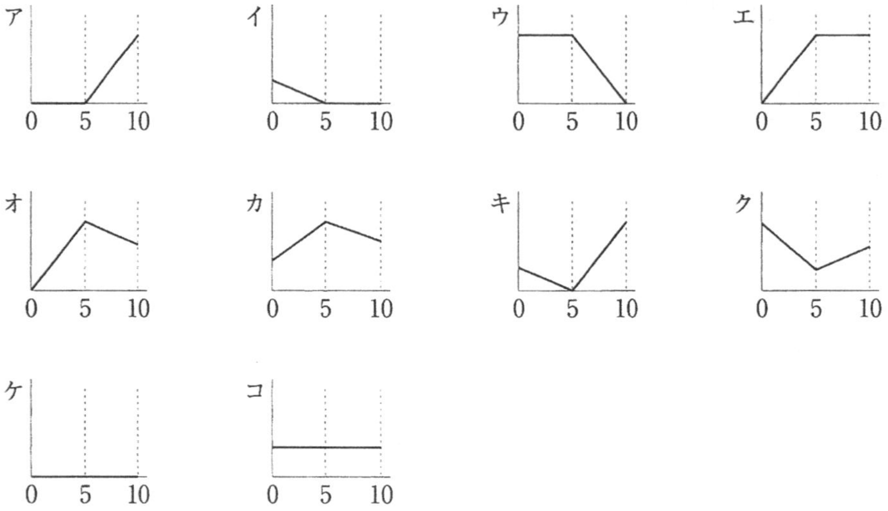

（次のページにも問題が続きます）

3 音についての次の会話を読み、以下の問いに答えなさい。ただし、音は風などの影響《えいきょう》をうけることはなく、地上のどれだけ離れたところにいても届くものとします。

先生　：こんにちは。今日は、『音』について考えてみたいと思います。

農太君　：先生こんにちは。僕らはどのようにして音を聞いているのですか。

先生　：音は波の一種で、音源の振動《しんどう》が空気に伝わり、その空気が鼓膜《こまく》を振動させています。このとき、空気中にできる音の波は図1のように表すことができるとします。また、波には①反射や屈折などの性質があります。

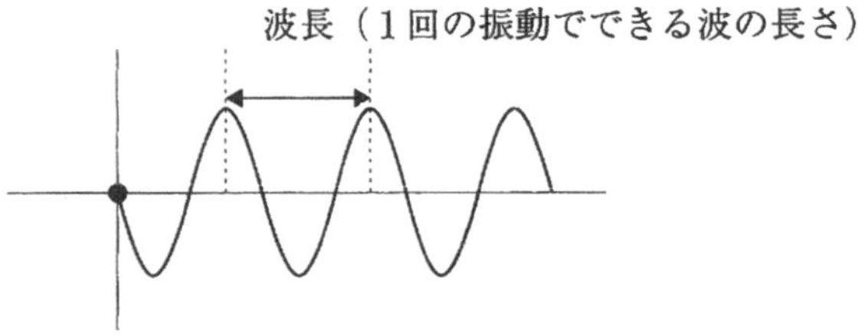

図1　波の形

そして、波の重要な関係式として、以下の式が成り立ちます。

音の速さ　＝　音の振動数　×　音の波長

波長とは、1回の振動でできる波の長さのことを言います。また振動数とは、1秒間当たりの振動回数のことを言います。例えば1秒間に10回振動した(10個の波ができた)場合の振動数は10Hz《ヘルツ》ということになります。

農太君　：ということは、波長に振動数をかけると、音が1秒間に進む距離が求められるんですね。

先生　：そうですね。

私たちが聞く音の高低は振動数(観測者が1秒間に聞く波の数)によって決まります。音は、振動数が多いほど高く聞こえ、振動数が少ないほど低く聞こえます。振動数600Hzの音を0.3秒間鳴らしたとき、波は(　ア　)個できます。また、その音の速さが秒速340mであったとすると、この音は0.5秒後には(　イ　)m先まで届くことになります。

農太君　：先生が教えてくれた関係式を使うと、その音の波長は(　ウ　)mですね。

東京農業大学第一高等学校中等部　令和三年度入学試験（二月二日実施）国語　解答用紙

氏名

受験番号

↓ここにシールを貼《は》ってください↓

※100点満点
（配点非公表）

21020213

一

① シイル

② セイセキ

③ ジキュウソウ

④ イワウ

⑤ 大規模

⑥ 号泣

⑦ 研ぐ

⑧ 背く

※

二

問一
A
B
C
D

問二

問三

問四

問五

※

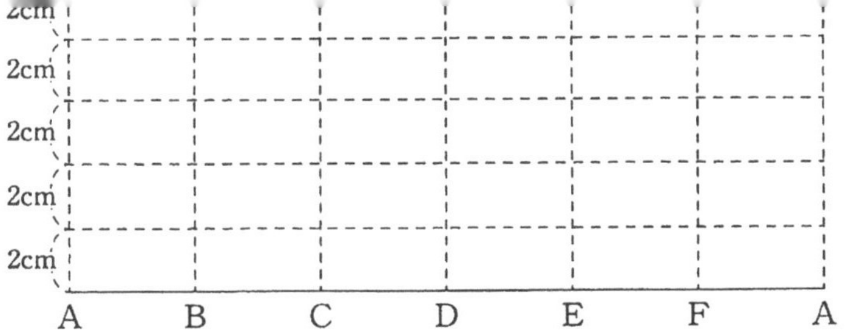

5

(1)	(2)	(3)
秒後	秒後	

6

(1)	(2)	(3)
	番目	番目

↓ここにシールを貼《は》ってください↓

※150点満点
(配点非公表)

受験番号	氏　　名

21020211

東京農業大学第一高等学校中等部

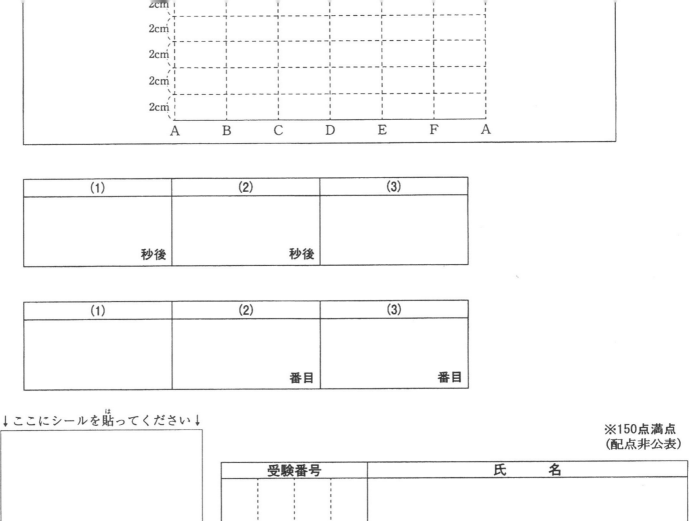

問4	Hz	問5	カ	問6	Hz		
問7	キ	ク	ケ	問8			

4

問1	①	②	③	④	⑤
問2	X	Y	Z	問3	
問4		問5			
問6		問7			
問8	(1)				
	(2)				

↓ここにシールを貼《は》ってください↓

※100点満点
(配点非公表)

受験番号	氏　　名

21020212

東京農業大学第一高等学校中等部

令和３年度　入学試験（２月２日実施）理科　解答用紙

1

問1		問2	器官	グループ

問3	匹

問4	→ → → →

問5		問6		問7	

問8	前	後	問9	

2

問1		問2		問3	A	B	C

問3	D	E	F	G	問4	

問5	性	問6	色

問7		問8	

問9		問10	

3

問1	ア	イ	ウ

【解答

令和３年度　入学試験（２月２日実施）算数　解答用紙

1

(1)	(2)	(3)
		時間　　分　　秒

2

(1)	(2)	(3)
cm^2	°	%

(4)	(5)

3

仕事A	仕事B	仕事C	仕事D
人	人	人	人

4

(1)	(2)
：　：	

【解答

問九

三

問一

A

B

問二

問三

2

4

6

問四

問五

問六

問七

問八

問九

問十

※

※

※

※

※

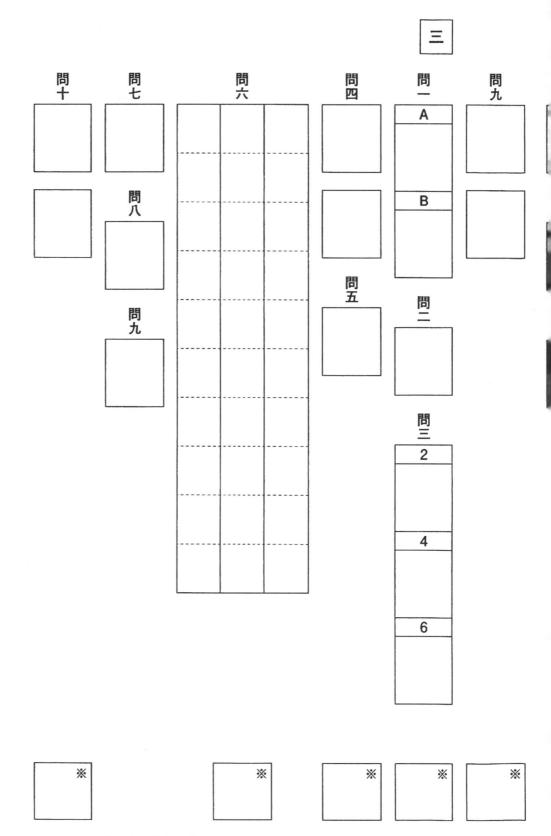

問1　(　ア　)～(　ウ　)に入る数字を答えなさい。ただし、(　ウ　)は小数第三位を四捨五入して答えなさい。

問2　下線部①の反射を表す現象として正しいものはどれですか。次のア～エから選び、記号で答えなさい。

ア．リコーダーとピアノで『ド』の音の聞こえ方が異《こと》なる。
イ．水中で音を出すことにより水深を測ることができる。
ウ．壁を隔《へだ》てて音が聞こえる。
エ．音は昼に比べて夜のほうが遠くまで聞こえやすい。

先生　：さて、農太君は救急車などのサイレンの音を聞いて不思議に思ったことはありますか。

農太君　：横を通り過ぎる前後で聞こえる音が変わって不思議に思いました。

先生　：ではなぜ、音が変化したのかを考えてみましょう。

まず、止まっている観測者に救急車(音源)が一定の速さで近づくときを考えます。音の速さは秒速340m、音の振動数は600Hz、音源は秒速16mで観測者に近づいているとします。

音源が動いても、最初に音源が音を出す位置は図２の地点Oなので、観測者(地点P)に最初の音が到達するまでの時間は変わりません。音源が音を鳴らしながら地点O'まで到達したとき、図２のようにOP間にある波の個数と、O'P間にある波の個数は同じになります。

農太君　：音の速さは秒速340mで、音源の速さは秒速16mだから、音を出してから１秒後を考えたとき、初めに音源が出した音の到達地点と１秒後の音源との間の距離は(　エ　)mですよね。

ただ、１秒間に音源が鳴らす振動数(音源が空気を振動させる回数)は変わらないから波長は(　オ　)mとなって、音源が動いていないときの波長(　ウ　)mと変わります。そして波長が変われば、波の重要な関係式から、観測者が聞く振動数(観測者を通過する波の数)も変わりますよね。この振動数の音を観測者は聞くのだから、１秒間に聞く波の数は増えて、音の高さが高くなるのですね。

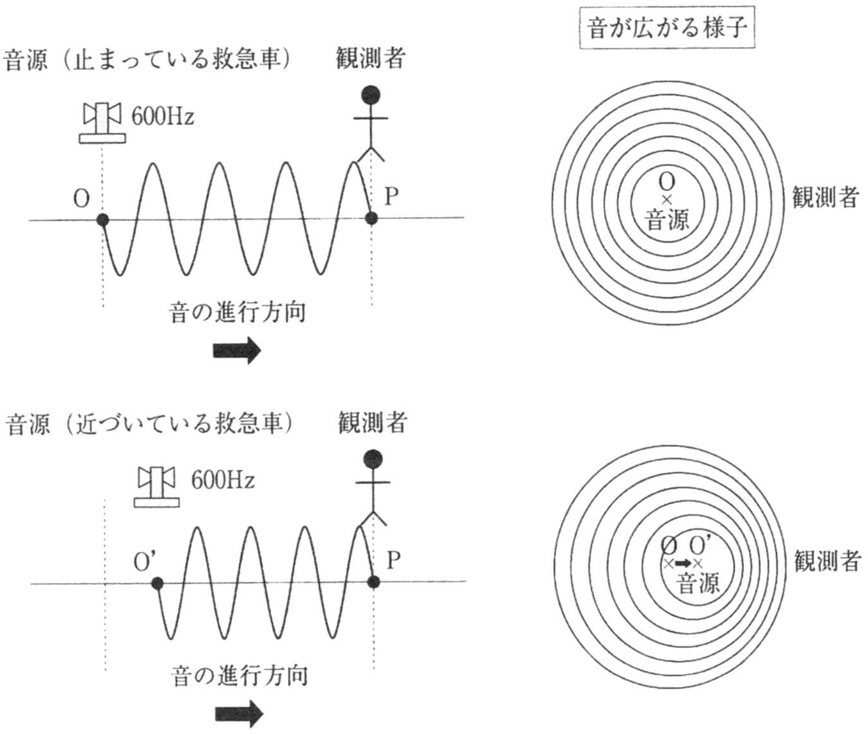

図2

問3　（　エ　）・（　オ　）に入る数字を答えなさい。

問4　このとき、観測者が聞く音の振動数(観測者が1秒間に聞く波の数)は何Hzですか。小数第一位を四捨五入し、整数で答えなさい。

先生　：では次に、音源が止まっていて、観測者が動いているときを考えていきましょう。このとき、音の速さは秒速340m、振動数は600Hz、観測者は秒速17mで音源から遠ざかっているとします。

農太君　：今回は、音源は動かないので波の波長は変わりませんよね。

先生　：その通りです。しかし、観測者が聞く振動数はどうでしょうか。観測者が遠ざかっている場合に、１秒間に聞く波の数を考えたとき、図３のように違いが生じますね。観測者が止まっているときには、１秒間に600個の波を観測し、その600個の波の長さは340mとなりますよね。今回、観測者が秒速17mで音源から遠ざかっていて、その17mには（　カ　）個分の波があると考えることができるので、観測者が聞く振動数（観測者が１秒間に聞く波の数）が変化するのです。

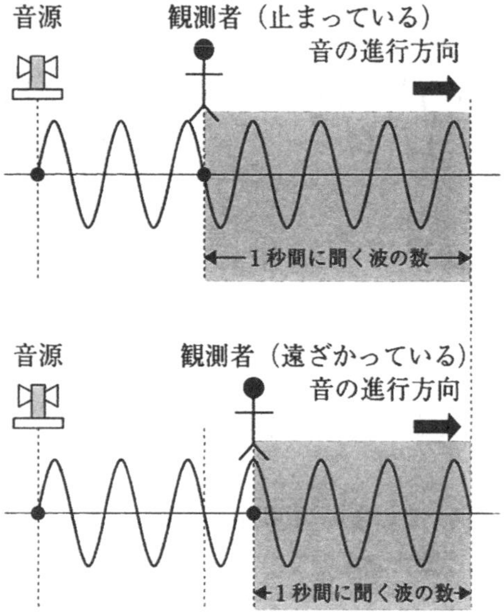

図３　観測者が聞く波の個数の違い

問５　（　カ　）に入る数字を整数で答えなさい。

問６　このとき、観測者が聞く音の振動数（観測者が１秒間に聞く波の数）は何Hzですか。整数で答えなさい。

先生　：では、最後に音源と観測者のどちらも動いているときを考えてみましょう。
音の速さは秒速340m、振動数は600Hzであり、音源、観測者どちらも秒速20mの速さで、おたがいに近づいていたとします。
このとき、音源が動いているので音の波長は変わります。観測者が聞く音の波長は、到達した音と音源との間の距離を波の数で割れば良いので、$\frac{(\text{　ク　})}{(\text{　キ　})}$ [m]と表すことができます(図4)。そして、波の重要な関係式を用いると、振動数は$\frac{(\text{　キ　})}{(\text{　ク　})}$×(　ケ　) [Hz]となります。
この音に対して観測者が近づいていくので、観測者が聞く振動数(観測者が1秒間に聞く波の数)は、(　コ　) [Hz]となるのですね(図5)。

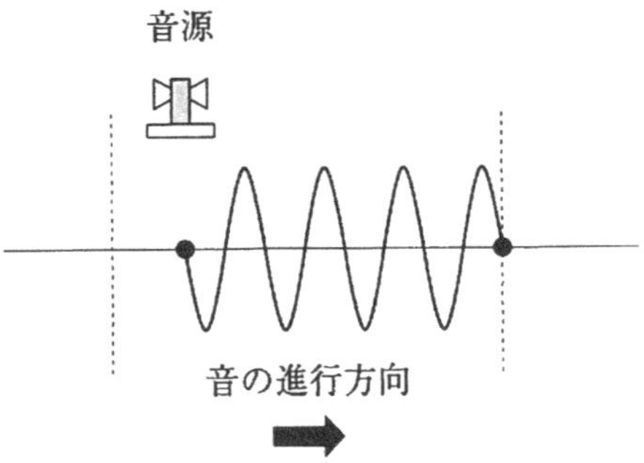

図4　観測者が聞く音の波長の考え方

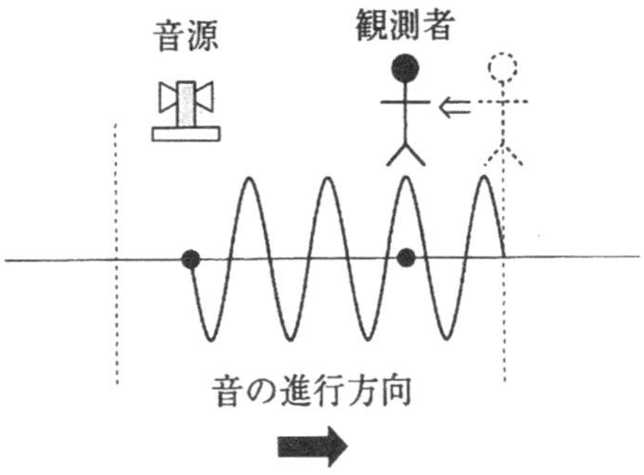

図5　音源と観測者が近づいたときの様子

問7　(　キ　)～(　ケ　)に入る数字として正しいものを次のA～Fからそれぞれ選び、記号で答えなさい。

A. 320　　B. 340　　C. 360　　D. 580　　E. 600　　F. 620

問8　(　コ　)に当てはまる数字を答えなさい。

先生　：このように音源だけでなく、観測者が動くことによっても音の高さが変化することがわかりましたね。日常には様々な科学があふれています。皆さんもぜひ、日常から不思議なことをたくさん探してみてください。

4 河川から海にかけては地形や、そこにすむ生物の種類に変化が見られます。
図１は、外液の塩類濃度（横軸）とX、Y、Zの３種類の生物の体液の塩類濃度（縦軸）の関係を示したものです。また、図２は塩類濃度を測定した場所の地形や地質を模式的に示しています。なお、地点Aの塩類濃度は２％、海での海水の塩類濃度は3.3％でした。

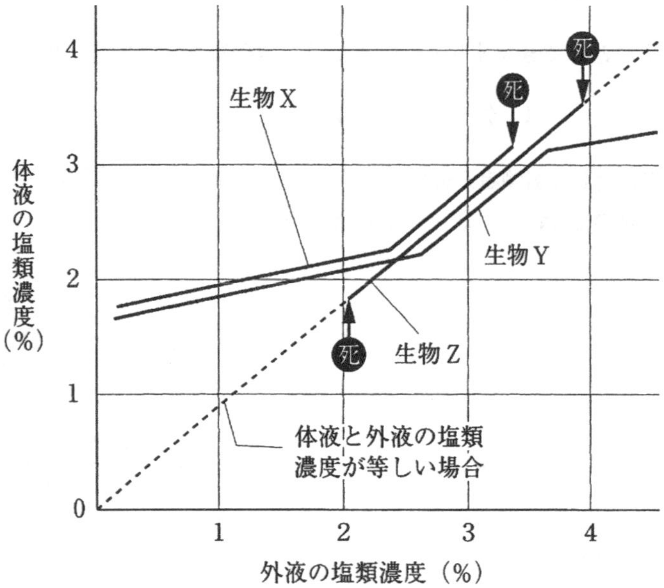

図１

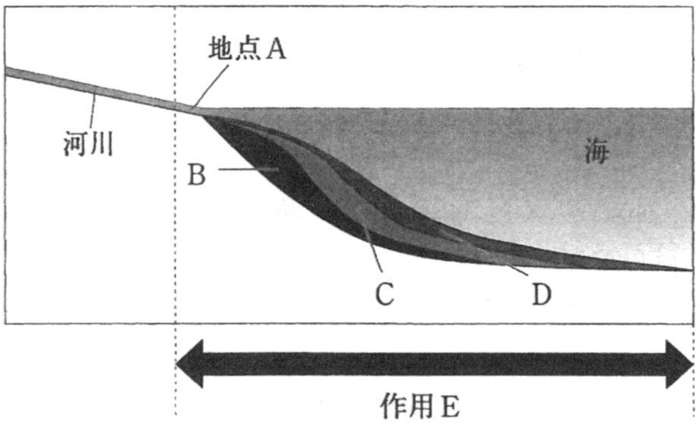

図２

問1　図1の生物X、Yについて説明した次の文の①～⑤について、「している」が入るものには○を、「していない」が入るものには×を答えなさい。

Xの生物は、外液の塩類濃度が2.3%より低い環境で体液の塩類濃度を調節(①)。また、外液の塩類濃度が2.3%より高い環境で体液の塩類濃度を調節(②)。

Yの生物は、外液の塩類濃度が2.6%より低い環境で体液の塩類濃度を調節(③)。また、外液の塩類濃度が2.6%より高く3.6%より低い環境で体液の塩類濃度を調節(④)。外液の塩類濃度が3.6%より高い環境で体液の塩類濃度を調節(⑤)。

問2　問1の答えから生物X、Y、Zは、どのような環境で生息する生物だと考えられますか。次のア～ウから最も正しいものをそれぞれ選び、記号で答えなさい。

ア．海にのみ生息する。
イ．河川と河口付近に生息する。
ウ．河川と海を行き来して生息する。

問3　図2の地点Aはどのような環境であると考えられますか。次のア～ウから選び、記号で答えなさい。

ア．淡水　　イ．海水　　ウ．汽水(淡水と海水が混ざり合っている)

問4　図2の地点Aで生息できる生物はどれですか。次のア～オから選び、記号で答えなさい。

ア．ハマグリ　　イ．シジミ　　ウ．タニシ　　エ．ホタテ　　オ．サザエ

問5　問4の生物が化石として発見されると、地層ができた当時の環境を知ることができます。このような化石を何と言いますか。

問6　図2の地点Aにできると考えられる地形は何ですか。次のア～オから最も適するものを選び、記号で答えなさい。

ア．V字谷　　イ．三角州　　ウ．海岸段丘
エ．リアス式海岸　　オ．三日月湖

問7　図2の作用Eの名まえを答えなさい。

問8　作用Eのしくみを調べるため、ペットボトルにれきと砂を入れ、以下のような手順で実験を行いました。

【方法】

① 2Lのペットボトルにれき、砂の2種類が半分ずつ混ざったものを下から2cmまで入れ、ペットボトルの半分まで水を注ぐ。

② ペットボトルを傾け、れきと砂の混ざったものを、ペットボトルの左端《はし》によせる。

③ 下図のように、ペットボトルを勢いよく右向きに倒し、水平にしたときに、水の移動でれきと砂の位置が変化する様子を観察する。

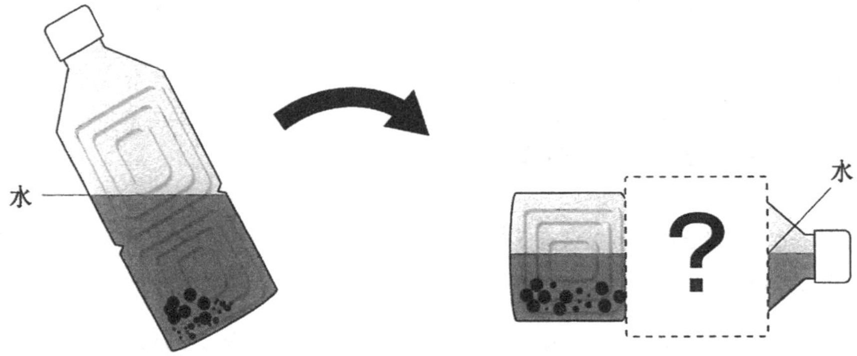

（1）　試料の粒の大きさと水中に沈む順番には、どのような関係があると考えられますか。

（2）　(1)の関係から、図2のB、C、Dを正しく示したものを、次のア～カから選び、記号で答えなさい。

	B	C	D
ア	砂	泥	れき
イ	砂	れき	泥
ウ	泥	砂	れき
エ	泥	れき	砂
オ	れき	砂	泥
カ	れき	泥	砂

令和３年度　入学試験（２月２日実施）

算　数

［50分］

［注意事項］

1．試験開始の合図があるまで、この問題用紙は開かないでください。
2．試験開始後、解答用紙にシールを貼《は》ってください。
3．解答は、すべて解答用紙に記入してください。
4．解答は鉛筆《えんぴつ》などで濃《こ》く記入してください。
5．問題は[1]～[6]まであります。ページが抜《ぬ》けていたら、すみやかに手を挙《あ》げ、監督《かんとく》の先生に申し出てください。

東京農業大学第一高等学校中等部

1　次の各問いに答えなさい。

（1）$\dfrac{3}{8} \div 0.125 - \left(3.6 - \dfrac{46}{15}\right) \times 3\dfrac{3}{4}$　を計算しなさい。

（2）$(10 - \square) : 3 = \dfrac{2}{3} : \dfrac{1}{4}$　の□にあてはまる数を答えなさい。

（3）5時間4分3秒 － 1時間23分45秒　を計算しなさい。

2 次の各問いに答えなさい。

（1） 図のように、1辺 12 cm の正方形ABCD があります。三角形 BEF と三角形 CDF の面積の差は 54 cm^2 です。このとき、三角形 CDF の面積を求めなさい。

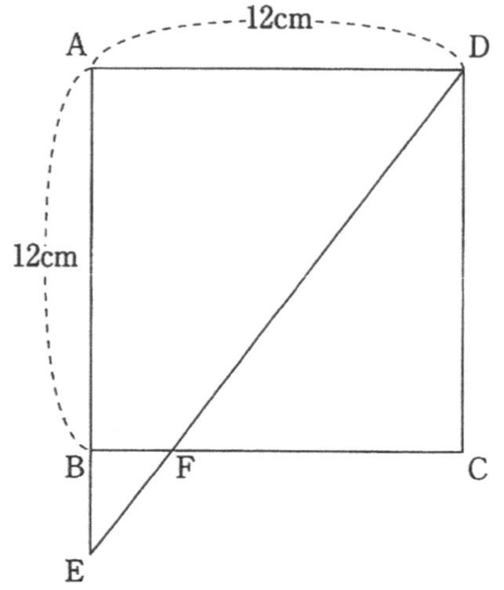

（2） 図のような四角形 ABCD があり、点 E，F，G，H はそれぞれ辺 DA，AB，BC，CD 上の点です。また、四角形 EFGH は平行四辺形です。このとき、x の角度を求めなさい。

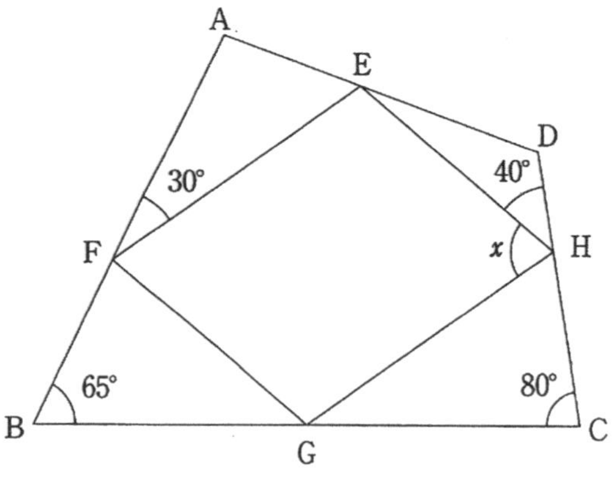

（3） 2つの食塩水 A，B があり、濃《のう》度《ど》はそれぞれ 7 %，11%です。A と B の重さを 5：3 の割合で混ぜあわせると、何%の食塩水ができますか。

2021(R3) 東京農業大学第一高中等部 第２回
K 教英出版

（4） 89 個の分数が次のように並んでいます。

$$\frac{1}{90},\ \frac{2}{90},\ \frac{3}{90},\ \cdots\cdots,\ \frac{88}{90},\ \frac{89}{90}$$

この分数の中で、$\frac{3}{5}$ より大きく $\frac{16}{21}$ より小さいもののうち、約分できないものをすべて答えなさい。

（5） 花子さん、令奈さん、太郎君、健太君の4人が4 km 走をおこなったところ、次のようになりました。

（ア） 4人とも 23 分 30 秒以内に完走しました。

（イ） 1番速かった人は太郎君でした。

（ウ） 花子さんと健太君のタイム差は1分8秒でした。

（エ） 健太君は太郎君より2分遅《おそ》くゴールしました。

（オ） 令奈さんと花子さんのタイム差は 56 秒でした。

（カ） 4人の平均タイムは 22 分9秒でした。

このとき、2位になった人は誰か、考えられる人をすべて答えなさい。

3 ある工場では960人の作業員が働いていて、今週の仕事はA，B，C，Dの4つがあります。月曜日は全員が仕事Aをおこない、また、日曜日は全員が仕事を休みます。火曜日以降は次の規則にしたがいます。

前の日に仕事Aをおこなった人のうち、$\frac{1}{2}$が仕事B、$\frac{1}{2}$が仕事Cをおこないます。

前の日に仕事Bをおこなった人のうち、$\frac{2}{3}$が仕事A、$\frac{1}{3}$が仕事Dをおこないます。

前の日に仕事Cをおこなった人のうち、$\frac{1}{3}$が仕事A、$\frac{2}{3}$が仕事Dをおこないます。

前の日に仕事Dをおこなった人のうち、$\frac{1}{4}$が仕事A、$\frac{1}{4}$が仕事B、$\frac{1}{4}$が仕事Cをおこない、$\frac{1}{4}$が日曜日まで休みます。

土曜日に仕事A，B，C，Dをおこなった人数を、それぞれ答えなさい。

4 はじめ君とみどりさんは、次の問題を解くことにしました。

問題

たて 10 cm 、横 18 cm の長方形の紙を図 1 のように 3 cm 間隔《かんかく》で折り目をつけて、図 2 のような正六角柱の形にしました。この正六角柱の各頂点に図 3 のように記号をつけ、辺 BV 上に点 S を BS = 2 cm となるようにとり、辺 FZ 上に点 T を FT = 2 cm となるようにとります。

3 点 A，S，T を通る平面 P でこの正六角柱を切断したあと、正六角柱を切り開くと、切断面はどのようになりますか。

図 1

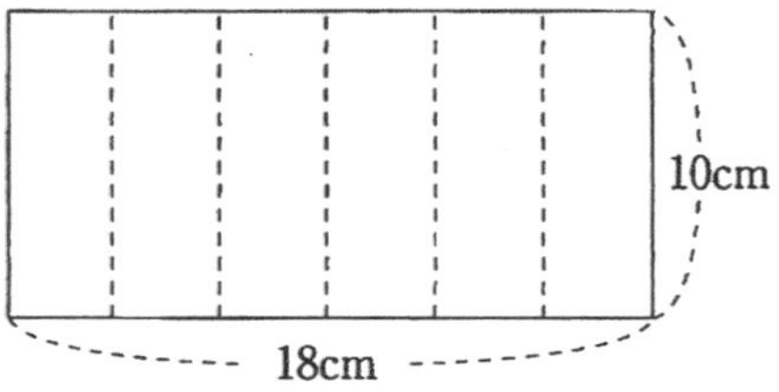

図 2

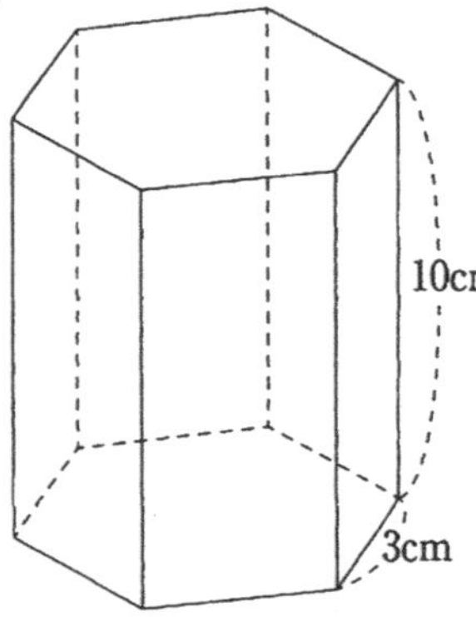

図 3

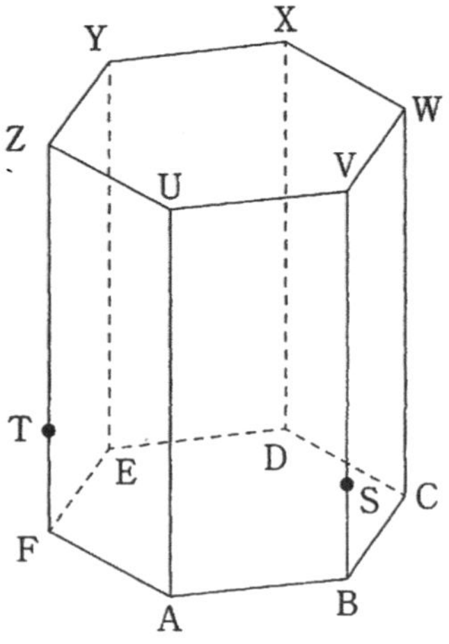

はじめ君　「わかった。切断面は

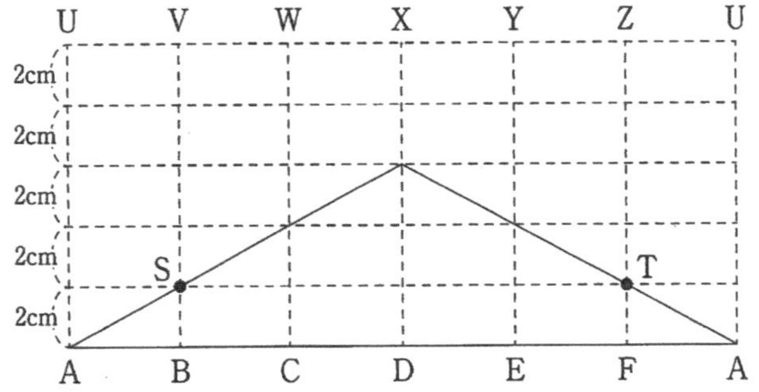

となるよ。」

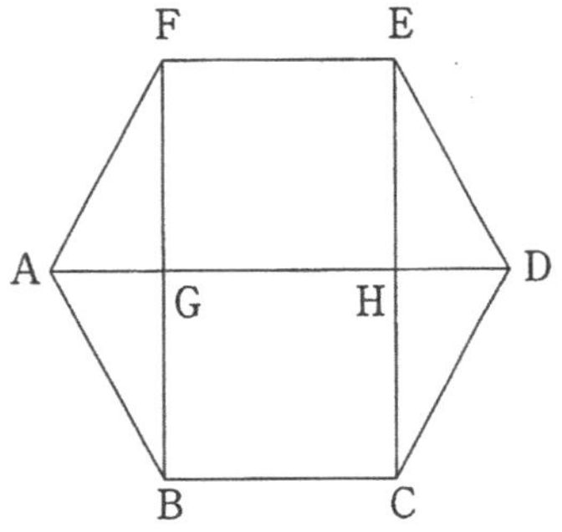

みどりさん「じゃあ実際に展開図を切って、組み立てててみよう。」

はじめ君　「あれ？切断面が平面にならないよ。」

みどりさん「それなら、もう一度考えてみよう。下の底面の正六角形で、AD と BF が交わる点を G 、ADと CE が交わる点を H としよう。このとき、AG，GH，HD の長さの比を最も簡単な整数の比で表すと、どうなるかな。」

はじめ君　「AG：GH：HD = [　①　] だ。」

みどりさん「そうね。そうすると、平面 *P* と辺 CW の交わる点は、点 C から [　②　] cm はなれた所になるね。」

はじめ君　「わかった。切断面は [　③　] となるよ。」

みどりさん「今度は切断面が平面になるかな。」

はじめ君　「ちゃんと平面になったよ。」

（1）①にあてはまる比を、最も簡単な整数の比で表しなさい。

（2）②にあてはまる値を求めなさい。

（3）③にあてはまる切断面のようすを、解答欄《かいとうらん》に書き込みなさい。

5　下の図のような１辺30 cmの正方形において、２点P，Qが図の頂点Aを同時にスタートします。点Pは反時計回りに毎秒２cmの速さで、点Qは時計回りに毎秒１cmの速さで辺上を移動し、PとQが重なったとき止まります。また、対角線ACとBDの交点をOとします。

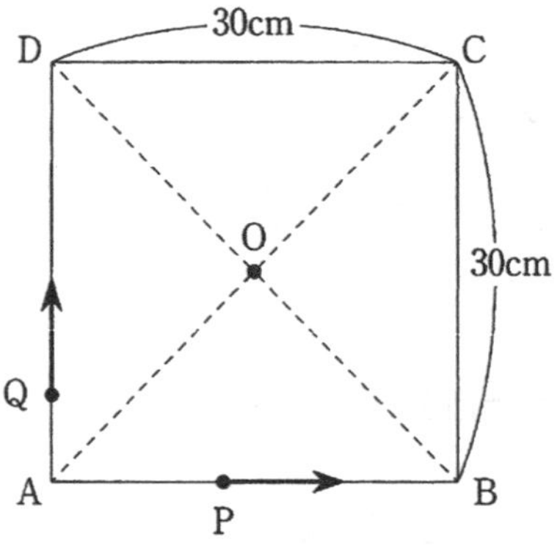

（1）　２点P，Qは点Aをスタートしてから何秒後に止まりますか。

（2）　２点P，Qが点Aをスタートして止まるまでの間に、３点O，P，Qが一直線に並ぶのはスタートしてから何秒後ですか。

（3） 2点P，Qが点Aをスタートしてから止まるまでの、三角形APQの面積Sの変化の様子を表したグラフとして最も適するものを、次の(ア)～(カ)の中から選び、記号で答えなさい。

(ア)

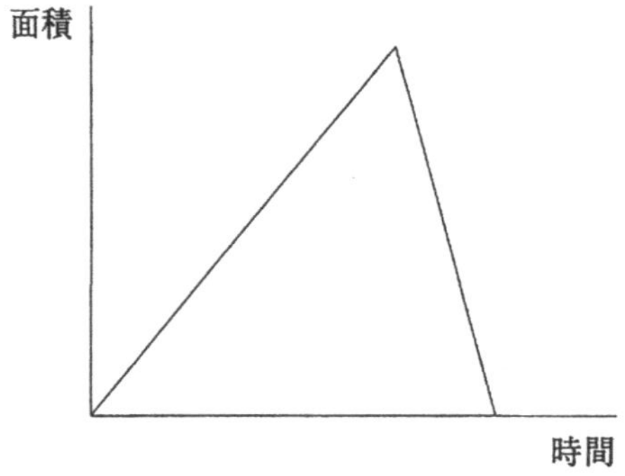

(イ)

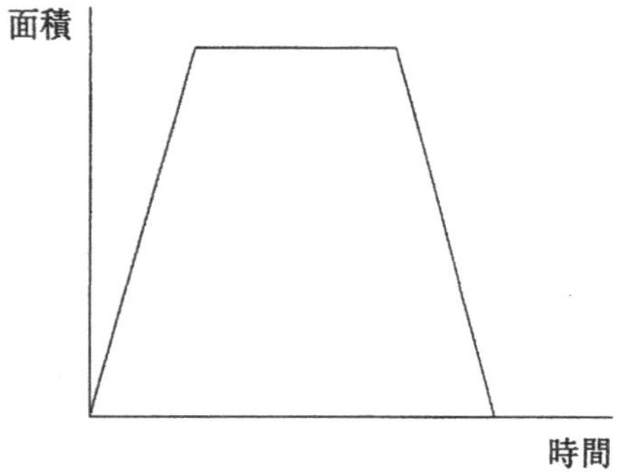

(ウ)

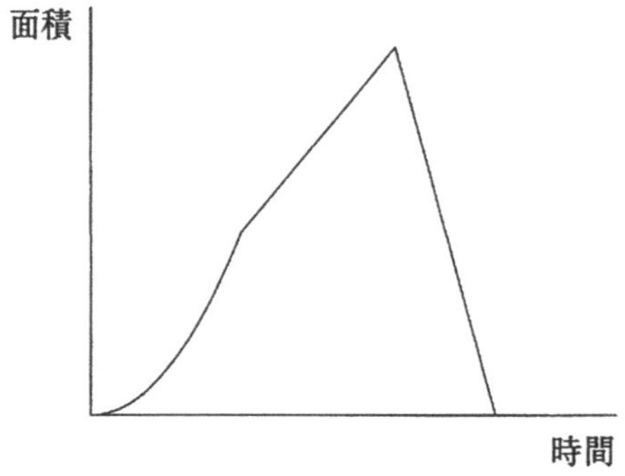

(エ)

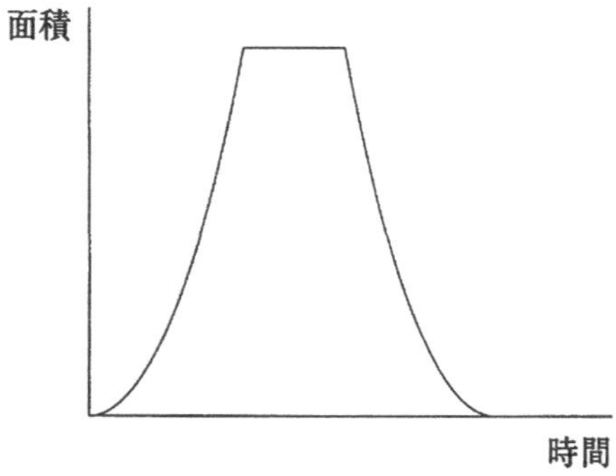

(オ)

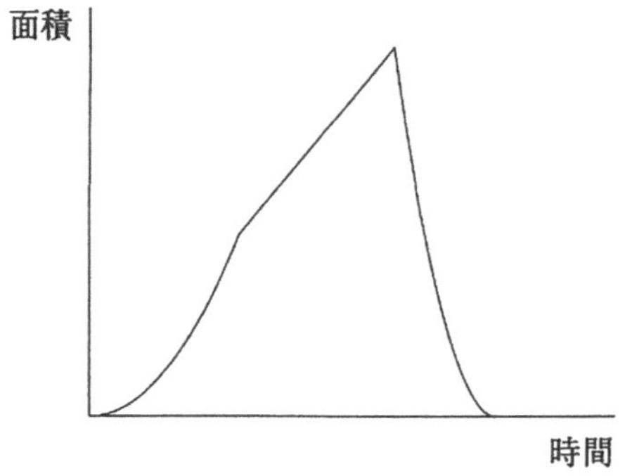

(カ)

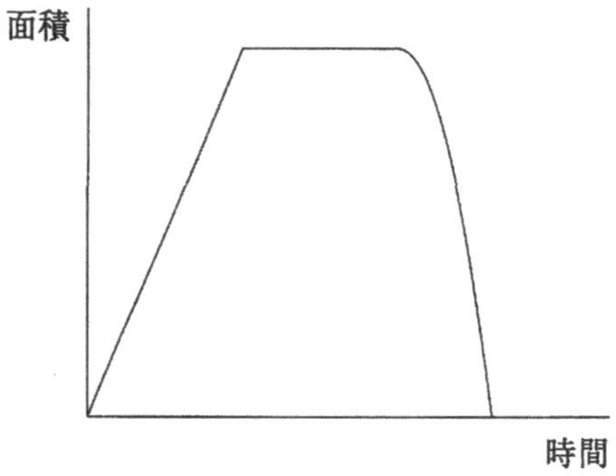

6 次のように、ある規則にしたがって数が並んでいます。以下の問いに答えなさい。

$$\frac{13}{101},\quad \frac{26}{106},\quad \frac{39}{111},\quad \frac{52}{116},\quad \cdots$$

1番目　　2番目　　3番目　　4番目

（1） 6番目の数を求めなさい。

（2） はじめて整数になるのは何番目ですか。

（3） （2）で求めた整数の次に整数になるのは何番目ですか。